El sendero de la hermandad

SERIE ESCALA LA MONTAÑA MÁS ALTA™

Escala la montaña más alta: El sendero del Yo Superior

El sendero de la autotransformación

Los maestros y el sendero espiritual

El sendero de la hermandad

El sendero del Cristo Universal

Serie ESCALA LA MONTAÑA MÁS ALTA

El sendero de la hermandad

Mark L. Prophet · Elizabeth Clare Prophet

El Evangelio Eterno

SUMMIT UNIVERSITY PRESS ESPAÑOL®
Gardiner, Montana

El sendero de la hermandad
de Mark L. Prophet y Elizabeth Clare Prophet

Título original:
The Path of Brotherhood
por Mark L. Prophet y Elizabeth Clare Prophet

Library of Congress Control Number: 2022938506
(Número de Control de la Biblioteca del Congreso: 2022938506)
ISBN: 978-1-60988-408-6
ISBN: 978-1-60988-409-3 (libro digital)

Summit University Press Español®

Imagen de cubierta: "Wanderer from the Resplendent City," pintura de Nicholas Roerich. Nicholas Roerich Museum, New York (N.Y.) Utilizada con permiso.

Nota: Debido a que el lenguaje neutro resulta dificultoso y a veces confuso, hemos utilizado el pronombre *él* para referirnos a Dios o al individuo. Estos términos únicamente quieren hacer más fácil la lectura sin excluir a la mujer ni el aspecto femenino de la Divinidad. Asimismo, el uso de Dios y Espíritu no pretende excluir otras expresiones de lo divino.

A todos los que buscan la salvación en esta era,
a todos los que saben que ha llegado la hora
de que los verdaderos adoradores rindan culto
al Dios Padre-Madre en Espíritu y Verdad,
a todos los que quisieran escalar la montaña más alta,
a todos ellos dedicamos este volumen como el siguiente paso.

Nota al lector

La serie *Escala la montaña más alta* ha sido estructurada por el Maestro Ascendido El Morya en treinta y tres capítulos. Este libro contiene el décimo cuarto capítulo, *Hermandad*.

Índice

Quinta sección

Comunismo mundial: la falsificación de la cultura de la era de oro 91

Sexta sección

Las doce tribus de Israel 119

Séptima sección

Octava sección

Ilustraciones

Introducción

La finalidad de este libro es mostrar al discípulo que está en el sendero de la Cristeidad cómo transferir las lecciones de los volúmenes anteriores a mayores dimensiones de conciencia, a un círculo más grande de autopercepción que incluya la familia, la comunidad, la ciudad, el estado, la nación, el hemisferio y toda la Tierra.

En el segundo volumen de esta serie, *El sendero de la autotransformación*, hablamos del Jardín del Edén y la historia de Adán y Eva. El Jardín del Edén simboliza la gran esfera de conciencia en la cual Dios puso a las almas del hombre y la mujer para que realizaran su salvación. Aquí se les enseñarían los siete pasos de la precipitación que los Elohim habían evocado como respuesta a la llamada del Creador para que apareciera la creación. Aquí se les enseñaría la maestría de los siete rayos de la conciencia Crística en los siete centros de percepción Divina y el sendero de iniciación en los cinco rayos secretos. Aquí aprenderían la integración de las energías de Oriente y Occidente a través del octavo rayo de la integración y el Sendero Óctuple del Buda.

El Señor Maitreya fue el gran iniciador que recibió el nombre de «Señor Dios», que plantó el huerto de la conciencia Crística al este del Edén y caminó y habló con el hombre y la mujer, enseñándoles el uso del fuego sagrado, las energías de Dios selladas en electrodos: el Árbol de la Vida, que contenía la conciencia de Dios; el Árbol del Conocimiento del Bien y el Mal, que contenía la conciencia de Cristo; y doce árboles, cada cual «delicioso a la vista, y bueno para comer»,[1] que contenían la conciencia del alma.

La historia de la venida de Maitreya, el Iniciador, a las evoluciones de la Tierra se encuentra en los primeros siete capítulos del Génesis. Esta historia nos interesa porque nos proporciona una clave para regresar al Sendero, donde volvemos a encontrar al verdadero instructor y a la verdadera enseñanza. Nos interesa comprender cómo y por qué nuestros antepasados abandonaron el Sendero y dónde y cuándo podremos regresar a él.

Después de ser expulsados del Edén, los hombres se enfrentaron a las pruebas de su alma relativas al bien y el mal, cuyo conocimiento habían conseguido gracias a su primera desobediencia. El fracaso en estas pruebas consta en la Biblia, y la alquimia del Diluvio fue la respuesta del Señor con lo cual la Tierra se purificó mediante el elemento agua.

Por un lado, el sendero de iniciación conlleva obediencia al Gurú, que representa al Ser Crístico, conocedor de la Realidad absoluta del karma de Dios; por otro lado, las pruebas que tienen lugar al margen del sendero de iniciación son para quienes, entre los hombres, deseen emprender el regreso hacia el sendero de la redención respondiendo a las leyes del hombre. Las pruebas que deberán afrontar, por tanto, se ajustarán a su conocimiento del bien y el mal, y no a su inocencia con respecto a ese conocimiento, la cual tenían cuando aún se encontraban centrados en la verdadera Existencia, el verdadero Conocimiento y la verdadera Dicha del Uno.

Por ello, la obediencia al Gurú se antepone a la obediencia a los mandatos de la ética creada por el hombre sobre lo que está bien y lo que está mal. La obediencia al Gurú prepara al chela para el regreso a la relación original que el hombre y la mujer tenían con el Señor, el Cristo, el Iniciador Maitreya. Cuando el hombre y la mujer demuestran una nueva disposición a obedecer las leyes de Dios y a quienes enseñan esas leyes, llega un punto en que se les devuelve a la conciencia edénica que conocieron antes de comer del fruto del Árbol del Conocimiento del Bien y el Mal. Habiéndose liberado con su libre albedrío de las limitaciones de la bondad y maldad humanas, pueden volver a buscar, obedientemente, la llama viva del Único que es Bueno: Dios.

Hemos visto el karma que el hombre ha creado al convertirse en una ley para sí mismo. En este volumen exploraremos los métodos y medios por los cuales el hombre y la mujer pueden regresar al estado de gracia. La reencarnación les proporciona la oportunidad de volver sobre cada uno de los pasos que hayan dado fuera del Jardín del Edén, paso a paso, recogiendo la medida entera de las pasadas siembras de bien y mal en el tiempo y el espacio.

En un principio Dios proporcionó la reencarnación como oportunidad para que el alma cumpliera los treinta y tres pasos del sendero de iniciación. Ahora, el hombre y la mujer han creado su propio sendero de iniciación y su karma se ha convertido en el iniciador, el intérprete y el integrador de las leyes de la mortalidad y la inmortalidad. Ahora el período de reencarnación para el hombre y la mujer es el medio de regresar al Edén, donde comienza el sendero de iniciación.

En este libro consideraremos cómo las bases de la cultura, las instituciones humanas de gobierno, comercio, religión y educación muestran el ritual de los siete rayos o sus perversiones en las civilizaciones espirituales-materiales de la humanidad. Su efecto transformador sobre el alma humana muestra sus atributos alquímicos para poner al individuo bajo el dominio del Yo Real o el yo sintético. La evolución del concepto de «individuo», la importancia de este como el eslabón de la Jerarquía y como piedra en la pirámide de la civilización hasta que llega a ser la piedra angular principal del templo —el Cristo, la piedra angular de la era— nos dice los usos y abusos de la libertad espiritual-material.

El elemento de transmutación, la prueba suprema del karma

colectivo del mandala grupal de las ciudades y las naciones para transmutar la ciudad material del hombre y transformarla en la espiritual Ciudad de Dios —de las tiendas de los Israelitas a la Nueva Jerusalén, la Ciudad Cuadrangular—, la culminación del séptimo rayo, se ve en la transformación total de la sociedad, desde una maestría individual sobre uno mismo a otra, en la interacción de todo el Cuerpo de Dios. Esta ley de interacción es la figura en forma de ocho del karma: la ley de la integración.

Este libro es un manual dedicado por la Madre a sus hijos. La Madre del Mundo es quien lleva a sus hijos de la mano y los introduce al sendero de iniciación y al Gran Iniciador, el Señor Maitreya. Es Maitreya quien da la enseñanza, quien presenta a cada discípulo al Maestro que representará para él al Ser Crístico sirviendo en uno de los siete rayos, que instruirá a su alma y lo llevará a los pies de su propio Ser Crístico. Al Señor Maitreya, que ha fundido la conciencia de Cristo y Buda, y los senderos de Oriente y Occidente, es a quien dedicamos este libro.

Mark L. Prophet y Elizabeth Clare Prophet
Mensajeros de la Gran Hermandad Blanca

Hermandad

¿Soy yo el guardián de mi hermano?

GÉNESIS

Primera sección

«Yo y el Padre somos uno»

«Yo y el Padre somos uno»

LA HERMANDAD SE MANIFIESTA EN EL entrelazamiento de energías humanas alrededor del corazón de Dios, encendidas como franjas resplandecientes de entendimiento dorado y forjadas con la llama dorada de la iluminación. ¡Hermandad, que espejismo le has parecido a los hombres!

EL MORYA

El deseo de crear según la similitud divina

El deseo de crear la forma que tiene el Espíritu ha producido el producto de la manifestación individual. Puesto que todo ha aparecido a partir de Dios y todo está hecho según su similitud, el concepto de hermandad es el simple reconocimiento de que toda manifestación de la vida individual debería ser amada por su intrínseca similitud divina.

En el primer capítulo de Escala la montaña más alta: El sendero del Yo Superior tratamos cómo el hombre sintético se formó dentro de la conciencia del hombre, proveyendo una máscara de personalidad que ocultó la Imagen Divina interior en lugar de revelarla. Esta máscara ocultó la verdadera identidad del hombre de tal forma que también torció su sentido de la hermandad. Porque el hombre no podía ver la Imagen Divina en sí mismo ni en los demás y únicamente en esta imagen se puede discernir el concepto de «hermandad».

La señal de la venida de Maitreya es la señal de la hermandad. La hermandad es integración, la interrelación y cooperación de los hijos y las hijas de Dios, no necesariamente en una manifestación externa, sino en la unidad de los fuegos del corazón.

El Señor Lanto, miembro de la Jerarquía Espiritual, dice:

> Hay muchas cosas que la humanidad no ha soñado y que ni los escritores de vuestra ciencia ficción, con su imaginación, podrían concebir sobre la realidad de la Ley Universal, lo cual se da a conocer a los Seres Ascendidos en consejos cósmicos y escuelas de la santa sabiduría. Nosotros tenemos grandes deseos de impartir ese conocimiento a la humanidad para su edificación e inspiración, de forma que el mundo deje de carenar en su disparatado curso de destrucción, donde los niños pequeños son víctimas de un sistema educativo calculado para llevar a los hombres a dimensiones socialistas.
>
> Nos interesa que todos los hombres comprendan que la hermandad del hombre es una manifestación espiritual gracias a la cual el alma puede deleitarse en la obtención de la santa sabiduría. Los hombres pueden vivir juntos en paz y belleza bajo la dirección divina, con un restablecimiento final de los sacerdotes-reyes en el mundo de la forma cuando los Maestros Ascendidos atraviesen el velo y manifiesten el reino del cielo ante la mirada de la humanidad. Así, antes que alcanzar cada año un número tan pequeño de ascensiones, como cinco o diez, podemos llevar a millones de personas hacia esa gran entrega de empeño cósmico por la que serán libres de graduarse al fin de las escuelas de este mundo, matricularse en las dimensiones cósmicas y sentir por sí mismos el abrazo del Espíritu como el cuidado que los Hermanos de Luz de las dimensiones superiores darán a la humanidad.
>
> Os instamos, pues, a que comprendáis vuestro gran

futuro en el reino cósmico a medida que la humanidad comience a desechar y derrocar aquellas desgraciadas manifestaciones diabólicas y malvadas en el cuerpo planetario y a reemplazarlas, todas ellas, con los conceptos e ideales de los Maestros Ascendidos que son fruto del Espíritu en rectitud, paz y alegría manifestadas ante Dios sobre el altar de la vida eterna.[1]

La ley de las afinidades

«Dios los cría y ellos se juntan» es una frase relacionada con la ley de las afinidades (o ley de la atracción). Significa sencillamente que las personas se sienten atraídas o magnetizadas hacia quienes piensan como ellas en términos generales. Por ejemplo, las personas que aprecian las artes, el teatro o la música se mueven en los mismos círculos; los entusiastas de los deportes y las carreras encuentran más cosas en común mutuamente que con aquellos que dedican su vida a la defensa de causas sociales y filantrópicas. Las asociaciones de profesionales y entre personas con intereses parecidos y procedencias educativas o sociales similares son una manifestación natural de esas afinidades personales que están polarizadas por la ley de la atracción.

Aunque en la sociedad existen de hecho niveles naturales —los ricos codeándose con los ricos y los pobres con los pobres—, algunos, por talento y empuje, son capaces, durante el curso de una generación, de sobreponerse a la ignorancia, la pobreza y la falta de una educación formal hasta alcanzar riqueza, responsabilidad civil y logros educativos.

Luego están los escaladores que siempre se esfuerzan por cubrir la distancia entre su estrato social y otro supuestamente más alto; y están los que no permiten de ningún modo que nadie penetre en sus castas. Es obvio que una rivalidad así entre los que buscan una posición social produzca encontronazos y luchas que son causa de una infelicidad interminable en el mundo.

El Morya enseña lo siguiente:

> Los líderes del mundo en el gobierno, la educación y la religión deben comprender las distintas necesidades que hay de que los hombres jueguen muchos roles en la exteriorización del drama total de la vida. El hecho de que no todos elijan ser renunciantes o monjes, o que no todos quieran buscar el romance y las responsabilidades familiares, de ningún modo debería robar las esperanzas que hombres y mujeres puedan tener de buscar un camino de vida particular que la experiencia requiere. Al intentar llegar más alto, ya sea con rapidez o moderación, cada fase sucesiva de evolución personal y colectiva sirve a toda la conciencia espiritual de la raza en evolución, que siempre debe elevarse desde el crisol del pensamiento y sentimiento humano, con el poder de la alquimia divina, hacia la Cristeidad universal e individual.[2]
>
> Cómo logrará el mundo la unidad y la paz compasiva si el entendimiento no es engrandecido por quienes valoran la hermandad lo suficiente como para sacrificar, si fuera necesario, una parte de su individualidad con el fin de exteriorizar entre los hombres una faceta requerida que componga el tema central del entendimiento iluminado en acción. Cuando se entiende la vida, es más fácil vivirla. El hombre, cuando es comprendido, es más fácil de amar con deleite. Dios, cuando es comprendido, es la elevación del Yo.[3]

Cuando clubes y camarillas impiden que la gente se mezcle en círculos más grandes, las personas se ven impedidas de expresar la hermandad en su sentido más amplio. Pero vayamos un paso más allá en nuestras observaciones. Primero, hemos de admitir que la hermandad es la clave para saldar el karma personal y grupal. Luego veremos que, si las personas no deciden sobrepasar las barreras sociales en su expresión de amor fraternal, podrían impedir su propio progreso espiritual al privarse a sí mismas de la oportunidad de saldar karma personal, karma racial y karma nacional mediante el servicio al mundo.

Karma grupal

Entonces, ¿qué es el karma racial? ¿Qué es el karma grupal? ¿Qué es el karma nacional?

Cuando hablamos de la conciencia de la raza, la conciencia de grupo o la conciencia nacional, queremos decir que, dado un punto de atención (un partido de fútbol, un desastre nacional o un triunfo en la luna), grandes cantidades de personas pueden llegar a pensar, sentir y actuar al unísono. Así, podemos ver fácilmente cómo la cualificación colectiva de la energía puede producir un karma colectivo.

Por ejemplo, en el caso de la violencia de la turba, los disturbios o la revolución, las personas se identifican con un grupo o causa determinada. Cuando debido a su asociación con el grupo producen daño a la sociedad, a una ciudad o a una comunidad, las personas se verán obligadas a saldar sus actos destructivos como grupo. Sin duda serán enviadas a reencarnar como grupo o se sentirán atraídas a reunirse en el momento propicio para que puedan tener la oportunidad de prestar servicio a la sociedad como un colectivo, quizás a través de instituciones gubernamentales, educativas, culturales, religiosas o mediante algún empeño filantrópico conjunto.

En tales circunstancias, existe una responsabilidad tanto individual como colectiva. El individuo jamás puede culpar al grupo por sus propias acciones, sin embargo, con sus acciones, el individuo se ata tanto al grupo como a quienes han sufrido la injusticia.

Segunda sección

Expresiones de individualidad: Las razas

Y de una sangre ha hecho
todo el linaje de los hombres,
para que habiten sobre toda
la faz de la tierra.

SAN PABLO

Expresiones de individualidad: Las razas

Nuestra disertación no estaría completa sin que consideráramos el tema de la raza bajo la perspectiva de karma individual y grupal.

Cuando las personas actúan como un grupo racial, en nombre o en lugar de una raza contra otra, incurren en karma racial. A veces, para saldar el karma racial es necesario que personas o grupos enteros de gente encarnen en una raza que no se corresponde con su evolución espiritual o que su evolución espiritual no necesita, con esta excepción. Debido al gran odio racial que han generado, deben regresar al grupo hacia el que dirigieron su odio para vivir esa experiencia y saber qué significa recibir esa energía.

Por ejemplo, los registros akáshicos revelan que un militante y líder del movimiento *Black Power* de la década de los sesenta fue, en una vida anterior, un cruel capataz. Aunque entonces dirigió su odio racial con gran vehemencia contra los esclavos negros, ese mismo odio, en esta vida, lo dirigió contra gente de raza blanca. Vemos, por tanto, que ese odio se manifiesta como una sustancia mal cualificada dentro del mundo de una persona y, como otros impulsos acumulados humanos, se conserva de una vida a la siguiente.

Un foco de odio en el cinturón electrónico posibilita que las fuerzas de la oscuridad utilicen a esa persona para poner en marcha sus planes para socavar la hermandad. Entre estas fuerzas oscuras no existen líneas de batalla ni bandos ni lealtades, solo peones humanos utilizados para mantener a la humanidad esclavizada mediante la división y el conflicto.

Aunque el conocimiento de los orígenes y el origen del desarrollo de las razas del mundo está perdido en el pasado borroso e ignorado, algunos hombres buscan en los escritos antiguos y en las escrituras para poder demostrar la superioridad de una raza con respecto a otra y justificar sus actitudes hacia la integración o segregación, según sea el caso.

Algunos grupos —existentes en todas las razas— se consideran desfavorecidos. Estos grupos argumentan que la historia ha frenado su desarrollo cultural y adoptan la postura de que, por ese motivo, se les debe mantener. Sin ningún conocimiento sobre el karma, no ven sus propias acciones del pasado como la causa de sus actuales circunstancias. Ignorando totalmente la ley del círculo, culpan de sus males a la sociedad o a otra raza.

En el otro extremo están los que defienden un robusto individualismo. Estos creen con firmeza que el hombre debe enfrentarse al mundo y resolver su destino (que en efecto es su karma) con una mínima ayuda de la sociedad. Siempre que esta actitud no destaque la parábola del buen samaritano[1] y el deber de ser el guardián de sus hermanos, esa persona negará en parte la necesidad de que naciones e individuos crezcan con gracia y resuelvan su karma personal a través del servicio y la ayuda mutua.

Debemos considerar el hecho de que las teorías sociales, políticas y raciales pueden frustrar con facilidad no solo los propósitos de la verdadera hermandad, sino también la ley del karma. Debemos evaluar nuestras propias filosofías a la luz de esta crítica superior. Entonces, bajo la dirección de nuestro Ser Crístico, debemos determinar qué teorías sirven mejor a los intereses del desarrollo espiritual individual del hombre y las necesidades de conjunto de una sociedad que quiere producir una Era de Oro.

Los orígenes de las razas

En primer lugar, en lo concerniente a las razas, estudiemos los escritos de Chananda, Maestro del Lejano Oriente y Jefe del Consejo Indio de la Gran Hermandad Blanca.* Resumiendo las deliberaciones del Consejo de Darjeeling sobre este tema, Chananda comienza sus afirmaciones con esta observación: «Cada día, el hombre teje un aspecto de su propio futuro». Detengámonos a considerar esta verdad eterna, pues ofrece la clave no solo de las complejidades de las cuestiones raciales, sino también de nuestra existencia.

«Cada día, el hombre teje un aspecto de su propio futuro». Esta breve frase hace que nos percatemos sin duda de que el individuo es igual a la suma de su pasado más la cantidad desconocida de su impulso actual según se va utilizando hacia el ilimitado potencial del Cristo. Esta voluntad y esta luz se pueden usar para transformar, en la vida victoriosa de un hijo de Dios, el pasado, el presente y el futuro de la experiencia del individuo.

Continuando con su disertación, Chananda dice:

> Hace mucho, cuando se implantó la pigmentación de las razas en la estructura del alma del hombre a través de la radiación de los siete rayos de colores,[2] vivían en el planeta lo que se conocía como «el hombre rojo», «el hombre amarillo», «el hombre verde», «el hombre azul» y «el hombre morado». En aquel tiempo, las pigmentaciones más oscuras de la piel no existían.

---

*La Gran Hermandad Blanca es una orden espiritual de santos y adeptos, maestros de todas las razas, culturas y religiones. Estos Maestros han trascendido los ciclos del karma y el renacimiento y se han reunido con el Espíritu del Dios vivo. La palabra "blanca" se refiere al aura o halo de luz blanca que los rodea.

Ahora bien, soy bien consciente del hecho de que, a lo largo de los años, los hombres han destacado las diferencias de raza y que la piel marrón y la piel negra han sido más cuestionadas. Pero si las personas piensan en sí mismas como manifestaciones solares del Dios vivo —admitiendo que la vestidura externa de la raza que llevan es solo un abrigo que un día se quitarán—, dejarán de pensar en sí mismas como de raza blanca, negra, amarilla, roja o de cualquier otro color.

Esta actitud mental es muy deseable porque, aunque no podemos negar que el prejuicio racial existe en el mundo —y que nosotros no lo favorecemos—, proponemos, como uno de los primeros pasos hacia el desprendimiento de la conciencia racial, que los hombres entiendan quién y qué son.

El hombre no es su cuerpo, del mismo modo que no es su memoria, sus emociones ni su mente. Él es un ser. Tiene un cuerpo, tiene una mente, tiene una memoria y tiene un espíritu. El espíritu del hombre no es ni negro ni blanco, es por siempre libre. La conciencia del hombre y de su individualidad está, no obstante, muy implicada en sus propios patrones de densidad. Los hombres piensan en negro, piensan en blanco, piensan en amarillo y en rojo...

El problema no está en la energía, sino en la visión de quienes no ven la luz que brilla justamente detrás del velo de la manifestación, sino que solo ven la emisión limitada que pasa por la forma. El problema de la densidad no es un problema de raza; al contrario, es algo común a toda la raza humana.

El problema del conflicto racial

En lo que a la raza se refiere, muchos se han puesto fuera de juego. El mal se encuentra en todas las razas y allá donde se dé poder a las diferencias raciales en esta era desinhibida, existe una gran posibilidad de que la violencia y el karma negativo se agreguen al registro de muchas corrientes de vida. Deseamos evitar esta eventualidad tan desgraciada, no solo por la humanidad, sino también por el individuo.

Sabemos muy bien que un pensamiento mordaz o una palabra desagradable puede subir con facilidad a la superficie de la conciencia desprotegida. Pero los hombres no deben transigir y mostrar grosería en lo que respecta a su raza o la de los demás. Al fin y al cabo, ¿puede el leopardo cambiar sus manchas? ¿Puede el hombre, por mucho que se afane, añadir un codo a su estatura? Como dijo Cristo: «Los cabellos de vuestra cabeza están todos contados».[3]

El hombre debe aprender a vivir no en su exterior, sino en su interior y, sobre todo, a mantener el interior de su recipiente impecable. Hagan caso de estas palabras todas las razas, porque es una advertencia y una acusación. La furia que la humanidad suelta en los desórdenes y disturbios raciales, en lugar de favorecer a las razas más necesitadas, las desfavorecerán aún más. Y cada persona que ha engrandecido la lucha con sus pensamientos, palabras u obras —visibles o invisibles, conocidas o desconocidas—, sin ninguna duda pagará el castigo por todo el karma que haya creado. Y eso se aplica a los dos lados de la cerca.

El hombre es un producto de su entorno, pero también lo es de su herencia. Su herencia es doble: por un lado, tiene una herencia terrenal, una parte de la cual la recibió de sus padres terrenales y otra parte que representa su propio karma, tanto del presente como de encarnaciones pasadas. Por otro lado, tiene una herencia celestial. Su herencia celestial es el alma de Dios individualizada y focalizada para él como su propia Presencia YO SOY y su Cuerpo Causal, que contienen los fuegos solares que él ha magnetizado con la fe y las buenas obras.

Cada hombre posee una gota infinitesimal del océano del infinito. Él mismo está destinado a reunir más luz a medida que va haciendo camino por la senda hacia su origen y a medida que todo el cuerpo de Dios se expande por el cosmos. Siempre que se limite a sí mismo a una raza, independientemente del sentimiento de injusticia que pueda tener, estará de hecho vendiendo su derecho de nacimiento por un plato de guisado.[4]

No se puede forzar a la gente a que te ame o te acepte.

Uno solo puede expandir la luz dentro del corazón y, con un esfuerzo noble y útil, contribuir al bienestar de la comunidad mundial. Si la violencia ha de continuar en el mundo sin cesar, tendrá que pasar mucho tiempo antes de que este llegue a conocer la paz de Cristo, que sobrepasa todo entendimiento. El hambre que tiene de bondad y amor fraternal el corazón de los hombres y los niños pequeños de todas las razas muestra con claridad que, si pudieran, todos vivirían juntos en armonía.

El mundo debe aprender a vivir con lo que no puede cambiar y a cambiar aquello que sí puede. El cambio lo puede producir gente de cualquier raza. Cito el milagro de George Washington Carver, quien, debido a su gran amor, se ganó el respeto de todo un país. Hijo de un esclavo que, en un sentido, había nacido en la ignorancia, logró, gracias a su espíritu ilustre y noble, una libertad que pocos han disfrutado en cualquier raza.[5]

Los hombres han de aprender a ganarse el respeto primero por sí mismos y por lo que hacen. Luego deben aprender a respetar los derechos de los demás, debido a que respetan esa libertad para sí mismos. Quienes quieran exponer la filosofía de la no violencia debe ser no violentos en sus pensamientos y sentimientos, así como con sus palabras y obras. Mohandas K. Gandhi, de nuestra tierra, India, era un hombre de paz en todos los aspectos. Por ese motivo logró con éxito llevar a cabo su campaña de no violencia. Quienes claman paz y seguridad, pero están llenos de sentimientos violentos, son hipócritas y traicionan la realidad. No mantienen en paz la ciudad del mundo ni se ganan por sus esfuerzos el respeto de su propia raza en la comunidad mundial.

Comprendan, quienes quieren producir un cambio en las relaciones raciales, que todo cambio comienza dentro del individuo. El respeto no se puede legislar, solo nos lo podemos ganar. En la raza blanca están los que viven en la abyecta pobreza y a quienes muchos miran con desdén. Ellos también pueden levantarse; porque todos pueden hacerlo con sus nobles esfuerzos y someter el horrendo espectro de la violencia que ha acechado y tramado la destrucción de los maravillosos principios democráticos sobre los que se fundó la nación de Estados Unidos...

Dejad que os recuerde las palabras de uno de vuestros poetas estadounidenses: «Podemos hacer nuestra vida grandiosa y, al marchar, dejar atrás huellas en las arenas del tiempo».[6]

Razas raíz

Tal como vemos una gran variedad de razas en el hombre, también vemos que existe una gran diversidad en el origen y la evolución de las almas de las oleadas de vida que actualmente están resolviendo su destino en la Tierra. Según la tradición esotérica, se asignaron a este planeta siete grupos principales de almas (las razas raíz, desde la primera a la séptima). Una raza raíz es una oleada de vida, una evolución de almas que sale del corazón de Dios en una época determinada de la historia cósmica para animar un rayo en concreto. Todas ellas comparten un patrón arquetípico único, un plan divino único y una misión única que cumplir en la Tierra.

Las primeras tres razas raíz vivieron en pureza e inocencia en la Tierra durante tres Eras de Oro antes de la Caída de Adán y Eva. Debido a la obediencia a la Ley de Dios y a una total identificación con el Yo Real, los miembros de estas tres razas raíz se reunieron con Dios a través del ritual de la ascensión. Vivieron en la perfección del paraíso. No descendieron a la dualidad del bien y el mal, sino que regresaron a Dios sin jamás experimentar el pecado.

La Caída del hombre descrita en la alegoría bíblica tuvo lugar hace decenas de miles de años, en el antiguo continente de Lemuria, durante la época de la cuarta raza raíz. Adán y Eva y muchos otros, bajo la influencia de los ángeles caídos conocidos como «Serpientes», decidieron abandonar el «paraíso», que era un estado superior de conciencia. Al hacerlo, se vieron sujetos a las leyes del karma y a la mortalidad.

Después de la Caída encarnó la quinta raza raíz, que estaba compuesta de almas nuevas que nunca habían vivido en formas de carne y que no habían experimentado el mundo del tiempo y el espacio. Estas aparecieron y copiaron los caminos de quienes ya estaban encarnados.

La sexta raza raíz está compuesta por almas destinadas a expandir la conciencia Crística en el sexto rayo. El suyo es un sendero de devoción, servicio y ayuda. Estas almas comenzaron a encarnar aproximadamente hace dos mil años.

La cuarta y quinta raza raíz están compuestas por quienes se encontraron en Lemuria y la Atlántida. Se trata de almas más antiguas, que llevan encarnando en la Tierra la mayor cantidad de tiempo. Tienen el recuerdo de las antiguas culturas y las Eras de Oro donde los Maestros Ascendidos y los Arcángeles caminaban y hablaban con los hombres. A estas almas les resulta fácil comprender la persona de Dios en sus muchos emisarios.

La sexta raza raíz está formada por almas muy jóvenes. Debido a que Jesús fue el avatar enviado en esta era, estas almas lo han visto a él y a él es a quien siguen. Y ya que solo conocen a Jesús, les resulta difícil reconocer a ningún otro maestro.

Algunos miembros de la cuarta, quinta y sexta raza raíz aún están encarnados en la Tierra actualmente; y algunos miembros de la sexta raza raíz aún deben encarnar. La séptima raza raíz está destinada a encarnar en Suramérica durante la era de Acuario, la era del séptimo rayo. Debido a que los Señores del Karma no desean dar entrada a nuevas almas, a nuevas oleadas de vida que se contaminarán con los caminos de las antiguas, como ha ocurrido en el pasado, se está reteniendo a la séptima raza raíz.

Cada raza raíz está patrocinada por un Manú y su consorte, que representan al Dios Padre-Madre para su raza raíz respectiva. Los Maestros Ascendidos enseñan que los Manús animan la imagen Crística de la raza a la que patrocinan. En la tradición hindú, los Manús son los progenitores de la humanidad, los legisladores divinos.

En *La doctrina secreta,* la mística rusa Helena P. Blavatsky dice: «Los orientalistas y sus diccionarios nos dicen que el término 'Manú' proviene de la raíz *Man,* 'pensar', de ahí "el hombre pensante". Pero, esotéricamente, cada Manú... no es más que la idea personificada del "Pensamiento Divino" ... cada uno de los Manús, por tanto, [es] el dios especial, el creador y formador de todo lo que aparece durante su ciclo del ser respectivo o Manvantara».[7]

Los Manús de la cuarta raza raíz son el Señor Himalaya y su complemento divino. Los de la quinta raza raíz son Vaivasvata Manú y su consorte. Los Manús de la sexta raza raíz son el Dios y la Diosa Merú.[8] Los Manús de la futura séptima raza raíz son el Gran Director Divino y su complemento divino.

La unidad de todas las razas a través de la Llama de la Madre

El Maestro Ascendido Afra, patrón de África y de la raza negra, nos da una enseñanza sobre el sendero de la hermandad universal. En un dictado que dio en Accra (Ghana), en 1976, Afra se refirió a esto cuando se dirigió al pueblo del continente africano.

> ¡Saludos en la llama de Afra! ¡Fluya la luz hacia un continente y su pueblo! Fluya la luz desde el núcleo de fuego del YO SOY EL QUE YO SOY, desde el lado Norte hasta el lado Sur. Descienda la luz desde la coronilla hasta la base. Y sea la realización del Dios Padre-Madre la reunión de todos los pueblos de este continente. Mediante el fuego sagrado del Espíritu Santo, únanse en amor bajo el estandarte de Micah, ángel de la Unidad, que también unió a los hijos de Israel y también unió al pueblo de Estados Unidos en tiempos de guerra civil con el estandarte *Unión* y con el grito: «Recordad que sois hermanos».[9]

Yo llamo a los hijos de Afra. «Toda vuestra fuerza está en vuestra unión. Todo el peligro está en la discordia». Esas fueron las palabras que dirigió Hiawatha a las tribus de los indios.[10] Y al fumar la pipa de la paz y al fumar las lámparas de Dios, la unión del fuego sagrado juntó a las tribus divergentes; y se unieron, unidas en la conciencia de Dios, a partir de muchos, *e pluribus unum*.[11] Por tanto, un pueblo a partir de muchas naciones, orígenes y tribus.

Así, con el individuo cediendo en favor de la familia, con la familia cediendo en favor de la comunidad y con la comunidad cediendo en favor de la nación, hágase en esta hora de la venida del Espíritu del Señor, en el descenso del fuego del Espíritu Santo, que las diferencias de los pueblos de este continente se disuelvan en la llama única del amor. Sea el don del Espíritu Santo el entendimiento de las lenguas, no solo del habla, sino del corazón, la mente y el alma.

Entienda la gente que somos hermanos porque tenemos la misma Madre. Que la Madre y el amor a la Madre sea el flujo. ¿Cómo podéis matar, cuando al hacerlo matáis al que ha salido del mismo vientre de la Madre? Del vientre de la Virgen Cósmica, del tiempo y el espacio, salisteis como poderosos conquistadores, como los grupos de conquistadores de antaño, como la raza azul y la raza violeta. Así vinisteis y así sois uno solo en la luz de Alfa y Omega, el principio y el fin, el primero y el último, la unidad única.[12] Así, a partir de uno, muchos; así, a partir de muchos, uno.

Soy vuestro hermano; no vuestro señor, no vuestro maestro, sino que soy vuestro hermano en el Sendero. He compartido vuestra pasión por la libertad. He compartido con vosotros las horas de crisis, cuando contemplasteis la injusticia, cuando buscasteis al Señor y le rezasteis pidiendo justicia y el Señor os dio el plan divino de esta nación y de este continente.

He vivido en vuestro corazón todos estos cientos y cientos de años mientras vosotros os habéis afanado bajo la carga de la opresión desde dentro y desde fuera. Y, aunque muchos han considerado la opresión externa como la más grande, nosotros, que pertenecemos a los que se han graduado de este continente, consideramos que la única esclavitud verdadera es la interior, la esclavitud de la mente carnal y su egoísmo, su falta de sacrificio sobre el altar, como lo hicieron Abraham e Isaac. Por tanto, no sacrificar las bestias de la mente carnal, eso es esclavitud.

Ahora bien, debido a que algunos han estado dispuestos a sacrificar el egoísmo, la esclavitud externa también ha sido desbancada y la evolución de la propia gente hacia la luz de Dios es lo que ha proporcionado esta nueva oportunidad, en esta era, para este continente.[13]

Hay muchas tribus y razas en el continente africano, con una larga historia entre ellas de conflictos y derramamiento de sangre. Afra dio la visión de una llama y dedicación comunes como medio de lograr la unidad.

Vengo, pues, para que podáis ver el gran flujo de la unión de los pueblos en el río del agua de la vida, que es el flujo de la Madre. En el flujo cristalino de la luz de la Madre desde el chakra de la base hasta la coronilla de un continente, se produce la unión del pueblo.

Y así, tal como la Madre Libertad fue a las costas de los Estados Unidos en nombre de su hijo Saint Germain para ungir a los peregrinos que llegaban a esa tierra, a encender en ellos la llama del corazón para que pudieran ser llamados pueblo de los Estados Unidos; llegaron de todas las naciones, de todos los orígenes, étnicos y raciales. Dejaron atrás sus diferencias, se convirtieron en una nación porque la Madre Libertad, irguiéndose en la bahía de Nueva York, sosteniendo la antorcha en alto, encendió en su corazón las llamas de unión con el mismo mensaje del ángel Micah: «Recordad que sois hermanos. YO SOY vuestra Madre; os he dado a luz». Esto es lo que define a un estadounidense: una llama común, una devoción común, una libertad común.[14]

Así, en la llama y la presencia de la Madre es que hallamos la verdadera hermandad y la unidad. (Exploraremos este tema detalladamente en la cuarta sección). Todos, sea cual sea su raza, pueden recitar las «Afirmaciones para la hermandad» de Afra:

Yo sigo los pasos de Afra.
YO SOY un hermano, una hermana de todos.
Doy aliento. Doy consuelo.
YO SOY fiel a mí mismo y a mi Dios.
Llevo el honor de Dios en mi corazón.
Entro en unión mística con el Espíritu Santo.
YO SOY uno con el Príncipe de la Paz.
Caminaré con el Espíritu de hoy en adelante.
Porque hoy es el día de mi victoria.
Esta es mi hora y el poder de la luz.
Lideraré a mi pueblo hacia el trono de Gloria.
¡Oh, Dios, recíbeme ahora!

Tercera sección

Delimitación en el espejo de la autopercepción Divina y la familia

Porque todo aquel que hace la voluntad de Dios, ese es mi hermano, y mi hermana, y mi madre.

JESÚS

Delimitación en el espejo de la autopercepción Divina y la familia

La verdadera hermandad no necesita que un individuo ame las máscaras personales de su prójimo, sino que vea detrás de las muchas máscaras la realidad única de la identidad de Dios. El Ser Divino, que dio una parte de sí mismo a todos (pero que permaneció intacto como Ser Divino), estimula en todos los hombres el deseo de manifestar cada vez más la plenitud de la vida que yace justo detrás del velo de la conciencia exterior.

La máscara es lo humano que debemos arrancarnos para que lo Divino pueda manifestarse. Pero lo Divino es tan poderoso que brilla a través de la máscara y hace que esta sea hermosa y maravillosa, tanto es así que a veces no queremos desprendernos de la máscara y no nos percatamos de que su belleza es lo Divino.

En realidad, todo lo que tenemos de luz, encanto y belleza es lo Divino. Y si queremos atribuírselo a la máscara, al logro exterior, a lo humano, como hacen muchos mientras tienen juventud, belleza y virilidad en la vida, descubrimos que no estaremos viviendo en quien realmente somos.

Quitarse la máscara

En el libro *Las enseñanzas perdidas de Jesús* tenemos una perspectiva sobre el proceso de quitarnos la máscara de lo humano e identificarnos con el Yo Divino.

> En primer lugar, si vamos a quitarnos la máscara, tendremos que desprenderla de algo. Entonces, ¿qué es lo que vamos a desenmascarar? En este caso, debemos percibir que en nosotros hay algo Real; también tenemos algo irreal. Y cuanto antes lo descubramos y lo admitamos y aprendamos a distinguir la diferencia antes, progresaremos en la luz.
>
> ¿Por qué es importante que sepamos la diferencia? Es importante saber la diferencia porque, de otro modo, alimentaremos la máscara y dejaremos desnutrido al hombre real.
>
> Antes o después te encontrarás con la misma máscara que has creado, solo que la tendrá puesta la cara de otra persona. Así es como funciona la Ley: las cosas parecidas se atraen entre sí; y por eso, en las máscaras caricaturescas de otros, tú comenzarás a reconocer unas pocas excentricidades propias. Porque nunca puedes verte en el espejo tal como eres de verdad.
>
> Aunque la máscara es irreal, no puedes decir: «Bueno, no es real», y darte la vuelta e ignorarla. Pero una cosa sí puedes hacer. ¡Puedes reírte de ella!
>
> Por tanto, en cierto sentido, si podemos aprender a reírnos de nosotros mismos, podremos en efecto romper el hielo de ese velo helado de energía que nos impide ver nuestro Yo Real.
>
> Quitarnos la máscara también tiene un lado serio. Y el lado serio es que la creación divina, la creación de Dios totalmente perfecta, se tiene que revelar con el desenmascaramiento.
>
> No se trata simplemente de ridiculizar al ego humano —que en muchos casos nos ha servido y ayudado a descubrir

muchas cosas hermosas de nosotros mismos—, porque el ego no es tan malo. En las fases iniciales del desarrollo de la identidad, el ego representa la voluntad de ser. Y el ego debe tener algún sentimiento de valía para mantener esa voluntad hasta que la propia alma logre la fortaleza y el deseo de trascenderse a sí misma. En ese punto, el ego divino, atraído por la voluntad del alma de ser, desbanca al ego inferior, ya que el sentimiento inferior de la individualidad ya no es necesario para sustentar la percepción finita.

Cuando el ego humano se vuelve demasiado rígido, cuando se centra demasiado en lo que hace, se detiene en el tiempo. No se mueve ni a la derecha ni a la izquierda. Y esa rigidez será su fin. De hecho, su única oportunidad de sobrevivir llegado a ese punto será que lo desplace el filamento divino del ser.

En esta vida, sin embargo, podemos llegar a un punto en el que todo se vuelve muy quebradizo; y eso se da con facilidad. Y durante el proceso de madurez, que quiere ser un proceso ennoblecedor, a veces perdemos de vista la meta; es decir, perdemos el equilibrio y la perspectiva y, así, perdemos el camino.

Cuando llegas a un punto en el que deseas desenmascararte, no es para menospreciarte, sino que es para deshacerte de la cáscara de ilusión acerca de cualquier cosa, de ti o de otra persona.

Es muy importante que aprendamos que, al quitarnos la máscara del yo, a quien descubriremos es al Yo, el Yo *Real*. Lo que tenemos que hacer es quitarle la máscara a la Presencia Divina y enseñar lo Divino, aquello que brilla a través de la máscara. ¡Es tan poderoso, tan radiante, que brilla a través de la máscara!

Comprende que tu Presencia Divina posee todas las cualidades de la sabiduría, todas las cualidades de la compasión, todas las cualidades de la paz, todas las cualidades de la victoria Crística, cualquier cualidad que necesites para ascender. Si te acuerdas de que esas cualidades existen dentro de la Llama

Divina, si fijas eso en tu mente, esta persona humana, la máscara que ves y que no es real, simplemente se desvanecerá.

Ni siquiera te tienes que quitar la máscara, porque esta se esfumará. ¡Perecerá! Pero en su lugar crecerán las flores espirituales, en el jardín de tu corazón.[1]

Relaciones correctas

Cuando los hombres se ven unos a otros como impresiones de la conciencia divina, reconociendo sus dimensiones en el espejo de la autopercepción de Dios, dejan de estar confundidos por las distorsiones —manchas— en las que los hombres han convertido la imagen original. Impasible ante las fluctuaciones de los denominados efímeros «yoes», como los llaman, que se han elevado a sí mismos hacia puestos de poder temporal, el hijo de Dios, que desea ser un sanador de la humanidad y un catalizador de la verdadera hermandad, solo ve la inamovible identidad de su prójimo. Sabe que su identidad está conservada y santificada en la mente de Dios. Sabe lo que hay de real en su prójimo y se aferra a la verdad de la identidad real, sin que importe lo que parezca estar haciendo la manifestación mortal. Esta es la verdad que lo libera para que pueda asociarse con Dios, lo cual ha de resultar en la manifestación de la hermandad del hombre.

Hombres y mujeres no deberían fomentar la relación con quienes buscan activamente el sendero que va hacia abajo. Aunque es sabido que Jesús se relacionaba con publicanos y pecadores, su interés era la libertad del alma prisionera. Los grandes maestros hindús denominan *satsanga* a la relación con la Verdad y con las personas de igual parecer. A menos que la relación pueda producir una elevación mutua de conciencia o un deseo en la persona que se encuentra en el sendero descendente de hallar una expresión más elevada en la vida, es mejor evitar las relaciones estrechas.

Quienes deseen manifestar una verdadera hermandad deberían intentar asociarse con aquellas personas que no critican, que no condenan ni juzgan a su prójimo, con aquellas personas que no se meten en discusiones ni están motivadas por el deseo de pavonear el ego o hacer desfilar sus ideas egocéntricas. En cambio, deberían buscar relacionarse con hombres y mujeres humildes, que conserven la sagrada sabiduría de Dios como un tesoro de gran valor. Asimismo, deberían proponerse manifestar este tesoro primero, sabiendo que, al hacerlo, todos los tesoros de la vida se les añadirán al final. «Mas buscad primeramente el reino de Dios y su justicia, y todas estas cosas os serán añadidas».[2]

El falso sentimiento de hermandad

Al servir a la vida, los miembros de la Hermandad espiritual nunca basan sus expresiones de amistad en las maneras del yo personal, externo y cambiante, porque saben que el magnetismo de las simpatías humanas es una de las causas principales de la perpetuación de un falso sentimiento de hermandad. Este sentimiento falso se basa en la tendencia de la raza a ser gregaria y la necesidad de recibir aprobación del yo y la conducta por parte de familiares y amigos. Cuando la aprobación o los favores desaparecen, las relaciones con frecuencia se terminan de forma abrupta, desvelando sus bases endebles.

Como proclamó Jesús: «Porque todo aquel que hace la voluntad de mi Padre que está en los cielos, ese es mi hermano, y hermana, y madre».[3] Así deberían buscar y trabajar sus seguidores hoy, en su servicio a la vida, con quienes siguen las Leyes de Dios en sus esfuerzos de llevar paz y hermandad al mundo. Porque una y otra vez se ha demostrado que todos los intentos de empeños cooperativos con aquellos cuyos estándares morales no están arraigados en las Leyes de Dios, al final fracasan.

Desapego

En el mundo hay mucho amor hacia uno mismo. La mayoría de las personas, tanto si lo admiten como si no, están apegadas a sí mismas profunda y dolorosamente. Aunque esto es algo comprensible, no siempre es deseable. Porque solo en el ritual del desapego (del no apego) el hombre es libre de identificarse con su Yo Superior y con el de cualquier otro hijo de Dios.

Gautama Buda enseñó que debemos esforzarnos por lograr el desapego, a personas, lugares, condiciones y cosas, así como el desapego a los frutos de la acción. Debemos llegar al punto de la falta de deseo, del desapego, de tener el deseo de no de poseer o de ser poseídos, sino de ser uno solo en la Llama de Dios. Esta es la prueba de la abnegación. Es la superación de la propensión al apego hacia el yo propio o de otra persona.

La Diosa Merú habla de la necesidad del desapego:

> Entonces, si queréis veros libres de estos hilos [lazos de varios tipos con otras corrientes de vida de la Tierra] que os convierten en marionetas, no del Todopoderoso, sino, a veces, de la conciencia de las masas, debéis llegar al punto del Sendero en el que os percatéis de que el único estado de conciencia es el estado de desapego. El desapego hacia uno mismo es la victoria más grande y la libertad más grande que podáis conocer.
>
> Ni siquiera sabéis de qué forma estáis poseídos por la mente carnal que aún está dentro de vuestro campo energético, cómo estáis poseídos por sus deseos, sus anhelos, sus aprensiones, sus pensamientos, su desasosiego, su incapacidad de quedarse quieta o mantener los pensamientos y sentimientos en calma. Esto es una esclavitud, queridos corazones, y os lo proclamo porque percibo que no sabéis que os encontráis en un estado de esclavitud por no haberos divorciado de vosotros mismos. Entonces, ¿cómo podéis divorciaros de la conciencia humana unos de otros? Debéis hacerlo comprendiendo que debéis mirar arriba y vivir. Mirar arriba y vivir. ¡Mirar arriba, os digo, y vivir!

Debéis mirar arriba, al rostro de vuestra Presencia Divina. Debéis contemplar ese rostro día y noche y cantar la canción del nuevo día: «Santo, santo, santo, Señor Dios Todopoderoso. Tú eres santo en manifestación, en Dios y en el hombre».

De tal forma, cuando decidáis uniros a la conciencia del desapego, que precede a la conciencia de la falta de deseo, crearéis un vacío dentro de vuestro ser, un vacío que debe ser llenado por Dios, su luz y su abundancia. Cuando no deseéis nada de este mundo, sino solo ser Dios en manifestación, se creará un vórtice alrededor de vuestro ser, una acción de torbellino del fuego sagrado. Y de los cuatro rincones de la Tierra, de los cuatro vientos, os llegará la gran cualidad de la paz inmortal, de la dicha, de la abundancia. El Gran Río de la Vida, el gran flujo del Todopoderoso, pone en vuestra mano todas las cosas. Porque Dios os entregará todo lo que él valora para el hombre cuando vea que no desearéis conservarlo, poseerlo, sino que permitiréis que esa energía fluya a través de vosotros en poderosos torrentes.

Ved, pues, la riqueza, la salud, la pureza, la alegría que bulle en vosotros como ese arroyo burbujeante en el que percibís el rostro del Todopoderoso. Entonces, miraréis, veréis y sabréis, cuando percibáis esa imagen, que Dios, en verdad, está en manifestación en el hombre, y observaréis que os transformaréis. Así como contempláis la forma de carne y veis vuestra imagen reflejada, ya no la veréis más; miraréis detrás del velo y la máscara del actor de la obra, y ahí contemplaréis el rostro de Dios.[4]

Relaciones personales como medio para desarrollar el amor divino

El gran mundo de la realidad espiritual jamás se podrá contener dentro de los confines del yo personal ni en los de otras personas. Por tanto, solo cuando el hombre puede ubicarse fuera de su propia máscara y fuera de la de los demás es que se vuelve capaz de comprender el concepto de la verdadera hermandad.

El sentimentalismo se mantiene porque la gente está enamorada de sí misma y de la imagen de sí misma que ve reflejada en otras personas. Al sentir empatía por la infelicidad de otras personas, la gente dice: «Me podía haber pasado a mí». Y con frecuencia, cuando las *otras personas* sufren una gran desgracia, se convierten en mártires para las multitudes.

Los apegos terrenales basados en la competencia por conseguir una mejor posición por parte de los egos humanos jamás podrán producir el fruto de la libertad. Tales apegos no se prestan a la comprensión en el individuo de la verdad sobre el hombre ni la verdadera hermandad. Tales apegos son parte de la esclavitud humana y, sin excepción, crean lazos que ahogan el desarrollo del Yo Real.

Por otro lado, las situaciones familiares y los contactos sociales, cuando se consideran adecuadamente, pueden ser un medio para desarrollar el amor divino en el carácter. Quienes practican la Presencia de Dios en su vida pueden irradiar un servicio hacia los demás que les proporcionará una enorme ayuda para desarrollar su propia naturaleza divina.[5]

Con todo, el Maestro Jesús dijo: «Los enemigos del hombre serán los de su casa».[6] Uno se pregunta cómo puede ser que aquellas personas a las que uno más ama puedan ser un enemigo. La frase de Jesús ha de entenderse a la luz de su conocimiento sobre traición de las fuerzas psíquicas del planeta. Obrando a través de las personas más cercanas a nosotros y de más confianza, estas fuerzas intentan afectar y derrocar a las almas en evolución. La gente no espera que sus seres queridos la traicionen; por tanto, los seres queridos se convierten en la mejor herramienta de la fuerza siniestra.

En consecuencia, no te sientas consternado cuando las personas más cercanas a ti se opongan a tus intereses. En cambio, reza por su protección y sostenlos en la luz de ese mismo concepto inmaculado que Dios mantiene por ellos.

La fórmula de Confucio para la comunidad

El fundamento de la hermandad siempre es el individuo y su relación con Dios. Esa relación divina se extiende a círculos de percepción cada vez más amplios. Confucio, el gran sabio de la antigua China, explicó esto mismo en su obra, *El gran aprendizaje*. Exploremos su enseñanza con relación a individuos, familias y comunidades. He aquí la fórmula en palabras de Confucio:

> Los antiguos que deseaban ilustrar la ilustre virtud por todo el reino primero ponían en orden sus Estados. Deseando ordenar bien sus Estados, primero reglamentaban su familia. Deseando reglamentar su familia, primero cultivaban su persona. Deseando cultivar su persona, primero rectificaban su corazón. Deseando rectificar su corazón, primero buscaban ser sinceros en su pensamiento. Deseando ser sinceros en su pensamiento, primero extendían al máximo su conocimiento. Tal extensión de conocimiento se encontraba en la investigación de las cosas.
>
> Habiéndose investigado las cosas, el conocimiento llegó a ser completo. Habiendo llegado a ser completo su conocimiento, su pensar fue sincero. Siendo su pensar sincero, su corazón se rectificó. Habiéndose rectificado su corazón, su persona se cultivó. Habiéndose cultivado su persona, su familia se reglamentó. Habiéndose reglamentado su familia, sus Estados se gobernaron correctamente. Al ser gobernados correctamente sus Estados, todo el reino se volvió tranquilo y feliz.[7]

Confucio siempre se interesó por la armonía y el orden divino dentro de la familia como unidad de la sociedad. Nació en 551 a. C. durante una época de grandes tumultos y confusión en China. Su padre, un soldado anciano, murió cuando él tenía tres años. En medio del caos social de su país y el desorden de su familia tras perder a su padre, vemos al pequeño Confucio dibujando caracteres chinos en la tierra. Vemos que su alma encontraba consuelo en los patrones internos de la conciencia Crística y anhelaba producirlos en el mundo.

Confucio dedicó su vida a enseñar a los demás a poner orden en uno mismo, en la familia propia y en el imperio. Su enseñanza se ha descrito como un orden social en comunión y colaboración con un orden cósmico. Confucio creía que podríamos poner orden en nuestra vida aprovechando el orden divino del cielo y transmitiendo su amor y sabiduría mediante la cultura y, especialmente, a través del ritual y la música.

En su enseñanza, Confucio nos dice que si queremos establecer la ecuanimidad en nuestra familia y darle la plenitud primero debemos cultivarnos nosotros. Cultivarse a uno mismo significa volverse sensibles a los rayos secretos[8] a medida que uno los va desarrollando en su interior. Cuando cultives los rayos secretos, podrás sintonizarte con los patrones etéricos, darles vida y dar poder a tus empeños santos. Los cinco rayos secretos son la energía y el poder elevados del núcleo de la vida, el núcleo de tu corazón, el núcleo del átomo. Son las fundas del núcleo interno de fuego blanco del átomo.

Los cinco rayos secretos forman el núcleo y la esencia del fuego primordial dentro de ti. Y el fuego primordial es el fuego del corazón. Es la sangre de Cristo. Es la perfección manifiesta de nuestro Señor. Este fuego primordial está en la cámara secreta del corazón.

Nuestra alma tiene patrones etéricos. Nuestra familia tiene patrones etéricos. Nuestra comunidad y la naturaleza a todo nuestro alrededor también los tiene. Podemos llamar a Confucio y a otros Maestros Ascendidos para que revelen y refuercen nuestros patrones etéricos, de forma que estos puedan ser nuestra fuente de poder y una fuerza que nos guíe. Es nuestro llamado pidiendo orden divino. Pablo el Veneciano ha explicado que, tal como una flor abre sus pétalos de acuerdo con su propio patrón prestablecido, nosotros también florecemos hacia nuestra identidad y nuestro destino divinos cuando nos conectamos con nuestro diseño original o patrón etérico y emitimos nuestras energías en él:

> Tal como una flor abre sus pétalos gozosamente según su propio patrón prestablecido, el hombre puede emitir las energías de su conciencia hacia el diseño original de la identidad que marca el concepto perfecto y el destino diseñado, suyo desde el principio. Así como el patrón etérico de la flor está ahí —como un campo energético eléctrico alrededor del brote con un aura llena de expectativa—, el diseño que Dios ha querido para cada manifestación de sí mismo rodea a la mónada en evolución como un cascarón de luz, conteniendo todo lo que el hombre necesita para cumplir su plan divino.
>
> A medida que la flor se despliega, esta sigue el dibujo del patrón que la Naturaleza ha estampado amorosamente sobre su estructura celular. En ello no hay ninguna resistencia al flujo cósmico, sino un movimiento hacia la reunión con la Totalidad y un impulso acumulado de eones, de vida haciendo evolucionar la vida, engendrando belleza y expandiendo el orden universal. De esta forma, la Naturaleza enseña al hombre el Camino; y si él lo siguiera, su vida también será la exteriorización en la Tierra de la hermosura inmortal del cielo.[9]

La familia como unidad básica de la sociedad

En nuestro intento de comprender la hermandad tal como se manifiesta en el orden social, comencemos con la familia. La era de Acuario es la era de la familia divina. Nos encontramos en un punto en que la era de la Madre Divina está llegando a la manifestación y la Madre, uniéndose al Espíritu Santo, manifestará la Era de Oro.

El rayo femenino es la clave de la manifestación del Padre, del Hijo y del Espíritu Santo en este plano. Sin la Llama de la Madre no tendríamos una polaridad para hacer descender la acción del rayo masculino que está afianzado en el Espíritu.

El gran propósito del amor que comparten dos personas,

el amor entre la novia y el novio, es que puedan vivir la intensidad del amor de Dios que hay en el núcleo de fuego de Alfa y Omega y, entonces, hacer que ese amor avance y se esparza por el cosmos. Por ello, cuando la gente se enamora, se siente inspirada a escribir poesía y a realizar cosas creativas de toda clase. La intensificación de la acción de la llama rosa del amor, que se convierte en el rayo rubí en el núcleo de fuego, es un don que Dios nos da para que sepamos cuánto nos ama y cuánto ama a todo el cosmos. Este amor compartido se convierte en una fuente en la que la novia y el novio pueden bañarse continuamente para darlo a toda la humanidad.

Por tanto, con amor, con el amor compartido, uno debe amar más a su prójimo. Las estrellas deben ser más amadas. Los Maestros Ascendidos deben ser más amados. Dios es amado con mayor intensidad. Nuestro propósito es más amado. Si ese no es el efecto natural del amor, entonces podemos estar seguros de que no se trata de amor divino, porque el amor divino debe producir ese efecto para el alma. El amor egoísta, que quiere apartarse y estar solo para adorarse a sí mismo, en lugar de dar y dar y dar es un amor muy peligroso, porque conduce al cáncer de la propia alma. El verdadero amor se manifiesta en la acción de la ayuda y el servicio, el sexto rayo.

El Morya ha dicho que la recompensa por prestar servicio es la oportunidad de servir más. Cuanto más sirves, más grande se hace la vía de energía entre Dios y tú. El cordón cristalino que te conecta con tu Presencia Divina no tiene por qué ser tan solo un fino hilo. En las Eras de Oro, el cordón cristalino era tan grande como el tubo de luz; el hombre tenía un poder ilimitado que descendía de Dios como una cascada de luz.* El hombre tenía tanto poder que cuando lo usó mal creó dinosaurios y manifestaciones oscuras de toda clase por todo el planeta, por lo que los Logos Solares decretaron que el cordón cristalino se redujera en

---

*Véase la Gráfica de Tu Yo Divino, págs. 205

tamaño. Para evitar la tendencia del hombre a hacer el mal, se redujo la fuerza vital que fluye por el cordón cristalino con el fin de que la Divinidad entregara a los hombres solo aquella cantidad de energía suficiente para mantener la vida en los cuatro cuerpos inferiores hasta que ellos, con su libre albedrío y su fíat, decidieran expandir esa llama para la gloria de Dios en manifestación en el hombre y la mujer.

Podemos expandir el cordón cristalino y podemos expandir la llama trina. Lo podemos hacer prestando servicio. Cuánto más demos, más aumentaremos el flujo de energía que nos llega desde Dios. Por tanto, el amor entre dos personas quiere ser un imán que atraiga más amor de Dios, más energía suya. A través de ese amor podremos expandir el campo energético de nuestra entrega y finalmente podremos equilibrar y expandir la llama trina para, después, aumentar el diámetro del cordón cristalino.

La finalidad del matrimonio

Después de que Dios creara al hombre y la mujer, les ordenó: «Fructificad y multiplicaos; llenad la tierra». Y pronunció el fíat inmortal: «Señoread la Tierra».[10]

Esa es la finalidad del matrimonio: señorear la Tierra; fructificar, multiplicarse y llenar la Tierra. Todo lo que acontece dentro del círculo del matrimonio forma parte de ese señorear.

El matrimonio, por tanto, significa compartir la vida para obtener maestría sobre las energías del yo en lo individual y como una unidad. Debemos dominar los planos de la conciencia para liberarnos de esta ronda en el tiempo y el espacio. Para poder expandir a Dios, debemos dominar nuestras energías físicas, emocionales, mentales y etéricas.

Son varias las preguntas a considerar cuando se piensa en el matrimonio. Debemos considerar si compartir la vida con otra persona significa que dos personas juntas pueden lograr más que si estuvieran separadas. ¿Pueden armonizar sus energías por una meta, un ideal, algo más que el simple vivir la buena vida y buscar el placer y el culto al placer? Si la respuesta es afirmativa, puede que la relación merezca la pena. Si la respuesta es negativa, entonces hay que preguntarse si la relación debe continuar.

Cuando el matrimonio es simplemente una plataforma para la búsqueda de placer, se gastará, porque las cosas de este mundo son pasajeras y se gastan. Los matrimonios que tienen esta base están destinados a fracasar. Suponen una pérdida de oportunidad para conseguir la maestría sobre uno mismo.

Debe existir una meta predominante, un propósito, una visión, un sueño que dos personas quieran forjar juntas. Y ese sueño superará los elementos kármicos, los de oposición a la unión, la discordia, las mezquindades que surgen en el vivir diario. Sin visión, el matrimonio perecerá. Cada miembro del matrimonio en la Tierra debe tener una visión de aquello para lo que las dos personas se han unido.

Soportar la carga el uno del otro

La ceremonia del matrimonio en sí es solo el principio. Cuando se hacen los votos «para lo bueno y para lo malo, en la riqueza y en la pobreza, en la salud y en la enfermedad», esos votos son para compartir el karma mutuamente. Antes, cada cual solía llevar su karma en la espalda; ahora eso se ha convertido en una carga conjunta. La debilidad de uno es transmutada por la fortaleza del otro. En eso consiste el matrimonio, en soportar juntos una carga común.

A medida que transcurren los ciclos kármicos y llegan las enfermedades y las dificultades, hemos de comprender que eso es lo que acordamos compartir. Hemos vivido las hermosuras y alegrías del matrimonio; también hemos de compartir el despliegue del karma a medida que este llega en todos los aspectos de la vida. Incluso eso se puede compartir en la dicha, si usamos la llama violeta, juntos, todos los días. Y debemos hacerlo diariamente, porque cada día habrá una nueva asignación de karma. Como dijo Jesús: «Basta a cada día su propio mal», basta a cada día la entrega de karma.[11] Cada mañana, al amanecer, tiene lugar la entrega de karma para ese día, la energía que hemos de afrontar. Si la transmutamos juntos y echamos nuestras energías comunes a la llama común, podremos seguir adelante con creatividad todo el día y aprovechar al máximo nuestro intercambio.

Llamas gemelas y almas compañeras

Para hallar la verdadera comprensión sobre las relaciones y el intenso anhelo de plenitud que con frecuencia las incita, debemos retrotraernos al mismísimo origen de la vida y la creación de las chispas de Espíritu individuales, al origen de las llamas gemelas que formaron un único cuerpo de fuego blanco y que después se separaron para manifestar dos esferas del ser en polaridad, masculina y femenina.

Cada esfera se convirtió en un cuerpo de Primera Causa o Cuerpo Causal. Las chispas de Espíritu se convirtieron en el foco de la Presencia YO SOY de cada una de ellas, desde el cual descendieron almas gemelas para comenzar sus rondas evolutivas en las distintas dimensiones del Cosmos Espíritu-Materia.

Mientras que las llamas gemelas están unidas en Espíritu y son una sola en su origen espiritual, las almas compañeras son almas que comparten una vocación complementaria en la vida. Son compañeras en el sentido de que son socios de viaje, compañeras de trabajo, muy parecidas y compatibles porque sus iniciaciones en el sendero del desarrollo del alma son del mismo nivel, pero las almas guardan una polaridad. Trabajan juntas, están orientadas a realizar proyectos, bien conjuntadas y con frecuencia de rasgos faciales y físico parecidos.

Las llamas gemelas comparten un destino más allá de las estrellas, están ligadas en la eternidad por el Espíritu Santo y nunca se separan, aunque las circunstancias pueden mantenerlas

FIGURA 1: La creación de las llamas gemelas

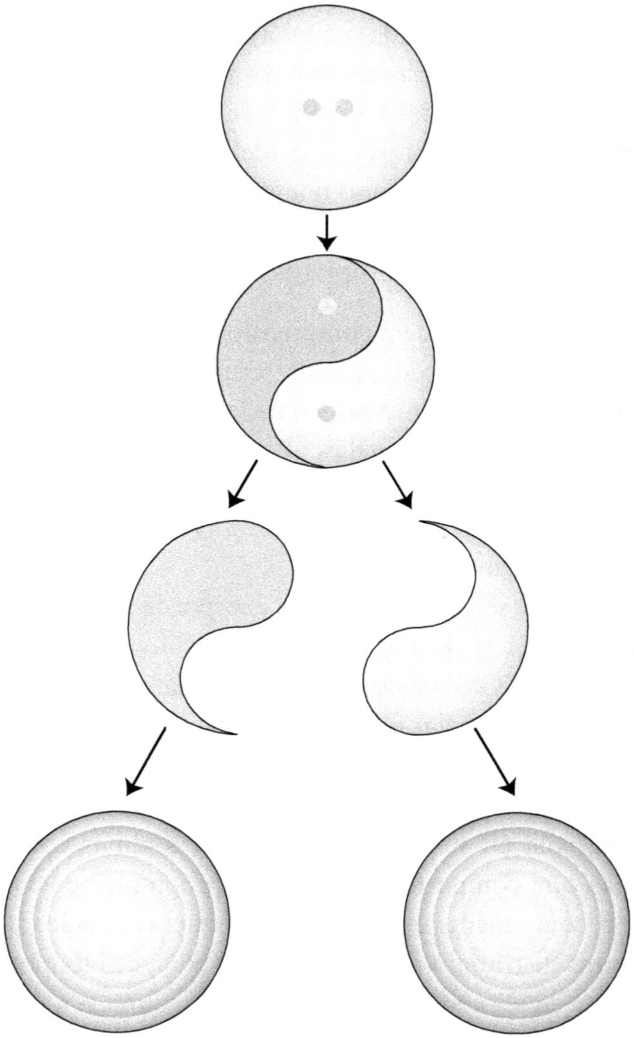

Representando la polaridad masculina y femenina de la plenitud de Dios. El taichí gira y se divide en dos esferas idénticas: llamas gemelas del Uno. Como una gota del océano del ser de Dios, cada esfera o Mónada Divina está formada por la Presencia YO SOY rodeada de las esferas (anillos de colores, de luz) que componen el Cuerpo Causal. De esta manera, el Dios Padre-Madre nos creó a su propia imagen: hombre y mujer.

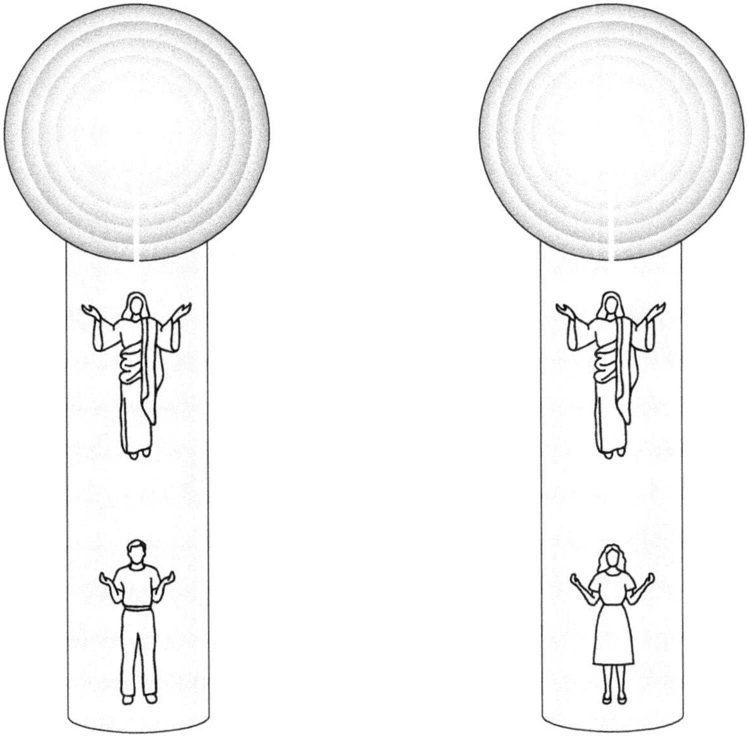

Cada Presencia YO SOY envía un rayo, un alma. Cada alma concentra una polaridad opuesta: una masculina; la otra, femenina. Entre el alma que evoluciona en la Tierra y la Presencia YO SOY está el Ser Crístico, nuestro Mediador personal entre el Espíritu y la Materia.

apartadas físicamente durante siglos. La mente, el corazón y la conciencia de las llamas gemelas fluyen a partir de la misma fuente. En cambio, las almas compañeras son compañeras en la escuela de la vida y puede haber varias asociaciones de este tipo en la historia de la evolución del alma a través de las rondas del renacimiento.

Matrimonios kármicos y relaciones kármicas

El encuentro causante de una polaridad espiritual y un intenso amor mutuo entre dos personas puede ser el resultado de muchas circunstancias distintas. Además del lazo entre llamas gemelas y almas compañeras, también está el del karma, que puede ser el más fuerte de todos.

Debido a que no es un vínculo libre, es ineludible. Debido a que no está equilibrado, le faltan las armonías internas. Y, de vez en cuando, se siente un vacío, una soledad, que revela la deficiencia de una relación que está basada exclusivamente en el karma.

Es posible tener varias relaciones de este tipo con personas con quienes hemos incurrido en karma en vidas anteriores, tanto buen karma como mal karma. A veces, cuanto peor es el karma, más intenso es el impacto al conocer a una persona, porque ahí Dios está presente —el Dios que nosotros mismos hemos hecho prisionero en el pasado con actividades negativas— y salimos corriendo a recibir a esa persona para librarla de las transgresiones que hemos cometido contra su ser. Y amamos mucho, porque mucho es lo que nos deben perdonar.

Una experiencia negativa del pasado, como cuando ha habido violencia, un odio apasionado, un asesinato, cuando no se ha cuidado de los hijos, de la familia, algo en lo que has estado involucrado con alguien más que ha provocado un desequilibrio tanto en su corriente de vida como en la tuya y, quizá, en la vida de muchos, se siente como un peso en el corazón y una ausencia de resolución a nivel del alma. Esta circunstancia nos carcome por dentro y afecta a la conciencia, hasta que se resuelve con amor.

Tu alma sabe por qué has encarnado. Tus instructores espirituales, tu Ser Crístico o tu ángel de la guarda te lo han dicho: «Tú y esta persona tenéis una situación que debéis resolver. Por descuido, por no hacer nada, los dos provocasteis en el pasado que esta ciudad se arruinara; o, debido a que abandonasteis vuestra responsabilidad, mucha gente pasó hambre».

Estas no son situaciones improbables. Las ramificaciones de lo que hacemos al pecar o al omitir un servicio a la vida son muy grandes y tienen gran peso. En los niveles internos, el alma, que va de camino al Origen (volviendo a la casa del Dios Padre-Madre), es muy meticulosa y está deseosa de corregir los errores del pasado. Porque el alma sabe que corregir los errores de vidas enteras de siembras ignorantes y equivocadas es la única manera de regresar al punto en que comenzaste tu camino.

Debes comprender que conocerás a personas así, pero el que conozcas a una persona así no es de ninguna forma señal de que exista una alianza permanente en el Cristo. Ello es una señal de que estás volviendo a Dios, de que tienes karma que ha de saldarse. Es mucho mejor que puedas saldar ese karma sin volver a entrar en las viejas espirales y las viejas creaciones de los abusos del fuego sagrado.

Un encuentro así puede ser como el impacto de dos cuerpos planetarios. Puede ser sorprendente porque a nivel subconsciente estarás exultante por haber encontrado a la apersona con la que puedes saldar cierto registro kármico. Tu alma sabe que, si no superas ese karma, no podrás avanzar al siguiente anillo de la espiral de la vida y, después, a un servicio al mundo y los proyectos creativos que más quieres hacer con la persona a la que más amas, aunque aún no la hayas conocido.

Cuando encuentres una atracción inmediata así hacia otra persona, siempre conviene decidir lo siguiente: «Voy a meditar en la llama, voy a invocar la llama violeta para transmutar el karma del pasado y me voy a concentrar en esto con todas mis fuerzas. Y cuando haya hecho invocaciones por cierto período de tiempo, veré si la relación sigue». Pudiendo hacer esto, muchas veces se descubre que la relación se disuelve incluso antes de empezar y nos ahorramos una agonía, un desamor y un incurrir en más karma.

Si realmente quieres tener luz en una relación, ponla a prueba dejando que la llama violeta resplandezca atravesando la energía. No pienses que una atracción instantánea es una señal del cielo de que has conocido a tu llama gemela o a tu alma compañera. Las atracciones magnéticas son las polaridades de nuestro karma.

Por otro lado, existen lazos de karma positivo. Antes de que encarnaras en esta vida, es posible que un Maestro te dijera que, debido a los muchos trabajos constructivos por la humanidad que hiciste junto a otra persona, en esta vida se os da a los dos una responsabilidad aún mayor y debido a vuestro buen karma, seréis felices, daréis frutos y conseguiréis muchas victorias por el Bien.

En esta época en la que nuestra alma está acelerando hacia Acuario, podemos vivir más de una relación de karma tanto positivo como negativo. Estamos atando los cabos sueltos de nuestro karma con varias personas. Esas ecuaciones de nuestro karma pueden causarnos estrés, pueden hacer que nos divorciemos, pueden provocar una búsqueda interior y una verdadera necesidad de comprender por qué nuestra vida no ha seguido el patrón perfecto como en los cuentos de hadas. El conocimiento del karma y la reencarnación puede enseñarnos mucho sobre el abrupto camino de las relaciones: algunas hermosas y otras desagradables, pero todas necesarias para la evolución del alma y el sendero para definir nuestra verdadera individualidad con Dios, Cristo y nuestra llama gemela.

El modo de llegar al punto en que nos podemos casar con nuestra llama gemela o alma compañera consiste en meditar en la llama violeta y limpiar las energías kármicas que en el pasado han sido un campo energético de atracción magnética, de atracciones instantáneas de naturaleza sensual. Si limpias esos campos energéticos de tu cinturón electrónico con la meditación, aplicando la llama violeta, limpiarás los desechos que causan alianzas malsanas en el mundo.

De este modo, descubrirás que, gradualmente, irás dejando de sentirte atraído hacia la gente por los sentidos y el karma, sino que sentirás una atracción de energías espirituales, la atracción de una llama común, una devoción común y, antes de darte cuenta, estarás en polaridad con una persona sobre la base de la luz espiritual y eso supone una gran diferencia, porque esa luz espiritual perdura. Puede perdurar tras los altibajos y las idas y venidas de satisfacciones sexuales o el placer del mundo o todas las cosas de este mundo sobre las cuales se basan la mayoría de los matrimonios.

El matrimonio y la familia están ordenados por Dios

El matrimonio es la unión más sagrada en la Tierra. Conmemora, en primer lugar, la unión del alma con la Presencia YO SOY. En segundo lugar, conmemora la unión de las llamas gemelas. La meta del alma es hallar a Dios primero, porque al encontrar a Dios podrá aportar algo a su llama gemela.

La Diosa de la Pureza es un gran ser de luz que sostiene la llama de la pureza para la Tierra y sus evoluciones. Ella ha explicado la importancia del matrimonio en el plan de Dios para el hombre y su evolución espiritual.

> Quisiera enseñaros, queridos corazones que habéis rezado a los Señores del Karma pidiendo poder comprender la relación apropiada y verdadera entre el hombre y la mujer. Porque debéis entender que el Señor Maha Chohán y todo el Espíritu de la Gran Hermandad Blanca desean patrocinar a la Sagrada Familia como la base de la era de Acuario y la venida de la séptima raza raíz.
>
> Por tanto, debéis entender que las leyes pertenecientes al

matrimonio y a la asociación del hombre y la mujer en este planeta fueron establecidas por la Jerarquía como una manifestación por la cual las personas que descubran que la llama del amor brilla entre ellas, como la llama del Espíritu Santo y la chispa de Alfa y Omega, puedan asumir un compromiso mutuo, en un verdadero amor, por la creatividad de los fuegos de Dios para traer al mundo no solo niños, sino también los bloques estructurales de la Realidad, diseños del Espíritu Santo, la industria de la Divinidad. Y así, de la mano nos movemos en la vida juntos, representando al Dios Padre-Madre en la actividad de su elección, en el llamamiento y la elección que hayan hecho suyos.

Por tanto, Dios dio a Adán una ayudante; y Eva nació de una costilla de Adán.[12] Así pues, la mujer aparece para adorar y adornar el Rayo Masculino del Espíritu, que ella debe sostener como el fuego dentro del corazón de aquel que, para ella, representa el marido como hacedor suyo.[13]

Así, hace mucho, para restringir la carnalidad del hombre, el Consejo Kármico estableció la costumbre del matrimonio y las leyes del matrimonio, permitiendo que, a través de un representante de la Iglesia, las personas que se presentaran queriendo unirse en la Llama pudieran recibir la bendición del Cristo a través de la mano del sacerdote o la sacerdotisa ante el altar de Dios.

Esas leyes no han cambiado y, aunque la libertad es la llama que arde en la era de Acuario, esa libertad no puede interpretarse nunca como una licencia para tener relaciones prematuras ni abusos del fuego sagrado que no están de acuerdo con la Ley. Porque el fuego que se usa en la relación, la comunión con el Espíritu Santo, el momento supremo de dicha entre el hombre y la mujer, debe ser sellado por el compromiso, por la responsabilidad, por la ley y por la bendición.

Por tanto, el fíat se pronunció como bendición para las llamas gemelas: «Lo que Dios juntó, no lo separe el hombre»[14]. Así, el primer matrimonio verdadero es con la llama gemela. Es un matrimonio entre las Llamas de Dios, esas dos partes de la Totalidad divina que conforman el complemento de padre y madre.

A través de la experiencia kármica, a través de la evolución, a través del abandono de las Leyes de Dios, las llamas gemelas se han separado. Mientras que algunas caminan por la Tierra, otras se encuentran en templos de luz del plano etérico. Algunas están separadas por la edad, otras lo están geográficamente por las exigencias de su circunstancia kármica. Así, la Jerarquía ha declarado que la unión entre el hombre y la mujer es un modo aceptable, aunque no sean llamas gemelas, sino que tengan un deseo, a través del servicio mutuo, debido a su karma mutuo, de caminar juntos en una encarnación al servicio del Cristo.

Y así, hay matrimonios que están hechos en el cielo por Dios, que es el matrimonio de las llamas gemelas, y otros que están hechos en la tierra, mediante el compromiso mutuo entre almas. Y esto también está ordenado por Dios con su bendición, porque acaso no dijo: «Fructificad y multiplicaos; llenad la tierra».

Así, ante la presencia de la pureza, el hombre y la mujer aprenden el uso correcto del fuego sagrado, cómo deben dedicar esas energías a la unión divina en el Espíritu Santo y cómo, hasta que logren la unión que es aceptable a Dios y el hombre, pueden reunir esas energías en los chakras para la creatividad, que también es una oportunidad de conseguir maestría en la focalización dentro de un cuerpo, una mente y espíritu de la naturaleza andrógina de la Divinidad. Por ello, en las órdenes sagradas donde hombres y mujeres eligen hacer el voto del celibato, el Espíritu Santo los ayuda a mantener el flujo cósmico mediante las energías andróginas de la espiral Alfa a Omega.

Las dos cosas son aceptables para la Divinidad, y a algunos los hacen eunucos en el cielo, los cuales nacen para concentrar esa llama. Los hay que desean hacerse eunucos de los hombres. Estos son los que sienten la vocación y el deseo de realizar ese compromiso.[15] Y luego están los que se han consagrado en los niveles internos para traer al mundo a los hijos del Dios Altísimo.

Debéis comprender, queridos corazones, que los usos del fuego sagrado para traer hijos al mundo son sagrados ante el tabernáculo de Dios. El uso de esta energía siempre ha sido algo sagrado y, por tanto, no hay vergüenza, como dijo San Pablo, en el estado del matrimonio, pues es y ha sido ordenado por Dios.[16]

Debéis comprender, por tanto, que todas las fuerzas de la oscuridad, todos los ángeles de Lucifer, del Mentiroso y su mentira, se han puesto ante la Madre Divina para echar abajo la conciencia virgen, para derruir las energías del fuego sagrado y para exhibir con pavoneo ante los hombres los abusos del fuego sagrado, las degradaciones de ese templo del Espíritu Santo. Eso no convierte el intercambio del fuego sagrado en algo profano, sino que es un intento de poner ante vuestra mirada la imagen de la profanidad, del sacrilegio, para que perdáis la llama por repugnancia y evitéis las responsabilidades, las alegrías, la dicha, la oportunidad del estado matrimonial.

Sepan todos hoy, pues, que los Señores del Karma proclaman la oportunidad para quienes deseen patrocinar la séptima raza raíz que, con pureza y renuncia, el cielo os ofrece su honor, si vosotros ofrecéis al cielo vuestro honor y estáis dispuestos a aceptar la responsabilidad de la Sagrada Familia, la Trinidad del Padre, la Madre y el Hijo, que culmina en la manifestación del Espíritu Santo.[17]

Trataremos del concepto del «amor libre» con más detalle en un capítulo posterior de la serie *Escala la montaña más alta.* Por ahora digamos que, cuando la gente se permite las relaciones prematrimoniales, la mayoría de los encuentros sexuales son simplemente un intercambio de energías al nivel del cinturón electrónico. Las personas asumen parte de los patrones del cinturón electrónicos de su pareja, quedándose con ellos. (Mientras que, dentro del círculo del matrimonio y estando las personas selladas en la Trinidad, existe la oportunidad, gracias a la sintonización espiritual y la elevación de las energías a través de la meditación, de que tenga lugar un intercambio entre ellas, a través de todos los chakras, al nivel del gran Cuerpo Causal, las grandes esferas de conciencia cósmica).

La conciencia del amor libre, de vivir con esta persona y luego con aquella, es un desafío a la unión del Dios Padre-Madre en todos los empeños. Es un desafío a la Sagrada Familia, que es la base de la era de Acuario.

Oposición a la familia

Debemos considerar cómo todos los estragos de la oscuridad se juntan para echar abajo la familia y el ideal de familia en nuestra sociedad. Todos somos conscientes de los síntomas de la familia que está siendo acosada: una alta tasa de divorcio, embarazos en la adolescencia, un aumento en los beneficios sociales, más crimen y consumo de drogas, esposas maltratadas, abuso de niños y así sucesivamente. Hemos de considerar que el significado de esta oposición debe ser que lo esencial en la vida familiar —en ella la mismísima evolución y continuidad de la vida en el planeta— está en juego.

El divorcio con frecuencia se produce porque los miembros de la pareja, que pudieran encajar muy bien, no están dispuestos a sacrificarse individualmente por el bien de la unidad. Las personas tendemos a ser egoístas y proclives a esperar demasiado de nuestra pareja. Tendemos a pensar que, si en el matrimonio no todo es perfecto, este se debe disolver.

Cualquier cosa que se interponga entre el padre y la madre como discordia detendrá el flujo del Espíritu Santo. Tu vida ya no te pertenece una vez que te has casado y tienes una familia. Ahora estás siempre prestando un servicio, dando constantemente. Y los matrimonios se rompen porque alguien deja de dar, alguien deja de querer dar.

Hay muchas situaciones en las que el divorcio es procedente. Aunque los Maestros nunca han dado su aprobación al divorcio por el simple hecho de habernos cansado o por haber encontrado una pareja sexual mejor, la Hermandad comprende que en una sola vida se espera de nosotros que saldemos el karma en muchas áreas y que algunas de esas condiciones kármicas solo se pueden saldar a través del matrimonio. Y así, para la pareja de un matrimonio kármico, al final de ese matrimonio, tanto si dura dos años como cincuenta, el karma queda satisfecho y uno se repolariza con Dios otra vez, volviendo al origen, volviendo a la llama gemela, volviendo al servicio a la Hermandad.

La Hermandad nos dice que cada cual debe buscar en su alma y descubrir si ha hecho todo lo que podía para aportar armonía al matrimonio y al hogar, si ha intentado, y si el desencuentro y la discordia son tales que sería más costoso para quienes forman la pareja permanecer juntos en lugar de separarse y seguir su camino.

Tenemos una sociedad que se precipita al matrimonio y piensa que es la solución a todos los problemas que uno pueda tener. La gente no está educada espiritualmente para el matrimonio, en cuanto a su importancia espiritual como sexto sacramento del Sendero. Y así, la gente con frecuencia se casa siendo muy inmadura y llega a la conclusión, varios años después, de que no dio el paso ideal.

A los Maestros Ascendidos les interesa que no evadas tus responsabilidades y tu karma. Es un tema privado entre Dios y tú. Debemos tener cuidado para no ser farisaicos en el matrimonio, para no condenar al esposo o a la esposa. Es necesario tener cuidado con la intolerancia. Nuestro esposo o esposa no tiene que ser de la misma religión que nosotros. Puede haber mucha devoción y santidad a su manera.

Lo importante es que haya armonía y que, si hay hijos en la familia, que estos vean unión en los padres, una representación adecuada y digna del Dios Padre-Madre y no una constante lucha y autodegradación.

Cuando dos personas incurren en más karma juntas que si estuvieran separadas, existe una razón legítima para considerar el divorcio.

Los hijos en la familia

Una de las grandes alegrías y metas del matrimonio es traer al mundo hijos que puedan realizar su misión, igual que a través de ellos se nos permite que cumplamos la nuestra. Conviene respetar la oportunidad que Dios nos da de tener hijos y regocijarnos en la oportunidad de dar vida a quienes, alguna vez, en algún lugar, hayamos podido quitársela.

Los hijos no siempre representan deudas kármicas que estemos pagando, pero es más habitual que los hijos sean almas específicas con quienes tenemos karma. A veces, padres que ya han tenido hijos y que han saldado el karma que tenían que saldar en esta vida a través de los hijos pueden ser elegidos por Dios para traer al mundo a hijos con quienes no tienen ningún karma negativo. Esos hijos pueden tener un gran talento y contribuir enormemente a la sociedad ya que traerán consigo su pasado logro.

Todos los niños que son concebidos tienen un plan y un diseño divinos. Cuando a esos niños se les niega la oportunidad de encarnar porque se les aborta, el plan divino del alma es abortado. Y cuando, debido a las doctrinas del control de la población, la esterilización o el aborto, los padres no traen al mundo a los hijos que tienen destinados en esta vida, no solo se les está negando la oportunidad de saldar karma, sino que incluso la ecología espiritual del planeta queda afectada.[18]

Cuando estés totalmente preparado o preparada para ser padre o madre, te llegará el compañero divino para que puedas traer al mundo a las almas que tengas que traer al mundo. Es muy importante que te prepares para este llamamiento tan alto y que conserves tu luz y tu energía dentro de ti. Es necesario tener un cierto campo energético de la conciencia Crística dentro del aura para atraer al Cristo como polaridad. No se puede atraer lo que uno no es. Todas las cosas maravillosas que uno quiere en la pareja uno las tiene que poseer en sí mismo como polaridad. Hay que desear que todo lo que tenemos de real en nosotros se manifieste en nuestra pareja y debemos invocar conscientemente esas cualidades y guardarlas en nuestro corazón.

La era de oro de la familia

La Maestra Ascendida Nada explica la importancia de la familia en nuestro intento de establecer una Era de Oro de Acuario:

> Al observar la mala situación en la que se encuentra la humanidad —el dilema personal del karma personal y planetario— y en su preocupación por la transición de la humanidad hacia la Era de Oro, la Jerarquía busca personas que alimenten la llama, la llama trina de la vida, como puntos de anclaje de las energías y las espirales de una nueva era...
>
> La era de Acuario también se conoce como la era de oro de la familia, pues a través de la matriz de la familia es que la Jerarquía permitirá a los hijos y las hijas de Dios equilibrar las energías de su karma. Esta matriz de la Sagrada Familia, que fundaron María, José y Jesús como la Trinidad del Padre, la Madre y el Hijo (y el Espíritu Santo como la llama instalada en los tres), es una matriz que no excluye el camino del celibato, el camino del sacerdote y la sacerdotisa de las Órdenes Sagradas. La matriz de la familia divina sirve para que se alimenten las almas que esperan nacer para emitir el fuego sagrado de la mañana dorada en la forma, en el aquí y ahora, para la curación de las naciones y para la curación de los planos de la Materia...*

**Mater:* 'madre', en latín. Mater es la *mater*-ialización de la Llama Divina, el medio por el cual el Espíritu adquiere, "físicamente", la dimensión y forma cuádruple a través de la polaridad femenina o negativa de la Divinidad. Es el vocablo utilizado, sinónimo de 'Madre', para describir los planos del ser que se ajustan al cáliz universal (o matriz) y que lo constituyen para el descenso de esa luz de Dios que se percibe como Madre.

> Por tanto, en mi patrocinio de almas que esperan nacer, como miembro del Consejo Kármico y Chohán del Sexto Rayo, vengo con una proclamación y con la iniciación de la espiral de esta familia de la Era de Oro para cumplir el fíat de Saint Germain, para cumplir la iniciación de luz del corazón de Alfa y Omega y para alimentar el amor, la sabiduría y el poder en la casa y el hogar.[19]

Al considerar la Sagrada Familia de José, María y Jesús, vemos que Saint Germain (que estaba encarnado como San José) y la Virgen María no eran llamas gemelas, sino almas compañeras. Los dos tenían una misión que cumplir y un logro determinado que debían manifestar en esa vida. Sus respectivas llamas gemelas estaban ascendidas. La Virgen María es la llama gemela del Arcángel Rafael y Saint Germain lo es de Porcia, Diosa de la Justicia.

Rafael y Porcia se encontraban en esferas cósmicas en el nivel más elevado de la conciencia Divina. Por tanto, esta polaridad tan grande entre sus seres dio la capacidad a María y Saint Germain de acceder a su conciencia cósmica y llevar el fruto del Cuerpo Causal individual de sus llamas gemelas al establecimiento de la fundación de la dispensación cristiana y la aparición del Cristo.

En nuestro intento de exteriorizar la matriz de la Sagrada Familia en nuestra vida, podemos pedir que la Virgen María y Saint Germain nos guíen y ayuden en nuestro desempeño del cargo de padre o madre en nuestra familia.

Escenas de la vida de la Sagrada Familia

Saint Germain nos cuenta algunas de las vivencias que tuvo como San José, padre de Jesús:

> Discipliné a Jesús para que él pudiera cumplir la Ley y el camino del Cristo. Ah, ¿no sabíais que fue necesario disciplinar a Jesús? Quizá pensasteis que nació como un portador de luz, perfecto durante toda su vida. Pues os digo que esas

cosas se han borrado de las escrituras para convertirlo en una excepción a la regla. Y quienes de vosotros traigáis al mundo niños de la Nueva Era debéis comprender que no importa el logro interior del Cristo, el yo exterior debe disciplinarse, porque tiene un vínculo y un magnetismo con el mundo exterior que está basado en la autoindulgencia. Por tanto, se debe preparar al niño. Se debe preparar al niño como chela desde que nace y no debe tener la permisividad de seguir los caminos del mundo. Y ese es el significado y el propósito de que José llegara para cuidar de María y el Niño.[20]

La Virgen María también nos ha dado vislumbres de su vida como madre de Jesús y de las alegrías y dificultades que supuso el sostener la llama de la Sagrada Familia y la misión de Jesús.

En los días de antaño, tuve la alegría de contemplar la maestría de mi hijo, Jesús. Hoy día considero a todos los niños del mundo como hijos propios. Y cuando uno de ellos intenta llegar, corazón, cabeza y mano, en su búsqueda o anhelo divino para servir al reino venido, no puedo dejar de responder a ese niño si me llama.

Si el amado Jesús llegaba de pequeño después de ir entre los zarzales y se le habían clavado espinas en los pies tan tiernos, yo le quitaba las espinas. Y hoy día le quitaría las espinas de la vida a la senda de los hombres con la misma felicidad con la que serví a mi propio hijo en ese segmento de la historia.[21]

Con Dios todas las cosas *son* posibles. Y estas benditas palabras son una gran esperanza para la era actual y futura. Y también son esperanza mía para cada uno de vosotros, para los hombres y las mujeres de cada raza, que habitan en todas las regiones, como ciudadanos de todas las naciones. Acunar al Cristo jamás fue suficiente, porque yo me enorgullecía en el gozo de observarlo crecer año tras año, observando cómo crecían sus bracitos y piernas y, al final, viéndolo correr en su juventud, su madurez y después ¡su Cristeidad![22]

Cuando notaba que alguna cualidad Divina en particular

que yo deseaba manifestar en el niño Jesús florecía plenamente en su mundo lleno de talento, era un día de deleite. Oh, qué bien sabía yo que los capullos existían, que se había encendido la llama sobre el altar de su corazón desde lo alto y que él quería hacer aquello que se le revelara como la voluntad del Padre. Sin embargo, no podía dejar de deleitarme al ver el desarrollo de cada cambio diminuto, que lo preparaba efectivamente para los arduos días que le esperaban.

Del mismo modo, espero con paciencia y amor el desarrollo de esa maravillosa radiación de vida que late en vuestro corazón. Espero que todos los hombres sean tan libres como lo llegó a ser el amado Jesús.[23]

Lo vi en su infancia, cuando el santo brillo de la misión produjo el resplandor del asombro inadvertido en sus ojitos. Observé cómo, con los años, la llama de la iluminación y el rayo de la comunión desde el corazón de Dios cambió esa mirada en madurez y la confianza de un maestro de hombres y, sobre todo, de sí mismo. Vi cómo las toscas multitudes pronunciaron blasfemias contra su propósito. Observé de vez en cuando, he de confesar que algo turbada, cuando le amenazaron de muerte, cuando quisieron apedrearlo o empujarlo por un precipicio.

Para que nadie de vosotros piense que no es apropiado que confiese mi preocupación, dejad que os recuerde que ese período fue una época de grandes pruebas antes de mi ascensión. Fue una época en la que yo era tanto una devota con cierto logro espiritual como la madre de un hijo viviente, que salió de mi vientre.

Cito este ejemplo no para debilitar vuestra fe en mis esfuerzos en el nombre de Dios, sino para que ya no os reprendáis a vosotros mismos por esas debilidades humanas que forman parte de la lucha. Porque un día esas cosas también dejarán de ser, cuando vuestro corazón esté finalmente educado en la maestría de las sugerencias agresivas del mundo, así como en la maestría sobre vosotros mismos.[24]

Recuerdo una mañana, cuando el amado Jesús, aún

pequeño, vino a mí con un trozo de madera muy duro que quería tallar. Deseaba que yo persuadiera a José a que le diera otro más blando, uno que fuera más fácil de moldear. Me lo senté en la rodilla y le expliqué que el árbol tenía una cualidad que se había depositado en él desde la antigüedad que hacía que un árbol poseyera una cualidad más dura y otro otra más blanda. Le dije que la madera más blanda se dañaría con más facilidad y que, si él la utilizaba, la pequeña imagen que quería tallar no soportaría los golpes que sufriría más tarde, mientras que una talla de madera más dura sería bastante más duradera.

También le dije que a la madera le gustaba que sus manos le dieran forma y que la única diferencia entre la madera dura y la más blanda era que una requería más paciencia por su parte. Se apartó el cabello de la cara, que le cubría los ojos, y de modo muy suave y rápido me dio un beso de las dos mejillas. Noté el rastro de una lágrima en un ojo mientras salió corriendo para continuar con su trabajo y dar forma a la madera dura.[25]

Oposición al niño

El Dios y la Diosa Merú mantienen el foco del rayo femenino del planeta en su retiro sobre el lago Titicaca, en los Andes peruanos. Ellos son los manús o patrocinadores de la sexta raza raíz de almas entrantes y están interesados en la protección y la educación de estas almas.

El Dios Merú nos habla de las fuerzas dirigidas contra los jóvenes del mundo y las cargas que afrontan, que incluso los llevan al suicidio.

> Son la diana de las fuerzas de la Muerte y el Infierno en las naciones de todo el mundo. Y los adultos rara vez comprenden las cargas que empujan al adolescente al suicidio. No todos son irreflexivos. Algunos simplemente se caen bajo el peso de su cruz, llevando como llevan una parte del karma

del mundo. Porque estos se han ofrecido antes de encarnar y no ha habido ningún Cirineo que les lleve la cruz mientras también deben cargar con el karma de la Tierra, ningún José de Arimatea que unja su cuerpo con mirra y áloes.

Hay seres Crísticos en la Tierra, y la Virgen María ha llamado a la Mensajera y os llama a vosotros: «¡Bajadlos de la cruz!». Este es el mensaje que viene del corazón de la *Piedad*.

Daos cuenta de que la Madre Divina en vosotros debe comprender que el salto llamado «salto generacional» es aquello que perpetúan los demonios y las falsas jerarquías antijuventud en la Tierra. Y se mueven para que perdáis la sensibilidad hacia esta situación y que no veáis los problemas ni sepáis cuánto pueden ser arrastrados los jóvenes hacia las garras de los que trabajan en el plano astral.

Ellos [niños y adolescentes] no os lo dicen, porque prefieren guardar las apariencias de lo que vosotros deseáis ver, queriendo siempre complacer a los padres. Así, al hacer eso, se pierden cualquier ayuda que pudiera ofrecérseles, y entonces es demasiado tarde y demasiado duro de llevar.

Plan para los jóvenes del mundo

En estos tiempos, las familias, los niños y los jóvenes sufren grandes cargas. Al evaluar estas situaciones, el Dios y la Diosa Merú han desarrollado un plan para la cooperación del niño, la familia y la comunidad. Merú dice:

Ahora os voy a leer un pergamino. Este pergamino ha sido escrito por los ángeles de nuestro retiro. Es una exposición de la amada Diosa Merú y mía sobre las prioridades que consideramos para proteger a los jóvenes y llevarlos a una edad de madurez y Cristeidad de treinta y tres años:

En primer lugar, *la dedicación de la enseñanza a la Palabra y el Sagrado Corazón,* dedicando las tres capacidades básicas —lectura, escritura y aritmética— como los tres rayos de la llama trina y, por tanto, estableciendo los cimientos para que todo el aprendizaje pueda provenir del interior...

Los padres necesitan entendimiento y preparación. Por tanto, lo segundo de la lista es la *preparación de los padres*...

Como tercer punto debe haber *un pacto entre los padres, maestros y patrocinadores de niños* que trabajen juntos como la llama trina de la devoción en esta comunidad y, después, ciudad tras ciudad. Ello conlleva la comprensión de que la Muerte y el Infierno desean devorar a vuestros hijos y, por tanto, ¡debéis rezar con fervor! Después de comprender el significado del voto, debéis prometer que os interpondréis entre los jóvenes del mundo y la Muerte y el Infierno...

El cuarto punto de la lista debe ser el bastión de fuego blanco del *voto* que se ha hecho... Una vez que hayáis hecho el voto, debéis recordar a la primera Madre de la Llama, Clara Louise, que guardó una vigilia diaria por los jóvenes, comenzando a las cuatro de la mañana hasta bien entrada la mañana, rezando por todas las almas de la juventud, desde los niños que aún no han nacido hasta los que estudian en la universidad y los más mayores...

La acción comunitaria es lo siguiente de nuestra lista: una participación de la comunidad que refuerce a la familia como estos dos pilares de familia y comunidad que aseguren un sendero de individualismo para las personas de todas las edades. La ruptura de la familia, la ruptura y separación de grupos kármicos, es una fragmentación de la sociedad, así como entre personas de diferentes edades, de forma que no puedan aprender unas de otras y madurar, con las personas maduras inspirando a los más jóvenes y los jóvenes introduciendo la nueva ola de una Nueva Era que también puede ser un desafío para los de mediana edad o los que se están jubilando.

La comunidad, pues, debe ser un fuerte de valores, de un servicio juntos, de satisfacer las necesidades mutuas y establecer las metas y prioridades, una de las cuales es la protección de ese círculo de vidas. Benditos, una comunidad debe tener como meta algo más que la propia supervivencia o felicidad. Debe tener una plena razón de ser hacia la cual cada miembro se galvanice y se eleve.

A propósito de esto, el siguiente punto de la lista que tenemos es la *preparación* de todos los miembros de la sociedad, especialmente los niños, en una *ciudadanía responsable,* que consiste en hacerse responsable de las funciones necesarias del grupo, ya sea como una fuerza policial, bomberos, consejo municipal o quienes proveen el ungüento y el servicio para que la comunidad pueda perdurar.

Cuando todas las fuerzas del caos intenten interrumpir la forma de vida, regresemos a *la música de las esferas.* Regresemos a tranquilizar las almas, a invocar las armonías, a producir los sonidos de la Era de Oro que no se han escuchado. Así, este punto de nuestra lista es una activación desde el corazón de Ciclopea, que se une a nosotros en el patrocinio de este llamamiento. Ciclopea tiene unas melodías secretas que esperan hacer su aparición y que harán que los jóvenes recuerden los tiempos antiguos, los votos interiores, otros años en que la belleza y el amor, incluso en las octavas etéricas, era su destino.

Los jóvenes necesitan el consuelo del Espíritu Santo y no los excesos. Trágicamente, trágicamente, pocos de ellos desean de hecho un sendero y un discipulado. Por tanto, recomendamos el estudio y la estructuración de un programa que *refuerce la individualidad* y, con ello, disminuya en tiempos peligrosos la necesidad de una interdependencia emocional entre adolescentes que haga que tengan miedo de mostrarse firmes para defender una causa o un principio.

¿Por qué tiene tantas consecuencias la presión de los compañeros, amados? ¿Acaso se debe a que los padres no dan apoyo, comprensión e incluso la camaradería de una familia que no sea tan distante y que no ponga barreras artificiales entre una generación y otra? No eduquemos a los niños tan mal que tengamos que ver que no conocen su mente, su corazón o sus valores, sin haber tenido ideas nobles o historias de santos o héroes o ejemplos de consecuencias kármicas por haber hecho maldades…

Somos el Dios y la Diosa Merú. Somos los patrocinadores

y los instructores de Jesús y de todos quienes han venido a ayudar a la sexta raza raíz. Por tanto, Jesús y muchos otros santos han estudiado por mucho tiempo en nuestro retiro. Para ellos es como una sede central. Os invitamos a que vengáis con frecuencia... Así, vosotros sabéis que, junto con los Instructores del Mundo, permaneceremos con vosotros hasta que cada niño de la Tierra tenga la oportunidad de ser instruido en el corazón por el Santo Ser Crístico y por profesores ungidos, padres y patrocinadores.[27]

Cuarta sección

«Yo y la Madre somos uno» La Llama de la Madre

Honra a tu padre y a tu madre,
para que tus días se alarguen
en la tierra que el SEÑOR *tu Dios te da.*

ÉXODO

«Yo y la Madre somos uno» La Llama de la Madre

CADA MIEMBRO DE LA GRAN Hermandad Blanca es devoto de la Madre Universal, porque la Madre es quien puede ser todas las cosas para todo el mundo. Ella asume la manifestación más alta y baja de Dios y, al verla, podemos comprender la perfecta postura de nuestro ser en cada momento de nuestra vida.

La Madre es nuestra Gurú y nuestra instructora debido a esta cualidad del flujo. La fluidez de su presencia nos cura la fragilidad, nos cura la idolatría hacia nosotros mismos, nos cura de todas esas cosas que no son más que percepciones incompletas del Sendero. Cuando vemos a la Madre, vemos y comprendemos el amor perfecto. Comprendemos cómo deberíamos caminar y hablar unos con otros y cómo nosotros también podemos preparar los fuegos del corazón y que el fuego esté listo para derretir aquellos elementos del alma fragmentada. Cuando vemos a la Madre comprendemos que nosotros también podemos ser, dentro de nuestra alma, un manantial de vida. La elevación de la llama de la ascensión es el vaso de agua viva que damos como Madre en nombre de Cristo.

Celebremos a la Madre como el ser universal que soluciona todos los problemas, todas las ilusiones, todas las fantasías, todos los corazones fragmentados y rotos o la vida arruinada.

Dios es Madre.

No levantemos un ídolo en su lugar. Rindamos culto juntos a su Espíritu vivo.

En ciertos momentos llega una dispensación en la que Dios como Madre sale a la luz y encarna a través de la Llama de la Madre. Esta Llama de la Madre está en todos nosotros y en la Tierra ha habido, a lo largo de muchos miles de años, varias representantes de la Madre Divina. Cuando la plenitud del Padre, el Hijo y el Espíritu Santo se ha transferido a través de la Ley, a través de la interpretación de la Ley en la enseñanza y a través de la demostración de los milagros del Espíritu Santo, llega el momento de la venida de la religión de la Madre.

El Morya explica lo siguiente:

> Cuando la actividad está guiada por la voluntad de la Madre Santa, el estandarte de la Madre del Mundo se despliega y proclama la hermandad por doquier. Pero es una hermandad de iluminación, no de oscuridad o del engrandecimiento propio. Es una hermandad basada en el dar, y todos comparten la vida abundante.[1]

La culminación de la hermandad del hombre bajo la Paternidad de Dios se encuentra en la Llama de la Madre.

María, la Madre

La Virgen María es una representante de la Madre Divina. Ella es el equivalente femenino de Rafael, Arcángel del Quinto Rayo. Su retiro se encuentra sobre Fátima, en Portugal, en la octava etérica, de ahí sus apariciones en ese lugar.

La Virgen María descendió a la Tierra y en sus encarnaciones en este planeta guardó la llama de nuestra Cristeidad desde los templos de curación de los remotos tiempos de la Atlántida hasta Tierra Santa, donde encarnó como la madre de David y, finalmente, como la madre de Jesús.

Una vez cumplida la finalidad de su descenso, ascendió para regresar al corazón de Dios. Por haber vivido en forma humana y haber estado al lado de nuestro Salvador, ella sabe cuáles son nuestras necesidades y conoce las cargas que soportamos. En ella, Dios como Madre está completa y es perfecta. Además de ella, existen muchas otras Maestras Ascendidas en el cielo.

El mensaje de la Virgen María para el mundo no solo es para los católicos. El suyo es un mensaje universal de la Mujer universal Vestida del Sol, que se le da a cada portador de luz de la Tierra de cualquier religión o de ninguna. Ella es lo mejor de ti mismo, un poderoso ángel de Dios, a quien tú puedes llamar.

El rosario como medio de lograr la hermandad

En 1972 la Virgen María nos dio un rosario que la gente de cualquier fe puede recitar para rendir culto a la Madre Divina. La Virgen nos pidió que el rosario a recitarse fuera un rosario escritural, con versos bíblicos leídos entre los Ave María y otras oraciones. Ella nos explicó que el Ave María significa simplemente «Ave Ma-Ray» o «Ave Rayo de la Madre» y que la recitación del Ave María alaba y evoca la Llama de la Madre. La Virgen María nos ha pedido que recemos el rosario todos los días, ya sea el rosario escritural original, que dura aproximadamente una hora, o un rosario más corto que dura unos quince minutos, que ella nos dio y se llama *Rosario del Niño*.

Cuando nos dio este rosario de la Nueva Era, ella dijo: «Esta es la clave. Si el cuerpo estudiantil lo hace, rezar este rosario todos los días hará que la llama de la Madre se afiance en el mundo y evite mucha destrucción de la vida humana en los días que se avecinan».[2]

La Virgen María dice:

Qué hermoso es contemplar los rostros que miran hacia arriba en santa oración, suplicando al Ser Divino a quien identifican en mi persona, pero que no está limitado a mi persona, sino que lo impregna todo. Porque la Madre Divina es el cosmos mismo. Y mi destino ha sido exteriorizar una parte fraccionada de ello, y en esa parte estaba y está la totalidad. Y así, cuando los devotos de la luz rezan diciendo «María», reciben el resplandor del *Rayo de la Madre,* que es el significado interior de *María,* entregado por mis manos y mi corazón, entregado por mi ser.

Los ángeles siempre escuchan a los rostros que miran hacia arriba adorando. Los ángeles de la Madre Divina permanecen con quienes rezan el rosario todos los días o quienes ofrecen decretos y afirmaciones tal como han aprendido a hacerlo en sus respectivos credos. Porque la Madre Divina no tiene un solo credo, sino que es universal. Comprended, pues, que para ella todos son hijos del Altísimo, todos provienen de la semilla del Padre. Y al alimentarlos, al cuidar de ellos con ternura y al ocuparse de ellos, ella sabe que volverán al Padre.

Por tanto, cuando recéis a la Madre Divina, suplicad por todos los que no conocen el significado de la Madre, todos los que no han tenido la imagen santísima de la Virgen y el Niño...

Hasta que el alma vuelve a encontrar a la Madre —la Maternidad de Dios personificada en muchos seres celestiales y ángeles— esa alma no puede encontrar la reunión con el Padre. Porque el niño llega al Padre a través de la Madre. La Madre es quien enseña al niño la sabiduría del Padre. La Madre es quien lleva a los niños al corazón de la naturaleza. La Madre, sobre todo, es quien sella al alma con los patrones de la individualidad, quien saca, con el poder de su amor, la magnetización de la Llama Divina que es como un grano de luz encerrado en el corazón, hasta que el calor del amor de la Madre lo alcanza tal como el sol toca las flores. Y así, comienzan a germinar bajo tierra; y así, el alma germina dentro del hombre aún antes de que aparezca el Cristo sobre la superficie para transformar todo su ser y mundo...

Rezad por vuestros hijos, rezad por vosotros mismos, rezad por toda la humanidad. Rezad para que ellos también puedan conocer a la Madre Divina.

¿Cómo llegarán a conocer a la Madre? Vosotros podéis ayudar de una forma muy importante y hoy he venido para deciros cuál es. ¡Consiste en que vosotros mismos os convirtáis en la Madre Divina! Consiste en que recibáis en los brazos a quienes necesitan socorro, curación, consuelo y compasión. Vosotros que sois hombres fuertes y sabios, vosotros también debéis convertiros en la Madre. Debéis exteriorizarla. Y, mujeres del fuego sagrado, vosotras que habéis traído al mundo a los niños de esta generación, comprended que todo el mundo es hijo vuestro...

Recordad la oración de Jesús: «Padre, que sean uno, así como nosotros».[3] En vuestro corazón y en vuestra conciencia, en vuestros pensamientos unos sobre otros, abrazaos mutuamente cada día como lo haríais con el Cristo, que está acunado y que está naciendo en vuestro corazón. Porque solo con ese gran amor por vuestro hermano, por vuestra hermana, llegaréis a conocer la unidad que compartimos, la unidad de la Madre y el Cristo, la unidad del Padre...

Porque en la unión de esa unidad hallaréis la fuerza, la victoria triunfadora y el poder que os da la capacidad de soportar todos los dardos de fuego de maldad y todas las tentaciones del mundo.[4]

La Virgen María ocupa el cargo de Virgen Cósmica, no de forma excluyente, sino incluyente. En su cargo ella incluye a todos quienes estén unidos a ella, todos quienes sean parte de su devoción por la Madre. Y ella te incluye a ti cuando dices todos los días:

Ave María, llena eres de gracia, el Señor es contigo. Bendita tú eres entre todas las mujeres y bendito es el fruto de tu vientre, Jesús.

Santa María, Madre de Dios, ruega por nosotros, hijos e

hijas de Dios, ahora y en la hora de nuestra victoria sobre el pecado, la enfermedad y la muerte.*

Con el rosario, la Virgen María nos da la oportunidad de vestir el manto de su conciencia. Recitarlo es como enroscar una espiral de filigrana dorada alrededor del mástil de nuestro ser. Cada día añadimos otra espiral de filigrana y así, gradualmente, llegamos al punto en que, casi a pesar de nosotros mismos, sentimos más devoción, nos sentimos más santos, sentimos que pertenecemos más a la Madre y que estamos mucho más cerca de María, pudiendo casi sentir el brillo de sus vestiduras cuando pasa a nuestro lado. Dia a día, espiral tras espiral de esa filigrana de oro, nos iremos vistiendo con el manto de la Madre como preparación para ser la Madre del Mundo, para ser la conciencia de la Virgen Cósmica.

La Virgen María nos dice que, si una persona reza el rosario y recita decretos y oraciones con constancia, «podremos poner sobre los anchos hombros de tal persona, ensanchados por un sentimiento de responsabilidad cósmica, el peso de los niños pequeños que sufren en los guetos y suburbios del mundo, de los prisioneros de guerra torturados, de los que practican el cristianismo clandestinamente y que dan la vida por su fe, de quienes defienden la Verdad y a Dios, de esas corrientes de vida que tienen notoriedad en el mundo en el gobierno y la religión, la política, la economía y que no poseen el conocimiento de la Ley, pero sí tienen el valor de sus convicciones. Ellos necesitan las oraciones de los santos. Ellos necesitan vuestro amor».[5]

---

*La Virgen María ha dicho que los Guardianes de la Llama no deben afirmar su naturaleza pecaminosa, sino la herencia que, por derecho, les corresponde como hijos e hijas de Dios. Tampoco deben obcecarse con la hora de la muerte, sino con la hora de la victoria. Por eso ella le ha pedido a la Madre de la Llama que enseñe a los Guardianes de la Llama a rezar por su intercesión diciendo «ahora y en la hora de nuestra victoria sobre el pecado, la enfermedad y la muerte», poniendo así su atención en la hora de la victoria sobre todas las condiciones del tiempo y el espacio, la cual demostró su Hijo bendito en su vida y en la hora de su ascensión victoriosa.

La Virgen María vuelve a hablar de rezar el rosario diariamente: «Mediante la acción de alabanza del rayo de la Madre, veréis cómo vuestra conciencia se adornará con las joyas del corazón de una Madre; veréis cómo empezaréis a interesaros, a interesaros de verdad por vuestro prójimo. Y por interesaros, tendréis la llama del Espíritu Santo que es capaz de impartir en cualquier momento del día o de la noche aquello que pueda satisfacer la necesidad de vuestros seres queridos, de niños, extraños, todos aquellos con quien os encontréis... Esto es un rol, un sendero y un camino muy importante. Porque como se os ha dicho, la mano que mece la cuna es la mano que gobierna el mundo».[6]

El cargo de Madre de la Llama

A lo largo de las eras han aparecido miembros de la Gran Hermandad Blanca para patrocinar movimientos edificantes y para ayudar a las oleadas de vida de la Tierra en todos los aspectos de su evolución. Los grandes artistas, inventores, científicos, hombres de estado y líderes religiosos han sido acompañados por varios miembros de esta Jerarquía Espiritual formando la vanguardia del logro en sus ámbitos respectivos.

En este siglo, Saint Germain, patrocinador de los Estados Unidos de América y Jerarca de la dispensación de Acuario, volvió a ofrecerse para patrocinar una actividad exterior de la Gran Hermandad Blanca. A principios de la década de los sesenta entró en contacto con su Mensajero encarnado, Mark L. Prophet, y fundó la Fraternidad de Guardianes de la Llama.[7] La meta de la Fraternidad es la fusión de los espíritus de fuego ascendidos con las almas de la Tierra, en una acción unificadora por la salvación de los hijos de la luz en esta era.

Dentro de la Fraternidad está el cargo de la Madre de la Llama, ocupado por alguien dedicado a la Madre del Mundo y que promete servir a los hijos y las hijas de la Llama allá donde estén, por todo el mundo. La Madre de la Llama es un título honorario y un cargo de la Jerarquía ocupado sucesivamente por devotas no ascendidas, nombradas por la Gran Hermandad Blanca, para que alimenten o cuiden de la llama de la vida en toda la humanidad.

En 1961 Saint Germain nombró a Clara Louise Kieninger como primera Madre de la Llama de la Fraternidad de Guardianes de la Llama. El 9 de abril de 1966 se transfirió ese cargo a Elizabeth Clare Prophet y Clara Louise Kieninger pasó a ser la Madre de la Llama Regente, un cargo que sigue ocupando desde el nivel ascendido.

La persona que ocupa el cargo de Madre de la Llama, junto con todos los miembros de la Fraternidad de Guardianes de la Llama, cuida espiritualmente de todos los niños del mundo. Ella es responsable de su cuidado, salud y educación y de su unión con Dios. La Madre de la Llama también tiene la responsabilidad de cuidar de todo cuanto tiene vida, llevando a todos los hijos y las hijas de Dios hacia la unión con Jesucristo y llevando la antorcha de la Libertad para que la libertad pueda reinar en todos los países.

La Madre de la Llama es quien sostiene la Llama de la Madre por las evoluciones de la Tierra, quien ayuda como Buen Pastor a los rebaños de las naciones, los rebaños del mundo. Este cargo debe existir en la Tierra para la restauración del rayo femenino con relación al retiro del Dios y la Diosa Merú, en el lago Titicaca, con relación a la elevación de los templos de Lemuria y para la restauración de la mujer a un papel de dignidad, liderazgo, intuición y sintonización espiritual para el cuidado de los niños de la Tierra.

Una antorcha de iluminación

El 31 de diciembre de 1972, Gautama Buda le entregó a Elizabeth Clare Prophet, Madre de la Llama, una antorcha de iluminación y la misión de traer iluminación y la verdadera cultura al mundo. Gautama Buda dijo:

Algunos de vosotros os acordaréis de alguien que falleció hace algún tiempo, la primera Madre de la Llama, que después pasó a ser la Madre Regente. Bien, quiero que sepáis que esta noche, en los niveles internos, ella está con vosotros. Su nombre en la Tierra, Louise Kieninger, inspirará en muchos de vosotros una respuesta a su gran amor.

Quiero que comprendáis que su cuerpo ya no tiene canas ni está encorvado de ningún modo. Su forma ya no refleja la vejez, sino solo la belleza de su primera juventud y madurez. Su rostro ahora tiene un brillo de esperanza, dulzura y amor. Su nota clave es de hecho la que tocaron para vosotros al violín esta misma tarde, "Calm As the Night".

Quiero que sepáis que ella estará con vosotros hasta que se termine este servicio, hasta que os marchéis y salgáis por estas puertas. Estará con vosotros esta noche, dándoos su amor y sus consejos en los niveles internos, transmitiéndoos su bendición como primera Madre de la Llama. Y, antes de que pase la noche, le dará a la actual Madre de la Llama una antorcha cargada con los fuegos vitales del altar celestial de Dios y le transmitirá una inmensa misión para iluminar a los niños del mundo y producir la bendición de la verdadera cultura de la era para todas las gentes por doquier.[8]

Esta antorcha de iluminación posee un enorme impulso acumulado interior de todos los Maestros que han trabajado por la llama de la iluminación, de los Instructores del Mundo y de todos los grandes retiros de la Hermandad. La llama de esta antorcha, con sus millones de facetas, tiene el patrón de todos quienes estén dedicados a trabajar por la iluminación del planeta con la Llama de la Madre. Es como una gigantesca vidriera, con muchas, muchas facetas. Cada una de ellas pertenece a alguien que ha prometido a niveles internos llevar la antorcha de la sabiduría divina y la Madre Divina a una parte de la Tierra, a un segmento de la población, a los niños o a gente de todas las edades.

La cultura espiritual: el medio de implementar la hermandad

La verdadera hermanad debe incluir necesariamente una cultura* del Espíritu para que, quienes están unidos por su herencia común bajo la Paternidad de Dios, puedan tener el medio de producir en la conciencia humana el orden natural de la manifestación divina. Mediante el cultivo de la luz del Espíritu, el buscador puede subir por la escalera del Ser Verdadero con la certeza de que, algún día, será capaz de expresar la nobleza de su gran y alado Ser Divino.

Sanat Kumara dice:

> Debe producirse el renacimiento de una cultura espiritual, a la que denominamos «la cultura de la Nueva Era», cultura de la Gran Hermandad Blanca o cultura de los que se apresuran...
>
> El hombre debe comprender que su naturaleza es divina, que él forma parte de esa naturaleza divina o que comulga con ella. Si lo entiende, creará un nuevo cielo en la tierra. Y ese es el deseo de los Seres Cósmicos que también desean crear a imagen del que se apresura y poner esa imagen en el corazón y la mente del hombre. Eso significa que comenzará a hacer erupción sobre el cuerpo planetario una condición fructífera.
>
> ¿Por qué utilizo el término «erupción»? Lo hago porque aquello que durante tanto tiempo ha parecido manifestarse con lentitud, repentinamente florecerá en el corazón y la mente como si fuera lo que llamamos una condición completamente desarrollada. Florecerá completamente con mucha rapidez, casi de la noche al día, en la conciencia de algunos,

---

*El significado interno de *cultura* es 'culto a la luz' o 'cultivo de la luz'. *Culto* se deriva del latín *cultus,* que significa cuidado, cultivo, cultura, adoración; *Ur* ('llama' en hebreo) se refiere al centro de luz o fuego sagrado. Ur de los caldeos (Génesis 11:28, 31; 15:7) fue una antigua ciudad de luz donde Dios llamó a Abraham para que fuera el instrumento de la encarnación de la progenie de Sanat Kumara.

y de repente se verán poseídos de esta nueva conciencia y de un ansia de salir a la palestra y ayudar al cuerpo planetario de una forma en que nunca han ayudado. Se sentirán como San Pablo dijo que se sintió hace mucho tiempo. Con el mayor placer se gastarán a sí mismos y todo lo que son por la humanidad, el desarrollo de la era y la superación de la crisis de la era actual...[9]

Que [los hombres] comprendan ahora la necesidad de reforzar los bastiones de luz para que puedan convertirse en focos de una luz mayor en todas partes del cuerpo planetario. Y al expandirse los focos... la gente se sentirá atraída hacia ellos. La gente se magnetizará hacia la luz y, al final, crearemos una ecología completamente nueva en la Tierra. Será una manifestación de una belleza tal como la humanidad jamás lo ha soñado. Seremos capaces de crear un concepto nuevo del vivir. Los hombres lo desearán, porque entenderán que ello representa el interés y la consideración de los Grandes Seres...

Debemos procurar que, por todo el mundo, por todo el cuerpo planetario, haya un sentimiento de urgencia acerca de la creación de luz en el corazón que también tratará de llegar al mundo con la compasión que está ordenada divinamente... La intención de Dios es dar a los hombres la gran herencia espiritual que les corresponde y así transmitirles la Realidad que su corazón tanto anhela.[10]

Educación espiritual

La Virgen María guarda en su corazón la promesa de una educación verdaderamente espiritual para todos los niños de Dios que evolucionan en este hogar planetario. Ella se interesa por los jóvenes del mundo para que también puedan llegar a conocer la victoria que ella y Saint Germain ayudaron a que Jesús manifestara. A este respecto, una vez dijo con el fervor procedente del amor de una madre:

La dorada lámpara de la educación espiritual es la necesidad imperiosa del momento. Casi todas las posibles vías de una educación espiritual están bloqueadas actualmente por conceptos y métodos seculares y sectarios. Las interpretaciones dogmáticas siempre se consideran fundamentales por encima de la hermandad. Las ignorancias ancestrales de los hombres se conservan escrupulosamente y reciben nuevos disfraces para que el hombre contemporáneo las acepte, en un desafío al progreso del entendimiento.

En medio de esta temible acción dilatoria que priva a los hombres del reino del cielo se yerguen los males militantes y obcecados de la humanidad, vestidos con túnicas de justicia social. Estos males prometen a los prisioneros de sus propias mentiras una forma de libertad, mientras los llevan más cerca del abismo del materialismo y esas vergonzosas tiranías, cuyos principios no son más que una parodia de la verdadera libertad.

Ese amor por el que trabajó mi hijo y a través del cual tuvo la esperanza de unir a los hijos de los hombres es el poder más fuerte posible de unir actualmente a los hijos y las hijas del cielo en el verdadero entendimiento que es la hermandad espiritual, la unión de hombres y mujeres no ascendidos con nosotros, [los Maestros Ascendidos], y con Dios, lo cual traerá la paz a la Tierra. Ninguna unión física, aunque esté elaborada por los sociólogos del mundo más brillantes, se puede igualar o comparar con el arquetipo de gloria cósmica impreso por la mano de Dios dentro de cada corazón humano como la vida inmortal en una acción autosustentadora.

Cuando todos los hombres vivan los milagros de la resurrección en conciencia, como los vivió mi hijo, Jesús, ellos también dirán «YO SOY la luz del mundo»,[11] y así será. Cada hijo e hija del cielo que se dedique a ocuparse de los asuntos del Padre será un aliado del Carpintero de Nazaret y será un hijo de Dios igual que él mientras muestra y enseña a todos los hombres el camino más maravilloso, a través del cual todos pueden lograr la unidad y hermandad mundial.[12]

Oposición a la verdadera educación

El Maestro Ascendido Omri-Tas también ha hablado del estado de la educación en el mundo: «Las instituciones educativas, mientras preparan a la humanidad para una carrera de locos, estrechan la percepción del alma sobre el Infinito hasta que esa valiosa apertura hacia la mente universal de Dios casi se cierra por completo. Y los jóvenes del mundo salen como escépticos, comunistas, fanáticos, tan impregnados de orgullo que ya no consideran la humildad de sus padres. Miran con desdén a los corazones que les dieron vida, cuya sabiduría es mucho mayor que la ciencia que creen haber dominado. Pues bien, puesto que la ciencia de este planeta se encuentra en un estado tan privilegiado, os diré que, desde nuestra perspectiva, no es ninguna hazaña el haber llegado a dominar aquello que se conoce actualmente».[13]

Los Maestros Ascendidos se preocupan por los jóvenes del mundo y las fuerzas que se les arrojan hoy día. Casimir Poseidón está especialmente interesado en su precaria situación y está decidido a ayudarlos tanto como sea posible, considerando su libre albedrío.

> Habéis oído hablar de lo que los jóvenes del mundo han recibido como una cruz y lo habéis visto, una crucifixión del alma antes de alcanzar la madurez. Estos pequeñitos reciben la iniciación; ellos son las almas auténticas, libres y valientes que están decididas a atravesar la noche oscura de la niñez y la adolescencia hacia la gloria de una victoria del Nuevo Día.
>
> Defendedlos con una espada de la Verdad viva. Defendedlos con la invocación al rayo rubí. Ese rayo es el amor intenso del corazón de una Madre que atraviesa, como un rayo láser, los sórdidos aspectos psíquicos de las perversiones de la vida en la Tierra. Invocad la intensidad del amor para sellar a estos pequeñitos y disolver toda la oscuridad y el error que desciende sobre su conciencia como una plaga de langostas en los campos.

¿A quién acudirán? Los padres ignoran la ley de la vida. Los profesores son ignorantes y están engañados.

¿A dónde acudirán? Os pido que pidáis que miren a su interior y encuentren al ángel de la Presencia, los protectores de la vida y una conciencia virgen y para que se les vista con el manto de la Madre Divina como una mantilla de luz.

Sean llevados, pues, a los templos etéricos de luz cuando su cuerpo duerme. Sean llevados a las escuelas etéricas. Sean llevados a esas escuelas de luz donde pueden desaprender lo que se les enseña en Terra y donde se refuerza el diseño original de su destino de fuego. Haced invocaciones llamando a la Madre María. Dedicad el rosario al plan de la vida que se desarrolla en el alma...

En esos templos etéricos, los niños pequeños aprenden lo que se enseña a los niños en las civilizaciones de las Eras de Oro. Se les enseña a amar la vida. Se les enseña a expandir el corazón, a equilibrar la llama trina y, después, a trazar un rayo de sol desde su corazón al de una flor, a comulgar con la vida elemental. Se les enseña a ver cómo fluye el amor, a ver la causa del amor en la Presencia YO SOY, a sí mismos como los instrumentos del amor y el objeto del amor que recibe esa vibración, que devuelve esa vibración con agradecimiento a Dios. Y así, se forma el círculo completo del arco del amor.

Y estando en un círculo, los niños arrojan la pelota del amor que deben formar al reunir moléculas de la mente, sintiendo la esencia tangible del amor recibido de Dios, arrojada al siguiente niño, al siguiente y al siguiente y devolviendo ese amor al que lo recibió primero de Dios. Y así aprenden las secuencias de causa y efecto en la vida.

A la par, al sentir la vibración del amor y al trabajar con esa energía, también llegan a conocer lo que significa apropiarse indebidamente del amor. Porque cuando tienen esa ígnea esfera de conciencia en la mano, debido a que aún no han ascendido, debido a que tienen su karma, su dharma y sus impulsos acumulados del pasado, también deben afrontar las fuerzas de la negatividad dentro de su propia aura. Y los compasivos, los maestros y los padres que protegen las cabañitas donde viven, les enseñan cómo la irritación, la ansiedad y los pensamientos que no son puramente del Cristo, pondrán en riesgo esa llama. No acertarán con la pelota. Fallarán la diana. Y la pelota se deteriorará porque habrán tomado parte de su luz para ponerla en otra matriz.

Y así, esos pequeños de los templos de la Hermandad y de las ciudades etéricas aprenden todos los días las lecciones que sus maestros de la Tierra, por ignorancia, no les han enseñado. En el primer año de vida, los espíritus protectores de esos niños pequeños les enseñan a meditar en la voluntad de Dios, en la Palabra hablada. Y las huestes angélicas les dan instrucciones con sonido y con la entonación del Logos. Y lo que oyen con el oído interno, la música de las esferas, empiezan a emitirlo con la Palabra hablada. Haciendo sonidos, imitando a sus maestros, son capaces de formular sencillas palabras y tonos, vocales y el sonido del nombre de Dios.

Todos los niños pequeños del plano etérico pueden decir el *OM*. Y cuando vuelven a su cuerpo físico al despertar por la mañana, tienen la impresión del movimiento y el ritmo de un sistema solar, un cosmos y las muchas galaxias y universos dentro de un cosmos; y sienten el ritmo de la vida. Se despiertan con alegría, con santidad, con un deseo de ser libres y esforzarse por lograr la perfección en la Tierra. Y cuando se les permite juguetear en la naturaleza del plano físico, recuerdan estas experiencias de los retiros internos y tienen una sensación de flujo. Y con estas vivencias, los niños pequeños poseen una capacidad de distinción y un discernimiento, sienten la dureza del mundo y saben que eso no está de acuerdo con el ritmo de la vida.

Pero poco a poco, al madurar, los niños no poseen las plenas facultades del alma para recordar esas experiencias y si los padres, los maestros, las hermanas y los hermanos insisten en imprimirles la disonancia del mundo, perderán esa sensibilidad. Y el volumen de la música rock, tal como la hacen sonar, ensordece no solo el oído externo, sino el oído interno del alma, destruyendo la capacidad auditiva en el plano físico, así como en el etérico, puesto que el oído del alma en la octava etérica ya no puede transmitirse con las facultades a la percepción exterior...

El lema que hemos querido inculcar en los niños, por tanto, lo ponemos hoy en los retiros etéricos: «Aprende a amar el hacer las cosas bien y así las harás»; lema de amor que inspira la creatividad y el amor que inspira la disciplina. Es el mismo ayer, hoy y por siempre, el mismo ímpetu por la vida, la superación y la victoria.

Debéis amar vuestro trabajo, amar vuestra labor sagrada, amar vuestras invocaciones, amar vuestro estudio para mostrar que la ley de la vida os da su aprobación. Debéis amar y amar y amar e infundir ese amor en cada acción. Porque cada acción es una matriz y, si está cargada con amor, este saltará de un corazón a otro, de un hogar a otro. El amor saltará y el amor será la inspiración para la libertad, la alegría y el seguir adelante cuando todos los impulsos acumulados de oscuridad, tan altamente organizados como lo están actualmente, sean como la oscuridad que se va acercando sobre la tierra.

Que le devuelvan esta tierra a Saint Germain. Que se la devuelvan a vuestra conciencia Crística, a vuestra alma. ¡Reclamad la tierra para la Madre Divina! ¡Reclamad la tierra para la victoria! Devolvedle esta civilización a Saint Germain, para que los pequeños puedan tener la oportunidad de cumplir las promesas que hicieron a vuestro corazón.[14]

Así, vemos qué distinta es la enseñanza en la Era de Oro de la octava etérica, y tenemos vislumbres de lo que podría ser la educación de los niños en una Era de Oro aquí, en la Tierra.

El método Montessori

En nuestra búsqueda de sistemas de enseñanza para la Nueva Era observamos que en este campo han existido pioneros que han sido inspirados por los Maestros Ascendidos para producir elementos de esta visión. Esta revolución de Acuario en la educación fue iniciada por María Montessori, la famosa educadora italiana. La siguiente cita resume su filosofía:

> Si deseamos emprender una sensata reconstrucción psíquica de la humanidad, debemos poner la atención en el niño. Pero en él no solo debemos ver al hijo, el ser en quien centramos nuestras responsabilidades. Debemos considerar al niño en sí y no en su relación de dependencia con nosotros.
>
> Debemos volver al niño como el Mesías, un ser inspirado, un regenerador de nuestra raza y de la sociedad. Debemos conseguir rebajarnos hasta llenarnos de esta idea y después acudir al niño como los reyes magos de Oriente, cargados de poder y regalos, guiados por la estrella de la esperanza.

Esta es la idea de que todos los niños tienen la chispa divina en su interior, que tienen un Ser Crístico y un Cuerpo Causal y que dentro tienen el conocimiento que necesitan. A nosotros corresponde ayudarles a que exterioricen ese conocimiento y lo conviertan en algo práctico en la vida cotidiana. En resumidas cuentas, nosotros simplemente liberamos el potencial divino del interior del niño para que este pueda convertirse en todo lo que está llamado a ser.

María Montessori nació en Italia en 1870 y se convirtió en la primera mujer médico de su país. Durante su ejercicio en Roma le asignaron el cuidado de un jardín de infancia en los suburbios de la ciudad. Allí, en una zona donde los niños eran muy pobres, le llegó su inspiración.

María Montessori descubrió que los niños tienen unas cualidades muy distintas y singulares que nadie había notado. Descubrió que esas cualidades, existentes en la infancia, se pueden liberar en un entorno adecuado con las condiciones apropiadas.

Al tratar con niños, una de las primeras cosas que observó fue que estos prefieren trabajar antes que jugar. Los niños son muy industriosos y, si se les organiza el trabajo, se pueden establecer patrones que les ayuden en su desarrollo, incluso desde su nacimiento.

Los niños aman muchísimo el orden, les encanta devolver las cosas a su lugar y volverlas a encontrar en el mismo sitio cada día. Por ejemplo, Montessori enseñó a los niños un ejercicio de limpiar las mesas, que ahora se lleva a cabo en las escuelas Montessori por todo el mundo. Es un ritual completo, porque ella descubrió que los niños entre los dos y los siete años son unos amantes del ritual. Les encanta hacer las cosas en orden y la meta del niño no es la de terminar el trabajo, sino la de realizarlo de manera sistemática. Montessori explica que los patrones de orden y lógica que se desarrollan en el niño a través de la actividad física mejoran después su capacidad de aprender, concentrarse y estudiar. Todas esas cosas son necesarias si los niños han de aprender la forma de vida según los Maestros Ascendidos.

Montessori descubrió que los niños poseen un gran sentido del tacto, que aprenden con sus manos más que incluso con los ojos. Por ello diseñó sistemas para lo que ella denominó «el desarrollo sensorial». Utilizó papel de lija cortado en forma de letras para que los niños las siguieran con los dedos y se les grabara en la memoria la forma de las letras. Después de practicar con el papel de lija por un tiempo, podían usar papel y lápiz para escribir las letras y pronunciar sus sonidos.

Montessori descubrió que a los niños les gusta tener la libertad de elegir. La clase está diseñada para que cada niño pueda seleccionar un juego de bloques o cualquier lección que quiera utilizar en ese momento —que es un momento cósmico—, cuando su alma está lista para desarrollarse en torno a ese punto en concreto.

Los niños de dos y medio a seis años están en la misma aula para que los más pequeños puedan ver el trabajo más avanzado de los mayores y aprendan de su ejemplo. El papel de un maestro Montessori es el de indicarle al niño que haga los ejercicios. No consiste en dirigir una clase a la manera típica en la que el maestro se levanta y toda la clase hace lo mismo al mismo tiempo.

En un aula Montessori uno encuentra a niños pequeños sentados a su mesa y absortos durante grandes períodos de tiempo, concentrados en su lección. Tienen un inmenso poder de concentración. Aprenden matemáticas con material concreto, como cuentas o bloques, diseñado para enseñar la asociación de numerales y cantidades. Los niños aprenden a leer y escribir, pero lo hacen de acuerdo con el patrón de su propio desarrollo interior único. No se les empuja ni se les fuerza a que hagan algo que no les sale con facilidad y naturalidad. El papel del maestro es el de fomentar el aprendizaje independiente a medida que el niño escucha a su propio maestro interior. Montessori descubrió que la vocación del niño universal es «ayúdame a que lo haga yo».

La revelación de todas esas cosas la recibió María Montessori de los propios niños. Ella dijo que no hizo más que observar a los niños y ellos le enseñaron el método.

Existen varios principios fundamentales del método Montessori. El primero es lo que Montessori llamó «la mente absorbente». Esto es la cualidad que la mente del niño posee desde que nace hasta los seis años. Ese período es cuando el niño aprende sin esfuerzo. Es como una esponja. Absorbe todo lo que haya en su entorno y lo absorbe en su totalidad. No distingue ni elige: «Sí, quiero esto; no, no quiero esto». Montessori dijo que el niño *encarna* su ambiente. Una vez que lo encarna, permanece toda la vida. Por eso el período entre el nacimiento y los seis años es el más importante para que tú eduques a tu hijo o hija y lo rodees de belleza y cultura.

Montessori descubrió que la mente absorbente pasa por «períodos sensibles». Los niños pasan por períodos sensibles con relación a ciertas actividades y cierto tipo de aprendizaje, como el lenguaje, la escritura o el desarrollo de la motricidad. A nosotros corresponde descubrir cuáles son tales períodos sensibles y proporcionarle al niño un entorno preparado y las lecciones adecuadas que le permitan utilizar de la mejor manera ese período de oportunidad. Montessori dijo que «cuando el niño se encuentra en un período sensible, es como una llama viva, que consume y devora con su actividad todo lo relacionado con esa sensibilidad especial de ese desarrollo, pero cuando el período sensible toca su fin, es como si se apagara una llama». Por tanto, vemos que los niños pequeños aprenden nuevos idiomas sin esfuerzo durante los primeros seis años de vida, mientras que después necesitan estudiar y esforzarse.

El siguiente principio del método Montessori es el «ambiente preparado». El mobiliario y todos los accesorios del aula guardan proporción con el tamaño del niño. Cada cosa tiene su lugar y todo está siempre en su sitio. Esto le da al niño un ambiente ordenado que pondrá en orden el mobiliario mental para toda la vida. Montessori dijo que el requisito previo a la disciplina es la precisión en el entorno.

En el aula Montessori el maestro le enseña al niño a hacer cada lección y después de una presentación, este la puede hacer solo. Los niños son libres de moverse por la clase, tomar lecciones del estante y hacerlas tantas veces quieran. Cuando las terminan, las han de poner en su sitio. La repetición es algo común en los niños pequeños. Muchas veces se les ve repetir una lección muchas, muchas veces, solo para divertirse. A medida que los niños escogían una lección u otra, según su necesidad individual y su período sensible, Montessori empezó a ver, hasta en los niños de dos años, el principio básico del poder del libre albedrío.

La disciplina es un elemento clave en este método. «La disciplina —dijo Montessori— y la libertad están tan relacionadas que, si faltara algo de disciplina, la causa ha de encontrarse en una falta de libertad». Ella dijo que la disciplina aparece con el trabajo, con la concentración en un ejercicio que es tan interesante que el niño decide excluir otras reacciones y otras respuestas. Este grado de autodisciplina que se logra en la clase es inalcanzable a través de medios directos para atacar un error del niño o intentar obligarle a que haga algo que no quiere hacer.

Montessori dijo:

> En nuestros esfuerzos con el niño, los actos externos son el medio que estimula el desarrollo interior, los cuales vuelven

> a aparecer como su manifestación, estando los dos elementos entretejidos inextricablemente. El trabajo desarrolla al niño espiritualmente, pero el niño con un desarrollo espiritual más pleno trabaja mejor y la mejoría en su trabajo le deleita, por lo cual continúa desarrollándose espiritualmente. La disciplina, por tanto, no es un hecho, sino un sendero, un sendero cuyo recorrido permite al niño captar el concepto abstracto de bondad con una exactitud bastante científica.
>
> Pero más allá de todo, el niño saborea los supremos deleites de ese orden espiritual que se logra indirectamente con las conquistas dirigidas hacia determinados fines. Durante esa larga preparación, el niño experimenta alegrías, despertares y placeres espirituales que forman su tesoro interior, el tesoro en el que él almacena con constancia la dulzura y la fortaleza que serán las fuentes de rectitud.[15]

Si la clase es ordenada, el niño interioriza ese orden y se convierte en él.

El método Montessori tiene la finalidad de que aparezca el potencial Crístico del niño a medida que el niño sigue las indicaciones del maestro interior y selecciona en la clase ciertos materiales y ejercicios adecuados para satisfacer sus necesidades internas y espirituales y producir el logro interior. La combinación de orden y libertad en la clase Montessori es la verdadera educación de la era de Acuario.

María Montessori recibió la inspiración del método Montessori para niños de la Virgen María, quien dijo que este método es el que ella ideó junto con Elizabet para enseñar a Juan el Bautista y a Jesús cuando eran pequeños.

Dispensaciones para la iluminación y espiritualización de la educación

Como Señor del segundo rayo de la iluminación, el Maestro Ascendido Lanto se interesa por el estado de la educación en el mundo y la educación que conduce al desarrollo espiritual y no solo al conocimiento material. Desde el Retiro Royal Teton de la Hermandad, el Señor Lanto enseña:

> Señalemos al mundo de los hombres que todo el conocimiento que la humanidad ha reunido a lo largo de los tiempos, que ahora permanece en las bibliotecas y los informes del mundo, es como un grano de sal comparado con el conocimiento relativo que no se ha entregado, que no está publicado y que es desconocido.
>
> Quisiera puntualizar que aquello que no se le ha revelado a la humanidad es tanto más de lo que ha sido revelado, que debería existir una actitud de humildad total por parte de la familia de naciones y la familia humana por todo el cuerpo planetario, para que ello invocara y evocara en el hombre una búsqueda del renacimiento de la cultura de la Era de Oro sin el límite y la restricción de los bloqueos y los diques humanos que impiden el flujo de las grandes mareas de la energía de Dios, entregado como conocimiento santo a un mundo que de hecho espera el alba de una era de luz.
>
> Con las condiciones del mundo actuales, ¿no es, por tanto, esencial que los hombres tengan una luz más completa de conocimiento espiritual que traiga a la manifestación los poderes expansivos de la iluminación cósmica para poner fin a esta ignorancia que les permite reconciliarse con sentimientos de su corazón que son hostiles? En su corazón hay hostilidad y en su boca, oraciones. Y a los Maestros Ascendidos les parece que estas dos cosas forman una extraña pareja.
>
> Llamamos vuestra atención hacia estas cosas no para crear un sentimiento depresivo, sino para mostraros el grado al que la humanidad actualmente está oprimida por los engaños de los sentidos y la falta de practicidad espiritual.
>
> La practicidad espiritual, por tanto, ¡está a la orden del día! Y nosotros queremos entregar esta noche el fuego de nuestro conocimiento al mundo de la forma.
>
> Por tanto, pido a los Señores del Karma una concesión

especial esta noche para esparcir la llama santa de iluminación en cooperación con El Dios y la Diosa Merú. Pido que se afiance en cada universidad de este país que sea receptiva al conocimiento, especialmente aquel revelado desde las octavas superiores, una poderosa, trascendente llama dorada de iluminación que pulse a cien metros de altura sobre cada universidad y que, día tras día, hora tras hora, irradie la luz de los Maestros Ascendidos hacia el campo energético de los estudiantes que asistan a tales universidades.

Pido que ese campo energético se cree esta noche y este día, en esta hora, con la luz de Dios y el poder de la iluminación, sostenidos para siempre como focos del fuego sagrado. Pido que estas llamas se hagan permanentes, que tal como la gran luz resplandeció antiguamente en la Atlántida, en el Incalithlon, la gran Luz Maxín* resplandezca ahora como la máxima luz del conocimiento cósmico dentro del campus y el campo energético de las universidades del mundo y también en las escuelas de divinidad y teología de todo el mundo para crear un concepto teológico basado en la practicidad divina.

La humanidad tiene el conocimiento de la Ley. La humanidad tiene comprensión. Los hombres tienen entendimiento, pero no lo usan. Y el conocimiento no utilizado con frecuencia desaparece pronto de la pantalla de la conciencia, hasta que deja de ser algo hermoso y alegre para siempre, convirtiéndose más bien en una simple chuchería en el ático mental de su mundo, desechado y repudiado por sus acciones, tal como han desechado ropa sin usar o cosas que han dejado de ser útiles.

Ahora, gracias a la luz del conocimiento cósmico y la mente de Dios infundida como elemento del fuego sagrado en el campus de las universidades y, por consiguiente, en los dominios del corazón humano, donde expandirá el

---

*La Maxim o Maxín era la llama espiritual/física autosustentada que ardía en el altar del gran templo de la Atlántida, el Incalithlon. El propio Jesucristo la puso ahí en el año 15 000 a. C. Ardió hasta poco antes de que la Atlántida se hundiera. Para una descripción de este templo y la Luz Maxín, véase *Phylos the Tibetan, A Dweller on Two Planets (Phylos el tibetano. Un habitante de dos planetas)* (Borden Publishing Company, 1952).

conocimiento y lo convertirá en algo práctico, los hombres descubrirán que pueden trabajar juntos como nunca, porque unido al espíritu del hombre está el lazo alquímico que surgió del corazón de Dios en el principio y es el matrimonio alquímico que une el Espíritu y la Materia para que funcionen dentro del ámbito de la predictibilidad cósmica.[16]

El Dios Merú ha anunciado otra dispensación como ayuda a la educación y la iluminación de la humanidad:

> En medio de la confusión y la agitación, el engaño y la oscuridad de este planeta, venimos con un cetro del Cristo —como contrapunto—, con un gran plan para las evoluciones de este planeta. Venimos hoy para anunciaros un programa de iluminación divina que ha sido aceptado por cada miembro de la Gran Hermandad Blanca, cada ángel y cada deva, los poderosos Elohim e incluso los Mensajeros del Cristo Cósmico procedentes del corazón del Gran Sol Central, porque hoy el cielo está de acuerdo. Y como resultado de nuestras reuniones en consejo, con grandes deliberaciones y un estudio completo y exhaustivo de las necesidades de la humanidad de este planeta, hemos llegado a la conclusión de que procede llevar a cabo un enorme programa de iluminación, de educación en los principios del Cristo.
>
> Y tenemos la dispensación del Consejo Kármico, la misericordia que nos permitiría llevar a nuestros templos y retiros por la noche a muchas corrientes de vida que, de otra forma, no merecerían esta dispensación. Y por gracia de la llama de la misericordia de Dios, la iluminación aparecerá, de nuevo, para dar entrada a la Era de Oro.
>
> Esta propuesta, que comenzó en el Consejo de Darjeeling y el Consejo Indio [de la Gran Hermandad Blanca], en el corazón del Buda, el Señor Himalaya y el Cristo Cósmico, esta propuesta y este programa de educación será verdaderamente la antorcha que alumbrará al mundo y producirá la gran Era de Oro. Así de grande es nuestra esperanza hoy, la esperanza de la Jerarquía.

Os aseguro que vuestra cooperación es necesaria, que la cooperación de toda la humanidad será necesaria; y la necesidad del momento que hay de instructores en el planeta es realmente grande. Porque quienes estudien en los templos y en los retiros por la noche deberán ser despertados por quienes están en la forma con respecto a las grandes verdades que hayan recibido. Y os digo que este esfuerzo cósmico por nuestra parte os ayudará muchísimo y descubriréis una gran receptividad naciente en la conciencia de los hombres. Y gracias al poder del Arcángel Jofiel, recibiréis ese ímpetu de la llama de iluminación sobre este planeta como jamás lo habéis conocido en vuestra conciencia exterior.

Hoy es un gran día para las fuerzas de la libertad, porque estamos absolutamente decididos a que quienes vengan a nuestros retiros sean limpiados de todos los efluvios, de toda la duda y el temor que supondría el impedimento que haría que no asimilaran la iluminación del Cristo. Y bajo Jesús y Kuthumi, los Instructores del Mundo, la Virgen María y todas las maestras del cielo, existe un programa que también se está instituyendo para las almas de generaciones más jóvenes, para quienes están a punto de encarnar y los niños pequeños, a ellos también se les instruirá.

Os digo que las Universidades del Espíritu y las escuelas florecerán. Estarán llenas y funcionarán todas las noches. Y vengo a deciros varias cosas que podéis hacer para mejorar este programa. Antes que nada, es muy importante que, cuando las almas se retiren por la noche, estén preparadas para abandonar el cuerpo. Os pido que instituyáis un servicio de decretos por las tardes por esas almas, para que se les pueda quitar toda la sustancia astral con la invocación a la Poderosa Astrea, los ángeles de la pureza y los poderosos serafines del Gran Sol Central. Os pido que llaméis a los ángeles asistentes del grupo de Uriel y del mío también, para que las almas que se están acostando por la noche no se lleven en su conciencia los registros de la televisión, de los medios de comunicación de masas, los registros del día, las discusiones y todas las formas de relaciones humanas.

Por otro lado, os pido que incrementéis los llamados pidiendo iluminación para la humanidad de esta Tierra. Os pido que pidáis el despertar del Cristo en ellas. Os pido que supliquéis, y digo *suplicar* al Santo Ser Crístico de toda la humanidad, para que las preparen para este gran servicio de la luz...

Los «hosannas» resuenan. Los ángeles se regocijan, porque todos saben que esto puede suponer un cambio en la marea, ese punto en el que la oscuridad se convierte en luz... La hora más oscura precede al amanecer. ¡Y yo, Merú, os proclamo hoy que el amanecer de la victoria está cerca![17]

La cultura del Espíritu

Los hermanos en Cristo saben que, si un hijo de Dios vence al mundo, todos los hijos pueden hacer lo mismo. Este es el principio básico de la hermandad. La educación debe tener como meta enseñar a los niños y a la gente de todas las edades cómo llegar a ser Cristo. Todas las doctrinas que desafíen ese principio son mentiras que se oponen directamente a la verdadera hermandad del hombre en Cristo, en el Cristo que es la verdadera identidad de todo hombre y el único fundamento/origen de la verdadera hermandad duradera.

A través de la cultura del Espíritu se desarrolla en los hombres un sentimiento de trabajo en equipo —de un esfuerzo conjunto como un solo cuerpo— para labrar el destino de la raza, que es el destino común de todos los hombres, porque la vida es una sola.

En la cultura del Espíritu los hombres aprenden que el fundamento de la civilización de la Era de Oro es un sentimiento de unidad de la vida y una reverencia hacia todo lo que tiene vida como parte de uno mismo.

Quinta sección

Comunismo mundial: la falsificación de la cultura de la era de oro

Ninguno decía ser suyo propio
nada de lo que poseía, sino que
tenían todas las cosas en común.

LOS HECHOS DE LOS APÓSTOLES

Comunismo mundial: la falsificación de la cultura de la era de oro

NUESTRO ORIGEN ESTÁ EN EL DIOS Padre-Madre. Hemos salido del núcleo de fuego blanco y ahora vivimos en los reinos del tiempo y el espacio. Hemos estallado como el hijo, como la hija, como padre, como madre. Hemos recibido nuestra identidad del núcleo del YO SOY EL QUE YO SOY; y ahora, ¿a dónde vamos? Vamos al punto de nuestra Cristeidad, cuya realización nos podría llevar miles de encarnaciones. ¿Cómo lograremos la personificación del Cristo?

Si un recién nacido es abandonado en una habitación oscura, aunque se lo alimente con medios electrónicos o indirectos, el niño no crecerá, el niño no se desarrollará, no tendrá una personalidad, será más o menos un vegetal. El desarrollo del niño surge de la interacción con otras personas. Del mismo modo, un ser Crístico se desarrolla mediante la interacción con otros seres Crísticos.

¿Cómo conocemos al Cristo si no con el ejemplo? Por tanto, somos amigos de los Maestros y así desarrollamos nuestra propia conciencia Crística. Es un proceso de imitación a Cristo. Leemos las palabras de los Maestros Ascendidos, estudiamos la vida de los santos, miramos a la gente de la Tierra como contemporáneos nuestros y seguimos al que tiene la luz más grande del Cristo.

¿Qué es toda esta interacción? ¿Qué es lo que hace que el individuo sea el Cristo?

Lo llamamos hermandad. No se puede poseer la conciencia Crística sin hermandad y no se puede tener la hermandad sin el Cristo. Lo uno implica lo otro. La definición de Cristo es la individualización de la Llama Divina con el fin de que haya interacción. No hay ningún otro fin para la individualización de la Llama Divina excepto la interacción con otras individualizaciones de esa llama.

«La luz en las tinieblas resplandece, y las tinieblas no prevalecieron contra ella»; por tanto, «aquel Verbo fue hecho carne, y habitó entre nosotros».[1] No comprendimos la luz del Cristo, por tanto, Dios envió a un representante de ese Cristo, el Hijo. El Hijo encarna e interactúa con la gente: padre y madre, la comunidad esenia, la comunidad de portadores de Luz. Por tanto, se ha formado una Hermandad.

En última instancia, la Hermandad es internacional, interplanetaria, intergaláctica. Está compuesta de todos los portadores de Luz, todos los hijos y las hijas de Dios que han surgido en todos los sistemas de mundos. Todos estamos vinculados a esa Hermandad mientras vivimos sus principios.

Por tanto, vemos que Estados Unidos, como país, fue escogido por la Gran Hermandad Blanca como el lugar donde establecer el modelo de hermandad mediante el ejemplo de individuos que realizan su Cristeidad a través de su iniciativa propia. La iniciativa *es* iniciación. Los estadounidenses afrontan sus iniciaciones en la Gran Hermandad Blanca por iniciativa propia.

Para un desarrollo total de esa iniciativa, Saint Germain planeó un gobierno limitado con la mayor libertad para el individuo y los estados individuales y el menor control del gobierno federal.

Saint Germain diseñó un sistema de libre empresa con muy poca interferencia por parte del gobierno federal o local, de forma que la maestría sobre el tiempo y el espacio y la demostración de la autoestima individual descanse sobre los hombros del individuo. Siempre que se ha mantenido este plan de Saint Germain, ha existido una plataforma para la iniciación, una plataforma para llegar a ser el Cristo.

Sin embargo, este plan se ha alterado durante el último siglo. Se les ha dado la vuelta a las cosas enormemente para revertir lo que ha establecido Saint Germain. Ya no encontramos un sistema de libre empresa como se pretendió en un principio, en cambio, cada vez hay más gobierno con un máximo de controles gubernamentales y un mínimo de iniciativa necesaria por parte del individuo.

Esto ha limitado el sendero de iniciación, ha limitado la oportunidad para que el individuo se convierta en el Cristo y sea aceptado como un eslabón en la cadena de la Jerarquía y un miembro de la Gran Hermandad Blanca. Hoy día vemos que es más difícil llegar a ser el Cristo de lo que lo era hace cinco años, hace diez, hace quince, hace veinte y, desde luego, mucho más difícil de lo que lo era cuando los primeros colonos llegaron y tuvieron que forjarse una vida en la tierra salvaje. Cuanto más dificultosa es la vida, cuanto más difícil es el entorno, cuando menos ayuda recibes, mayor es el cálculo para que te conviertas en maestro de tu vida.

Ahora vemos que el Gobierno le quita a la gente lo que se necesita para el desarrollo inteligente de la conciencia Crística. El Gobierno no solo priva a la gente de su dinero con los impuestos, sino que lo hace a través de la inflación y al hacer que el dinero pierda su valor. Por tanto, cuando la gente trabaja y realiza una labor sagrada con sus manos, no recibe a cambio la riqueza con la que han contribuido al país. ¿Esto qué produce? Letargo, pereza, indiferencia, el país ya no tiene un pueblo unido que lo empuje. Y eso destruye totalmente el desarrollo de ese potencial Crístico.

Comunidad: la iniciación del Espíritu Santo

¿Cuál es el siguiente paso iniciático una vez que hemos perfeccionado nuestra Cristeidad, una vez que hemos perfeccionado nuestra labor sagrada? Hemos conocido la alegría de los frutos de nuestro trabajo. Nos hemos alineado con la plenitud de esta comprensión de Dios, al haber salido del Padre y la Madre y estallado en la llama del Cristo.

La persona que ha alcanzado la Cristeidad ahora es plena. Ha mostrado su individualidad al crear su propio hogar, su familia, su negocio, su forma de vida. No responde ante nadie. Vive como le place. Es libre. ¿Qué le ocurre a una persona después de que ha disfrutado de esta libertad y esta individualidad durante siglos? La persona está lista para la siguiente iniciación: la iniciación del Espíritu Santo.

Esta iniciación es el estallido de su conciencia, volviendo al núcleo de fuego blanco para repolarizarse. La persona viene a través del Padre y la Madre y después manifiesta la acción del Espíritu Santo. La acción del Espíritu Santo es comunidad.

El individuo ha realizado la autopercepción como el Yo Real, el Ego Divino, en la línea tres (véase fig. 2). Este Ego Divino ahora se convierte en uno entre millones de Egos Divinos, los cuales, mediante esa individualización de la Llama Divina, se vuelven tan conscientes de Dios y la individualidad de Dios que, con el imán de su conciencia, atraen hacia sí a miles y a millones de personas que poseen esa misma percepción de Sí mismos y que, por tanto, son parte de la comunidad. La inmensidad de la individualidad de Dios, en proporción a la individualidad del yo, ha creado un organismo vivo de miles de millones de células.

En la comunidad, cada cual se convierte en una célula del cuerpo de Dios. Poseemos una identidad tan fuerte en el potencial Crístico, un sentimiento de percepción tal, que somos tan resplandecientes y llameantes como el sol naciente al amanecer. ¿Cómo puede el sol jamás perderse siendo esa bola de fuego,

FIGURA 2: La individualización de la Llama Divina

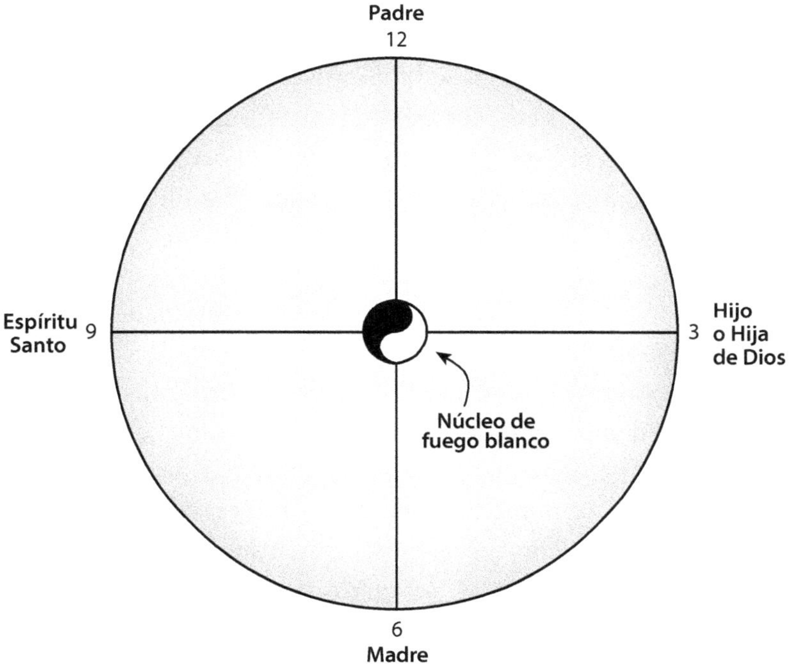

ese campo energético? Se puede fundir con un millón de soles más, volverse a separar y seguir siendo ese mismo sol. Cuando tenemos una identidad en Dios, cuando tenemos un Ego Divino, dejamos de tener miedo a perderla. Por tanto, la entregamos y, sin embargo, la mantenemos. Y descubrimos que nuestra nueva individualidad se convierte en la comunidad.

Todas las leyes de la libertad que se aplican a la individualización de la llama Crística, ahora se aplican a la comunidad. Pero, cuando un individuo determinaba el curso de los acontecimientos —por ejemplo, siendo el sostén de la familia, teniendo una empresa—, ahora puede haber cien o mil individuos que han decidido que se entienden mutuamente como un solo ser, como un cuerpo de Dios, como una comunidad. Y comprenden que, si combinan su estado como hijos o hijas de Dios, si combinan sus llamas, tendrán mucho más poder para realizar y cumplir los propósitos a los que aspiran.

Un individuo solo ya no puede realizar esos propósitos. Pero su conciencia Crística le ha proporcionado una percepción expandida tal de las evoluciones de la Tierra que se ve obligado a convertirse en el Espíritu Santo. Primero deberá formar parte, quizá, de los doce, después de cien, luego de quinientos, luego de mil y después de millones de almas unidas con una meta en común.

Cristo y sus apóstoles formaban una comunidad. También eran la base de una hermandad y esa hermandad ha llegado a conocerse como «cristianismo». Dentro del cristianismo existe una comunidad general de acuerdo —todos somos cristianos— y dentro de ese acuerdo general hay unidades personales que forman íntimas comunidades debido a sus creencias comunes.

Para la realización suprema de la comunidad, los Maestros Ascendidos han ideado un sistema económico totalmente distinto. Este es el patrón de la Comunidad del Espíritu Santo, que vemos ilustrado en la Iglesia cristiana primitiva: «Todos los que habían creído estaban juntos, y tenían en común todas las cosas; y vendían sus propiedades y sus bienes, y lo repartían a todos según la necesidad de cada uno».[2] Este sendero de la Comunidad del Espíritu Santo ha sido pervertido en esta época por los abusos del comunismo. La comunidad sin el logro del Cristo se ha convertido en comuna o comunismo.

Cuando se impone la comunidad a personas que no poseen el logro de la conciencia Crística y el vínculo con la Gran Hermandad Blanca, se producen estados totalitarios. Se produce la obligada redistribución de la riqueza. Se obliga a la gente realizar un trabajo con el que su talento individual no encaja.

De este modo se le arranca al individuo su identidad Crística, aquel talento individual que ha desarrollado, antes de que esa identidad Crística está completa. Así se les arranca a las naciones su identidad individual, su karma como grupo y su dharma como grupo. Esto significa forzar la Comunidad del Espíritu Santo, primero como la Unión de Repúblicas Socialistas Soviéticas y, después, forzar al mundo entero a formar parte de esa comunidad de comunismo mundial antes de que los individuos de ese mundo hayan logrado la conciencia Crística. Al saltarse ese paso iniciático, todo ello se convierte en la perversión total del Espíritu Santo.

La filosofía del comunismo

Quienes quisieran implementar el plan de Dios hacia la verdadera hermandad del hombre deben reconocer que la filosofía del comunismo mundial es una falsificación de la cultura de la Era de Oro.

El comunismo, en su forma actual, está basado en el materialismo dialéctico, una doctrina fundamentada en la adaptación que hizo Karl Marx de la dialéctica hegeliana aplicada al estudio de la historia. Saint Germain explica los errores fundamentales de la filosofía de Marx:

> Algunos de vosotros conocéis que el estudio de la relación de los opuestos en los planos de la relatividad está reflejado en la dialéctica del filósofo alemán del siglo XIX Georg Hegel, quien teorizó que el proceso mental del hombre y todos los cambios históricos son el resultado de la interacción entre tres elementos: la tesis, la antítesis y la síntesis. Según este observador de las fuerzas de la vida, toda tesis genera su opuesto o antítesis y la interacción entre ambas producen una síntesis que las trasciende. La síntesis que emerge se convierte a su vez en una nueva tesis; y todo el proceso se repite una y otra vez.
>
> Así, en la dialéctica hegeliana todo el progreso se produce debido al inevitable conflicto entre fuerzas opuestas, un principio que Karl Marx revirtió en su «materialismo dialéctico», donde sustituyó el idealismo de Hegel con el materialismo económico. Mientras que Hegel apoyó el valor del estado y vio en el proceso dialéctico el desarrollo del principio

espiritual, Marx etiquetó al estado como un mecanismo de explotación y afirmó que todo progreso surge de los conflictos inherentes al medio económico de producción.

Vosotros que comprendéis que la premisa de las enseñanzas de los Maestros Ascendidos es la Ley del Uno, no siempre tenéis presente esta ley de la relatividad que gobierna el bien y mal relativos, percibida por psicólogos, científicos y filósofos del mundo. Además, en el mundo de maya, donde el bien y el mal siempre se encuentran «relativamente» en oposición, también debemos contar con la indebida cualificación negativa del Poder, la Sabiduría y el Amor Absolutos sobre los que hemos conversado. Por tanto, quisiéramos tratar de la ecuación tanto humana como divina.

La Ley del Uno, basada en la unidad del Ser, también funciona dentro del marco de la razón y los acontecimientos humanos; y cuando la Ley del Uno se completa en la experiencia del individuo, apoya la Verdad y revela el error.

Pero en la percepción humana dual del mundo adquirida después de salir del autoconocimiento edénico en el Uno y como el Uno —cuando la perspectiva del hombre y la mujer ya no era única en el inmaculado Ojo Omnividente de Dios, sino la misma que tenía el grupo de seductores ángeles caídos llamados «serpientes»—, todas las ecuaciones humanas tenían inalterablemente dos lados, con el balanceo pendular caliente/frío, izquierda/derecha, siempre a punto de ocurrir.

No es así en la ecuación divina. Ahí, la verdadera Polaridad Divina de Alfa y Omega, el más/menos de la Divinidad, y de cada miembro de la Trinidad es la verdadera equivalencia Masculina/Femenina del Ser. Estos equivalentes son complementarios, no opuestos, cumpliendo siempre la Ley del Uno como la Totalidad Divina. Pero en la condición humana, igual que existe un polo positivo, también hay uno negativo en cada situación dada. Estas son fuerzas opuestas, rivales por naturaleza y mutuamente destructivas. Por ejemplo, si la tesis es el amor humano, su antítesis será alguna forma de la polaridad opuesta al amor: el odio humano, el temor, la sospecha o incluso el disgusto leve. Su síntesis será una versión descafeinada de ambas cosas sin un compromiso hacia ninguna de ellas.

Esto es el estado templado de la mediocridad que Jesús desdeñó cuando dijo: «Pero por cuanto eres tibio, y no frío ni caliente, te vomitaré de mi boca»[3]. Precisamente por eso la evolución económica de la humanidad según Marx y Lenin no puede conducir jamás a la conclusión divina: la autotrascendencia según la ley del amor, la Ley del Uno, que autocontiene la verdadera Trinidad —poder, sabiduría y amor— como la tríada del ser de todo hombre y mujer.[4]

Marx propuso que el estudio del hombre se podía reducir a consideraciones puramente materiales y que los sistemas económicos eran el principal factor determinante en las relaciones entre los hombres. Marx adaptó la dialéctica de Hegel cuando afirmó que «la historia de la sociedad hasta el momento es la historia de la lucha de clases»[5] y desarrolló su concepto de que todo orden social fundamentado en la división de clases tiene en sí las semillas de su propia destrucción, hasta que surja una sociedad carente de clases. La revolución se convierte en una herramienta para ese fin, si fuera necesario.

Con la sociedad sin clases como meta absoluta se afirma que la historia conduce a la civilización a una inevitable estructura en la cual todas las diferencias personales, educativas, sociales y del entorno se nivelan, hasta alcanzar un estado predeterminado de supuesta igualdad. Un estado así detendría el funcionamiento de la ley del karma. Por tanto, a efectos prácticos, ello excluiría la posibilidad de que individuos y naciones progresen espiritualmente, porque el karma es de hecho el gran instructor de la humanidad.

El comunismo interfiere con la libertad que tiene el hombre de elegir su forma de vida, moldear su destino o llegar a ser lo que Dios quiere que sea. Su única opción es volverse un instrumento del estado. Debe derrocar su individualidad y reconstruirla de acuerdo con la imagen del estado. Su destino es servir y glorificar al estado.

El estado comunista, como maestro supremo de sus ciudadanos, excluye la posibilidad de que el individuo logre la maestría sobre sí mismo, a menos que sea un espíritu extraordinariamente fuerte. Porque el estado destruye su voluntad, su creatividad, el respeto hacia sí mismo y, sobre todo, su oportunidad de asumir su lugar en el esquema jerárquico para ocupar su sitio en el mandala de la cultura de la Era de Oro.

La doctrina comunista no contempla la posibilidad de que el hombre evolucione espiritualmente mientras construye los cimientos de la Era de Oro. Y aún más importante es que le niega la posibilidad de que resuelva su karma dentro del marco de una economía que le permita elevarse según su propio esfuerzo.

A menos que el hombre sea libre de producir su salvación (resolver su karma), con dolor y sufrimiento[6] si fuera necesario, no puede haber una verdadera hermandad, porque esta se basa en el conocimiento del alma: «sí, yo soy el guardián de mi hermano, no porque el estado me fuerce a serlo, sino porque estando el Padre en mí, yo estoy en todo hijo de Dios». El comunismo destruye la unión básica del alma entre Dios y el hombre y entre los hombres. Así, no puede producir la verdadera hermandad con Dios como Padre.

La hermandad cristiana: antídoto al comunismo

El Maestro Morya comenta: «Fue debido a una falta de hermandad cristiana en acción que se produjo el comunismo en la escena mundial. Lo que demostrará ser el disolvente universal necesario para dar vida y engrandecer la expansión de la hermandad en el mundo será la institución de una fe genuina y penetrante que cruce los límites del idealismo religioso, el dogma, el credo y la distinción de clases».[7]

Alexander Gaylord y Chananda, hablando de una futura «Comunidad del Espíritu» donde la dignidad individual se mantenga gracias a la luz de su propia divinidad, predicen lo que acontecerá en un momento que ha de llegar:

> A las doctrinas comunista y socialista se les arrancará su falsa apariencia y se las descubrirá como lo que son en realidad, métodos desarrollados humanamente por parte de sus fundadores como resultado de la rebelión intelectual contra su karma personal.
>
> La comunidad espiritual de los iluminados expondrá la verdadera democracia de una nueva república, donde la nobleza de la vida, expresada como Dios quiere, es su propia recompensa reconocida. Nadie esperará recibir honores o derechos que no merece; tampoco alguien esperará negar a los demás la justa oportunidad de buscar la vida, la libertad y la verdadera felicidad al máximo.[8]

El ideal divino de comunidad

El Gran Director Divino nos dice:

> En la comunidad está enclaustrada la valía del individuo en la medida en que este sea capaz de integrar su conciencia con otros que prestan servicio en la ola, la continua ola de la vida. La comunidad forma parte de la preparación que los grandes Maestros dan en los retiros, porque en el Sendero llega un momento en que cada iniciado debe demostrar que puede ser eficaz, no únicamente a solas con su Dios, sino unido a sus compañeros de servicio en el Sendero.
>
> Por tanto, en comunidad, al unirse,* los hijos y las hijas de Dios aprenden acerca de los defectos, de los fracasos y unen sus fuerzas para superar la debilidad que tienen en común. Por tanto, unidos en la Llama, son capaces de afrontar los problemas que afectan a cada miembro del grupo y a cada célula. Veréis que la experiencia de un retiro y una

*En inglés *community (comunidad)* = *com*ing into *unity*, 'unirse'. (N. del T.)

experiencia en comunidad son con frecuencia ese vínculo con la Jerarquía que debe tener el iniciado individual antes de que pueda elevarse hacia un nivel de percepción mayor.

Así llegamos al tema de la comunidad como repositorio de la valía y el talento individual. La llama que está enclaustrada en la comunidad es la Llama del Espíritu Santo...

El Espíritu Santo, el Consolador eterno, es un aspecto de la personalidad de Dios con la impersonalidad de la Llama. Algunos de vosotros habéis sentido la presencia de esa Presencia impersonal, muy personal, y habéis llegado a entender cómo ese fuego, esa frecuencia específica de luz, adorna la creatividad individual, enciende en talento individual y hace que la presencia suprema en la comunidad de la labor sagrada sea la piedra clave del arco de la verdadera edificación.

La labor sagrada es el ritual de cada corriente de vida con el don, la gracia, el talento otorgado desde el corazón de Dios. Cada miembro de la comunidad puede practicar el ritual de la vida, de la maestría sobre sí mismo, de la maestría sobre el tiempo y el espacio, mientras coopera con la labor sagrada de los demás y la apoya. Y la labor de cada cual, la meditación de cada cual sobre el servicio como algo santo, como un acto santo, forma un hilo de oro. Y así, la tela de la comunidad se teje como una única vestidura, como la vestidura sin costuras del cuerpo del Señor y del mandala que todos los miembros de la comunidad espiritual concentran a través de la llama de su corazón individual.

En esta época, la Jerarquía quiere exteriorizar una verdadera comunidad en la octava física a través de los Guardianes de la Llama y otros portadores de Luz del planeta. Queremos exteriorizar en el plano de la Materia lo que ya existe como un hecho en el plano del Espíritu. Se elige esta época porque es la Era de Acuario, la era del ritual divino; y por medio de este ritual, como labor sagrada, es que la humanidad realizará el ejemplo supremo de una civilización de la nueva era y de una transición del viejo orden al nuevo.[9]

La Maestra Ascendida Meta, que ha servido durante mucho tiempo en el quinto rayo de la ciencia y la curación, señala lo siguiente:

> El adviento de los milagros científicos tenía como intención proporcionarle a la humanidad una vida excepcionalmente maravillosa, relativamente libre del trabajo duro, para que los hombres pudieran buscar las cosas del Espíritu. En cambio, el mundo ha sido atrapado en una red de violencia engañosa y una lucha de clases incesante. El comunismo rivaliza con el capitalismo y los peores elementos de ambos involucran a grandes masas de la humanidad y enormes campos energéticos en la lucha competitiva. Las iglesias, que tenían el propósito de ser instrumentos para la liberación de la humanidad, están más inmiscuidas en la lucha mutua de lo que lo están en preparar a la humanidad para los asuntos de la vida.
>
> El Señor Cristo, que hace mucho enseñó según la tradición de Melquisedec, sacerdote de Salem, produjo una reiteración de la ley de la Era de Oro: «Y como queréis que hagan los hombres con vosotros, así también haced vosotros con ellos».[10] El hombre moderno ha invertido esta ley haciendo que diga: «Gánale la partida a tu hermano antes de que él te la gane a ti».
>
> La estupenda responsabilidad del devoto espiritual es hacer el bien que él quisiera que le hicieran a él, a todos, incluso a quienes lo utilizan con maldad.[11] El poder de cada ejemplo piadoso, de cada hombre que defienda el amor, puro e inmaculado, se pone de tal manera en movimiento en la sociedad. Y esa es la poca levadura que leuda toda la masa.[12] Los elementos curativos de los actos dorados no solo purifican la mente y el ser individual, desplegando con claridad una vida maravillosa para quienes se dediquen de tal manera, sino que también defienden el poder del buen ejemplo para que todos los hombres lo sigan.[13]

La ética de la Regla de Oro: cimiento de la cultura de la Era de Oro

En verdad, la ética de la Regla de Oro es suficiente para una cultura de la Era de Oro. Cuando los hombres se sometan voluntariamente a las Leyes de Dios, dejarán de tener la amenaza de un superestado que quiere obligarles a someterse al dominio de las leyes hechas por el hombre. El control Divino y el dominio Divino excluyen la posibilidad de que naciones o individuos dominen el destino unos de otros.

El Señor Lanto explica los requisitos necesarios para la Era de Oro:

> La Era de Oro solo podrá manifestarse, amados, cuando la Regla de Oro se viva de manera universal. Estoy seguro de que ni vuestros esfuerzos ni los nuestros son vanos. Aunque bien se ha dicho del reino que «pocos son los que lo hayan»,[14] también se ha profetizado correctamente que Dios enjugará todas las lágrimas de los ojos humanos y que todos conocerán algún día al Señor y manifestarán la perfección de las esferas superiores ordenada por Dios.[15] Por tanto, el reino del cielo de la visión del Apocalipsis ha de establecerse finalmente en la tierra, y la Era de Oro permanente, el reino sin fin, comenzará y continuará para siempre para este planeta y todas sus evoluciones.
>
> Solo entonces podrá la Jerarquía volver su atención sin peligro hacia otra parte, para ayudar a otros sistemas de mundos donde el desarrollo igualmente se produce por evolución. Porque entre las «muchas moradas»[16] del Padre, la Tierra no es más que una mota de polvo cósmica en un mar de luz espacial y soles trascendentes.[17]

La hermandad como ideal espiritual

El Maestro Morya resume el problema de la división en la comunidad mundial y cómo se puede superar:

Los problemas que afronta la comunidad mundial son idénticos a los que enfrentan los gobiernos municipales y estatales, aunque el chovinismo y el separatismo se engrandecen y complican más en la comunidad más grande. El panorama mundial también está manchado por ámbitos de superstición e ignorancia, cuyos tabús entorpecen el progreso e impiden el establecimiento de fuentes de entendimiento. Es permisible lanzar un ataque espiritual contra las arraigadas divisiones impersonales unidos en un esfuerzo de oración para volver a exaltar el espíritu original de la hermandad cristiana. Para este servicio nos dirigimos a los chelas de la Gran Hermandad Blanca...

Sean cuales sean las actitudes que han dividido a los hombres en el pasado, estas continuarán dividiéndolos hasta que se logre un estado superior de sintonización con Dios, el Yo y el hombre. Igual que la oruga se deshace de su cascarón, los hombres deben dejar atrás los estorbos superados y los factores divisorios. No basta con que unos pocos hombres buenos defiendan las causas de la hermandad, ¡aunque el cielo sabe que sus energías son necesarias! Las guirnaldas del principio espiritual de hermandad deben ser valorados por todas las naciones, por todos los pueblos y honrados de forma activa por los hombres de cualquier religión organizada.

En su mayoría, los hombres que están encarnados en la actualidad han sido víctimas, ya sea en el presente o en el pasado, del pecado personal o del error de omisión o comisión en algún grado. Los hombres honestos tienen dificultad en pronunciarse tan rotundamente como pudieran cuando lo hacen contra el error de quienes están cometiendo las mismas equivocaciones que ellos mismos hicieron en el pasado. Los hombres deshonestos se aprovechan totalmente del elevado puesto de juez para ocupar la silla de escarnecedores mientras se elevan con la injusta imaginación humana hacia un falso puesto, que algún día se corregirá cuando la balanza kármica se incline para equilibrarse.

Los que son sabios de verdad dejan que sea Dios quien

juzgue y buscan la hermandad como un ideal espiritual, teniendo presente siempre el concepto de discipulado y la ascensión hacia la perfección, mientras mantienen abierta la puerta hacia la verdadera hermandad. Tales personas reconocen con compasión que todos los hombres están subiendo, escalón a escalón, la escalera del logro y que, aunque hayan permanecido temporalmente en las varias alturas que alcanzaron, los sabios predicen el día de su victoria final como estando por encima de las etapas y los pasos de todos los conceptos humanos y mantienen por sus hermanos peregrinos el concepto inmaculado del perfecto discernimiento Crístico.[18]

El problema de la desigualdad económica y el principio de la vida abundante

El Señor Maitreya, nuestro Cristo Cósmico y Buda Planetario, explica el problema de la desigualdad económica desde el punto de vista de los Maestros Ascendidos:

> El establecimiento de una unidad de religiones del mundo a través de una síntesis de la verdad es algo remoto y así permanecerá, a menos que la humanidad considere la gracia de Dios tanto con un corazón abierto como con un entendimiento interior sobre los principios de la hermandad. La mayoría de los hombres se acercan al principio de amor fraternal con palabras, pero están lejos de manifestar lo que dicen. Con mentes llenas de condenación y con emociones llenas de furia de unos hacia otros, pretenden acercarse al trono de gracia.
>
> Por tanto, nos interesa disipar la confusión con nuestra luz procedente de los consejos, tanto Orientales como Occidentales, de la Gran Hermandad Blanca y dar aquellas instrucciones espirituales que generen claridad de visión para todos. Por consiguiente, aquí entregamos nuestros conceptos acerca del problema actual, que se está llevando a proporciones exageradas con respecto a la realidad con el fin de expandir violencia y confusión.

Me refiero al principio de la vida abundante y al supuesto problema de la desigualdad económica. Hay un estruendo constante que se puede escuchar en el mundo, un clamor de los que no tienen contra los que tienen. Un aspecto interesante es que a la confusión de voces en favor de los que «no tienen» y en contra de «los que tienen» se unen muchos que miembros de la clase alta que, de hecho, están pidiendo su propia destrucción.

Dejad que me apresure a decir que toda la riqueza pertenece a Dios, que la Tierra es suya y que él le ha pedido al hombre que tome dominio sobre ella y que comparta la demostración práctica del principio de la vida abundante. Esta vida es, fue y siempre será para todos. El hombre no necesita crear la igualdad. Dios ya la ha creado. Nosotros lo llamamos «igualdad de oportunidad». Quienes están dispuestos a aplicarse con sinceridad, a estudiar para presentarse aprobados ante Dios[19] y a los hombres sabios del mundo, siempre son capaces de producir suministro hasta el punto de poder dar generosamente a otros.

Las filosofías del comunismo y la supremacía del estado pueden medrar a causa de lo que llamamos una «falsa humildad», el ponerse ropa de protesta y desechar los aspectos de la vida más refinados. Esto es un sacrificio de la maestría del individuo hasta el mínimo común denominador del karma del grupo. Quienes promueven esas actitudes o bien no entienden o bien no están dispuestos a aceptar la realidad de que el progreso real y espiritual del hombre no proviene de fuentes externas, sino de su propia realidad y el sentido de la belleza que él tiene en su interior. No hay pecado en la acumulación individual de riqueza o en su manifestación, porque es un privilegio divino que se entrega a todos. Todos pueden vivir en buenas casas, vestir ropa fina y acceder a la belleza que la disciplina creativa puede producir dentro de una cultura abundante.

Jamás hay necesidad alguna de que los hombres se vuelvan unos contra otros, como hizo Caín contra Abel, por temor a no tener o no recibir una parte igual del amor del Padre. Todas las actividades de crítica y condenación son destructivas y conducen inevitablemente a un punto culminante violento. El camino hacia la verdadera paz en el mundo para todas las naciones, tanto en el país propio como en el extranjero, consiste en amplificar el concepto de la vida abundante.

La mejor forma de mantener la paz se consigue con la adherencia a los principios de la libertad, porque esta también tolera los pensamientos e ideales de otros, aun cuando esos pensamientos e ideales estén basados en un conocimiento incompleto de las Leyes de Dios. Pero el ejercicio de la tolerancia no renuncia al derecho de cualquier hombre a intentar corregir —sin discutir, con una exposición objetiva de los hechos— el error de su hermano.

Los miembros de la Gran Hermandad Blanca se interesan en que el principio de armonía se encuentre en funcionamiento en la Tierra. Para promover ese fin, en medio de las luchas de las masas buscando la igualdad económica, quisiéramos destacar que durante generaciones ha habido quienes, efectivamente, han hecho el voto de pobreza y han rehuido la acumulación de riqueza. Para ellos, la pobreza misma se convirtió en una virtud. Por otro lado, muchos siguen el camino de la pobreza solo porque no están dispuestos a realizar el esfuerzo de hacer un gran trabajo en el mundo. Les falta o bien la capacidad o bien la voluntad de crear por sí mismos una vida abundante. Unos y otros deben entender que las leyes del amor se practican y dominan mejor desde el interior.

No condenamos a quienes desean vivir en la pobreza o quienes desean seguir en un entorno humilde. Antes, señalaríamos que lo que la Ley exige al individuo es el *desapego,* independientemente del punto en el que se encuentre en la vida, y esto significa desapego con respecto a personas, lugares, condiciones y cosas. El hombre puede estar igual de apegado a su estado de pobreza como lo puede estar a objetos y, con frecuencia, vemos que la pobreza se convierte en una tarima desde la cual los necesitados critican a los que tienen más posesiones.

Aquellos que siguen los pasos de la Hermandad consideran que todas las cosas pertenecen a Dios y se ven a sí mismos como administradores de su gracia. Por ello, no tienen inhibiciones con respecto a ganar grandes cantidades de dinero y utilizarlo para beneficiar a su prójimo. Comprenden que la creatividad puede emplear los secretos del universo para el bien de todos. Y pocas veces critican a quienes no tienen una gran abundancia de bienes de este mundo, aquellos que se adhieren a la pobreza o al tipo de vida que a simple vista puede parecer cimentada en una filosofía de desapego.

Quienes desean elevarse en la política del mundo con frecuencia sacan provecho de las debilidades de la humanidad para lograr sus fines. Su método consiste en poner un segmento de la sociedad contra otro utilizando asuntos laicos como religiosos para dividir y conquistar la mente de hombres cuyo corazón, en realidad, está unido. Esta táctica muchas veces es la raíz y única causa de los problemas sociales subyacentes que las personas y las naciones afrontan hoy día.

La verdadera fe en Dios es la fe en la vida abundante. No os debería preocupar lo que vuestro vecino pueda ganar en cuanto a bienes de este mundo ni cómo emplee sus ganancias, siempre que lo haga honestamente. La gente debería alegrarse por la abundancia de los demás tanto como lo harían por la propia, y deberían observar que, cuando los hombres son capaces de producir en abundancia y guardan una tranquilidad de buena voluntad hacia todos, no solo disfrutan de la vida, sino que son capaces de apoyar instituciones y actividades que sustentarán y conservarán la belleza de Dios para todos los hombres.

La fealdad del mundo se manifiesta a través de la crítica que el hombre pronuncia sobre otros hombres... Ello solo puede degradar, con una espiral descendente, al que invierte sus energías en la práctica de la crítica.

El principio de la vida abundante es el principio de la Gran Hermandad Blanca que mantiene al alma abierta hacia Dios desde arriba y que posibilita que el flujo de la Realidad irradie constantemente dentro del cáliz de la corriente de vida individual. A medida que la Realidad de su Verdadero Yo se vuelve más real, el hombre ve en el orden natural de la manifestación la perfección interior del estado edénico que existió antes de la caída de su conciencia hacia la densidad de una existencia egocéntrica.

Criticar, queridos de la luz, es fácil, pero es aún más fácil guardar el principio de la vida abundante en vuestra conciencia. Es más fácil mejorar el significado de la vida para los demás que robarles su virtud condenándolos constantemente por sus actitudes y los procesos espirituales que han desarrollado. En caso de que estuvieran rodeados de errores, el propósito de la vida en la corriente evolutiva es deshacerse de los errores y dominar la perfección. Si forzáis las cosas, podríais romper el fino hilo que los conduce hacia las mismas verdades que queréis que acepten cuando lo creéis oportuno y no cuando Dios lo cree. El hombre no se ha manifestado para perder su vida, sino que vino para conseguir todo el bien Divino.

Nosotros, que nos preocupamos por la iniciación de cada individuo, también nos preocupamos por la iniciación de la sociedad. La total identidad de una sociedad libre está tejida inextricablemente con los pensamientos e ideales de su gente. Una sociedad libre no puede elevarse más allá del pensar de sus mejores líderes y estos se ven constantemente asaltados por los conceptos negativos de fuerzas que intentan derrocar todo lo que sirve a la nobleza del Cristo en el individuo y en la sociedad. Hay que deshacerse del sentimiento de lucha y hay que abrir la ventana de la vida para que el aire fresco y limpio de la conciencia Crística pueda renovar el proceso de la vida.

Hemos visto suficiente desesperación, generada por aquellos cuyos egos frustrados los llevan a formas de exhibicionismo calculadas para elevar su personalidad hasta la prominencia. Solo nos preocupa elevar las ideas divinas para que adquieran prominencia y la exaltación de las ideas divinas en la mente y el corazón de los hombres, porque esas son las ideas que harán que los hombres sean libres. Por tanto, agarraos con todas las fuerzas de vuestro ser al principio de la vida abundante. Desarrollad la conciencia que Dios tiene de la vida abundante para vosotros mismos. Expandidla hasta que veáis con claridad que la voluntad del Padre no quiere que el hombre perezca ni que viva con limitaciones o carencias.

Tanto si el buscador es un «poverello divino», como San Francisco de antaño, como si es un hombre de negocios de medios y fama mundial, debe intentar corregir el ejercicio de la mayordomía[20] y, sobre todo, debe estar listo para aceptar la posibilidad de que su filosofía personal, los conceptos que ha desarrollado y sus opiniones de toda la vida, puedan no ser correctos. Estad dispuestos a examinar la Verdad y tened cuidado con las tendencias diseminadas por los medios de comunicación, diseñadas para dividir y confundir al mundo. «La religión pura y sin mácula delante de Dios el Padre» se ha definido como el visitar a los huérfanos y a las viudas y guardarse sin mancha del mundo.[21]

En el sentido de la vida abundante, abunden las buenas obras, e incluyan estas la purificación de la conciencia para que las corrosiones del mundo, tanto laicas como religiosas, no molesten el hermoso fruto del Árbol de la Vida que Dios quiere alimentar en todas las almas.

¡Qué grande es y qué grande puede ser el hombre! Qué abundantes y deleitantes son sus esperanzas y sus planes para toda la humanidad. Reciban los hombres con alegría su concepto de la vida abundante para todos.[22]

El Morya nos da el antídoto de los Maestros Ascendidos contra el comunismo y una fórmula para la vida abundante. «La mayoría de los problemas están centrados en el mercado de las necesidades básicas de la vida. Por tanto, hay que dar conocimiento, pan y oportunidad a todos y fortalecer así los elementos disuasorios más naturales de la guerra y el comunismo. Reducida a su expresión más simple, la fórmula de la buena voluntad y la felicidad mundial es esta: alimentad a los que tienen hambre, enseñad a los ignorantes y amad a la gente de todo el mundo como os amáis a vosotros mismos. Patrocinad esta unidad de buena voluntad y la Tierra prosperará».[23]

La solución a la economía y a la crisis laboral en la Tierra: la llama violeta

Omri-Tas nos enseña que la solución divina a los problemas laborales en nuestra economía yace en la educación del corazón y un conocimiento de la llama violeta.

> Desde la perspectiva de los Maestros Ascendidos, sabiendo lo que puede hacer la entrega de la llama violeta por una única vida y por toda una oleada de vida planetaria, comprendemos que lo que falta es la educación del corazón. Si cada corriente de vida tuviera esta educación desde que nace, tendría la capacidad de bajar con facilidad la llama violeta desde la Presencia YO SOY y luego observaría cómo la llama violeta, los elementales y los ángeles de la llama violeta realizan las tareas que la humanidad considera monótonas y laboriosas.
>
> ¿Habéis pensado en el hecho de que en el planeta Tierra hay una crisis laboral? ¿Habéis pensado en el hecho de que muchas personas tienen una preparación muy superior a los puestos de trabajo que se ven obligadas a ocupar? ¿Habéis considerado el hecho de que muchos países tienen una preparación tan alta que deben importar trabajadores de otros países para que lleven a cabo los trabajos modestos necesarios? Y en muchos casos, estos trabajadores son de un orden y una evolución como los que emigraron a la Atlántida en los últimos días. Son corrientes de vida rezagadas que al final hicieron que la balanza kármica se inclinara contra los portadores de Luz y fueron un factor importantísimo en el hundimiento de ese continente.
>
> Cuando un único pueblo y grupo kármico no puede

satisfacer todas las necesidades de la vida y decide no ser autosuficiente y cuando comienza a mezclarse con evoluciones que tienen un karma y un dharma distinto, un deber distinto o razón de ser diferente... esa mezcla de razas provoca que se disipe su percepción del distinto dharma, o deber, que hay que llevar a cabo. Y esa mezcla también interfiere con cada uno de estos grupos en lo que se refiere a saldar su karma respectivo...

Dirijo vuestra atención a este conocimiento para que, a través de la acción equilibrada de la acción de los siete rayos, las evoluciones de la Tierra puedan progresar. La llama violeta es el ingrediente clave necesario para solucionar el problema laboral y para la santificación de esa mano de obra en el planeta Tierra.

Nosotros vemos los problemas en la economía. Vemos que las personas que han realizado servicios que ya no tienen demanda pierden su puesto de trabajo y el medio de ganarse la vida debido a que el avance tecnológico está superando su nivel de logro, incluyendo el desarrollo del corazón. El corazón, por tanto, es la sede de la expresión equilibrada de la Trinidad que ennoblece y, por tanto, capacita a cada corriente de vida a cumplir su razón de ser, corazón, cabeza y mano, y el chakra del corazón es el punto por el que se entrega (es decir, por el que se emite) la llama violeta.

Los ángeles de llama violeta y los elementales que sirven con ellos tienen en este momento un gran e intenso deseo de haceros saber lo importante que es que esta llama violeta y su conocimiento se diseminen por la Tierra para que, con la educación del corazón y con los hijos y las hijas de Dios realizando aquellas actividades que deberían realizar, el cargo verdaderamente complementario de ángeles y elementales pueda, por consiguiente, volverse a realizar...

Debido a la falta de llama violeta, vemos un desequilibrio en la naturaleza. Y debido a este desequilibrio, veis el desequilibrio en la psique de la gente. Veis un aumento en los problemas psicológicos, divisiones del yo, dentro de los cuatro cuerpos inferiores. Veis cambios de temperamento, malhumores y la «doble personalidad», como decís vosotros. Y entonces veis que el cuerpo se ve afectado; porque al no estar equilibrado el medio ambiente con la llama violeta a través de la llama trina del corazón, se produce un desequilibrio en la química del cuerpo.

Algunos se han preguntado: «¿De qué sirve la llama violeta en una Era de Oro o un lugar de perfección?». La llama violeta establece y restablece el ritmo de la vida. Es como un aceite para los engranajes de la civilización moderna. Es una cualidad muy especial del Espíritu Santo que todo el mundo necesita a diario, tal como necesitáis el sol y las muchas frecuencias de las estrellas, las corrientes telúricas, el aire, el agua y el poder de integración con todas esas cosas.

Por tanto, nosotros decimos que nuestra ayuda a Gautama Buda, a los poderosos Elohim y los Arcángeles se produce porque hemos comprendido que lo que salva a todos los hogares planetarios y a cada corriente de vida es el eslabón perdido del séptimo rayo. La ausencia de la llama violeta es un eslabón perdido de la cadena de la evolución de la Tierra. Y así, podéis ver cómo la evolución está desfasada, como si dijéramos, lanzando algunos talentos y capacidades mientras otras partes del ser humano siguen en un estado casi primitivo. Porque los estados primitivos de la ira y las pasiones del inconsciente (odio, rivalidad e instintos viles de autopreservación) no han sido entregados por libre albedrío a los fuegos transmutadores de la llama violeta...

Cuando adoptéis una vida de santidad y comprendáis que un planeta y un pueblo dependen del sustento de la santidad, descubriréis las verdaderas prioridades de vuestra vocación en Dios. Y también descubriréis una fuente de las alturas que os permitirá hacer más en menos tiempo y, por tanto, podréis cumplir vuestras responsabilidades mientras seguís siendo sacerdotes y sacerdotisas del fuego sagrado en privado. No hace falta ir por ahí con las túnicas del Anciano de Días, pero sí es necesario y posible que guardéis la Llama...

Todo se reduce al sentido común, a que penséis en orden lógico y a que organicéis vuestra vida de forma sistemática. Los triunfadores han aprendido eso y los que no tienen éxito y se convierten en un peso en sentido opuesto a los propósitos que tenemos y que hemos mencionado son aquellos que nunca se acaban de decidir a desafiar su propia confusión y la rebelión que hay detrás de la confusión. Porque esta es una rebelión contra el orden de Dios y, al final, contra Dios como Madre, que debe ordenar todo el cosmos de la Materia.

Ahora bien, la ausencia de orden diario puede ser un factor causado por no invocar la llama violeta, tal como el tiempo parece escapárseles a quienes no han aprovechado la oportunidad de dominar sus ciclos. Y el espacio se desordena en la casa de quien aún no se ha decidido a dominar las leyes del espacio, reconociendo que la maestría del espacio es la maestría del Buda, tal como la maestría del tiempo es la maestría de la Madre...

Algunos de vosotros sabéis que vosotros mismos, en lo personal, realizáis el trabajo de dos, cinco o diez personas. Lo hacéis con gusto y alegría, porque os dais cuenta de la urgencia del momento. Otros, sin embargo, siento decirlo, no cumplen ni los requisitos de una vida por no intensificar la aplicación del amor de su corazón al trabajo que hay que hacer. Y hay otros a los que, por no haber resuelto sus problemas psicológicos, no se les ocurre nada que hacer, no se les ocurre cuál pudiera ser su trabajo, su vocación, su profesión o a dónde deberían dirigir su atención.

A nosotros esto nos parece sorprendente cuando vemos al planeta sufrir tanto y a tanta gente necesitada. No hay más que darse la vuelta para ver cinco bocas a las que alimentar, este problema que solucionar y aquel trabajo que hacer. Y así, os daréis cuenta de que la incapacidad de reconocer la necesidad del momento y de ocuparse de ella es una ausencia de una verdadera percepción, que a su vez es una ausencia de una verdadera integración de los chakras con la llama del corazón. Y eso nos devuelve al problema de la llama trina desequilibrada y la falta de llama violeta.

La llama violeta sintoniza el chakra de la sede del alma. Y en ese punto, el de la sede del alma, uno sabe quién YO SOY, de dónde he venido, a dónde voy y qué trabajo tengo asignado en esta vida...

Existe un plan divino. Y el trabajo que os pertenece solo a vosotros es difícil. *Debe* ser difícil. Se os da para que podáis trascender vuestra última vida o las actividades de hace una década. Estáis aquí, encarnados, para llevar a cabo la vocación de la excelencia. *Debéis* vencer. Es la ley del cosmos. Esto es evolución espiritual. Vuestra alma debe crecer en magnitud, vistiéndose de una mayor luz y sabiduría.

No conseguiréis esta maestría Divina del Yo realizando trabajos que ya habéis hecho en las últimas diez encarnaciones, lo cual es fácil, no exige pensar en ello ni ningún esfuerzo. Podríais dejar de pensar, dejar de crear y casi dejar de existir mientras continuáis realizando ese mismo trabajo una y otra vez y os decís: «Gano lo suficiente para mantener a mi familia. Todo está bien en mi vida. Aquí estoy. No tengo que preocuparme de guerras. No tengo que preocuparme de problemas planetarios. Esos problemas no son asunto mío. Aquí, en mi casita, me encuentro seguro y puedo hacer lo que quiera, disfrutar y pasarlo bien con mis amigos y mis hijos».

El esfuerzo que hay que hacer para realizar la misión es el mismo que hay que hacer para conseguir el siguiente nivel iniciático...

La autocorrección tiene su momento, ¡pero no tiene nada que ver con condenarse a uno mismo! Una equivocación engendra un alegre deseo de lograr la excelencia, de superarse a uno mismo, de alcanzar la estrella, de ser como El Morya. No es una cuestión de culpa. No es una cuestión de pecado. No es una cuestión de autoflagelarse. Es una comprensión de la limitación: «¡Conquistaré! Me doy cuenta de esto. Pasaré por esto. Lo dejaré atrás».[24]

Sexta sección

Las doce tribus de Israel

Sino id antes a las ovejas perdidas
de la casa de Israel.

JESÚS

Las doce tribus de Israel

Se suele considerar que la historia de las doce tribus de Israel comienza con Abraham, el progenitor y primer patriarca del pueblo hebreo. Pero en realidad su historia en la Tierra comienza mucho antes, con la venida de Sanat Kumara, el Anciano de Días,[1] que llegó en una misión de rescate en el momento de mayor degradación y más oscuro de la historia de la Tierra.

Historia cósmica

Las tres primeras razas raíz habían vivido en Lemuria en una época en la que, en la Tierra, todo lo conocido eran Eras de Oro y no se había producido ningún desvío de las Leyes de Dios por desobediencia. La desobediencia tuvo lugar durante la época de la cuarta raza raíz.

La Gran Rebelión de Lucifer y sus ángeles había comenzado a infectar varios mundos planetarios. El planeta Tierra también estaba infectado. Hace miles de años, en las nieblas de Lemuria, aconteció la Caída del hombre, la profanación de las llamas del

Padre y la Madre, los abusos del fuego sagrado.

En medio de todo eso, el Señor Maitreya, el gran instructor, vino para establecer su escuela de misterios, que consta en el Génesis como el Jardín del Edén. Ahí es donde se inicia el relato bíblico de la historia del hombre. Maitreya llamó a un hijo y una hija de Dios a que entraran en esta escuela de misterios para redimir o expiar los pecados de la humanidad, y vemos que ese pecado ya estaba presente en la Tierra en la mismísima presencia de la Serpiente.

Ese hijo y esa hija de Dios desaprovecharon la oportunidad de redención. Debido a la desobediencia a las leyes de Dios y la dirección del Gurú, se les expulsó de la escuela de misterios. A causa de la maldad de la humanidad y por no haber aprovechado la oportunidad de redención, el Señor Maitreya les dijo que tendrían que esperar miles de años para recibir otra oportunidad, la cual llegaría a través de la encarnación de la Palabra en el amado Hijo, el Cristo.

La oportunidad de redención en el Jardín del Edén se ofreció mucho tiempo después de que la oscuridad apareciera en la Tierra. Después de este episodio se produjo el hundimiento del continente de Lemuria y el de la Atlántida, el cual se menciona en la Biblia como el Diluvio.

La venida de Sanat Kumara

Aun antes de estos acontecimientos que constan en la Biblia, está el punto de la Caída del hombre, cuando la Tierra se encontraba en su momento más oscuro. El Consejo Cósmico que gobierna el destino de la Tierra decretó la disolución del planeta y sus evoluciones, porque todas las personas de la Tierra habían olvidado el Origen y la llama trina.

En ese punto, Sanat Kumara, jerarca de Venus, acudió al Consejo Cósmico y dijo: «Me ofrezco a ser el salvador de la Tierra. Me ofrezco a guardar la llama de la Tierra hasta que haya alguien entre los hombres que despierte hacia el conocimiento de la Ley». Sanat Kumara recibió la oportunidad de venir a la Tierra a guardar la llama.

Cuando los portadores de Luz de Venus, Mercurio y otros hogares planetarios se enteraron de que Sanat Kumara se había ofrecido para defender a las evoluciones de la Tierra, ellos se ofrecieron a ir con él y fueron aceptados. Y así, cuando Sanat Kumara llegó a la Tierra, con él llegó un séquito de portadores de Luz para establecer Shambala, su retiro en la Isla Blanca del mar de Gobi (que ahora es el desierto de Gobi, en China).

El retiro de Sanat Kumara se convirtió en el foco permanente de la luz de la llama trina del Padre, el Hijo y el Espíritu Santo que la humanidad de la Tierra había perdido debido a su embrutecimiento y degradación. El establecimiento de ese foco tenía la finalidad de guardar esa llama y volver a encenderla en el corazón de la gente.

La encarnación de los portadores de Luz

Quienes vivieron con Sanat Kumara debían encarnar de acuerdo con un destino prestablecido entre las naciones de la Tierra. Su misión era ser portadores de Luz que enseñaran a la humanidad el camino de la Trinidad, el camino de la llama trina, el camino del fuego sagrado y que le recordaran su origen. Así, debían llegar a Oriente y a Occidente y debían venir a enseñar a los hombres el camino del Padre y el camino de la Madre.

La encarnación de estos portadores de Luz se produjo a ciclos a partir del plano etérico, pasando por el plano mental, el plano emocional y finalmente llegando a la densidad física en la que vivimos actualmente. Esta encarnación aconteció en Lemuria y se produjo a través de la representante de la Madre del Mundo que había entonces, con el patrocinio de los Manús, que eran los patrocinadores de las razas raíz.

El punto de origen de la encarnación de la mitad de los

portadores de Luz que vinieron con Sanat Kumara se encuentra en Oriente y el de la otra mitad, en Occidente. Su encarnación es como la acción de un caduceo y la llama que reciben o bien de Oriente o bien de Occidente tiene que ver con la concesión de un ciclo de energía para un cierto período de sus encarnaciones. Podría ser una encarnación, podrían ser siete, podría ser un ciclo de encarnaciones sobre un arco de ese caduceo.

En Occidente, los portadores de Luz que encarnaron para servir a la luz son conocidos como las doce tribus de Israel. En Oriente, ellos forman las escuelas de misterios que siguen la tradición del Gurú y el chela. En cada caso, este grupo de almas tiene la finalidad de transmitir, de generación en generación, en una cadena íntegra con su inicio en Lemuria, las verdaderas enseñanzas de la religión del Padre y la religión de la Madre.

Estos portadores de Luz han afrontado una iniciación en el Sendero fuera de lo común, por lo cual se los llama hijos e hijas de Dios. El término «hijo de Dios» o «hija de Dios» es un título y es indicativo de cierto logro interior, una iniciación del Cristo que podría haber tenido lugar incluso en otros sistemas de mundos, mucho antes de que el alma descendiera a la Tierra.

Otras evoluciones de Dios reciben el nombre de «niños de Dios». Estas poseen el mismo potencial: tienen la llama trina y han sido engendrados por el Dios Padre-Madre, pero no han estado encarnados suficiente tiempo como para lograr cierta magnitud de luz del Padre, el Hijo y el Espíritu Santo, cierto desarrollo de la llama trina.

Estos hijos e hijas de Dios han sido y siguen siendo los que fueron ordenados para representar al Anciano de Días como líderes en el gobierno, la religión, las ciencias, la educación, con el fin de establecer en todos los ámbitos el ejemplo de la transferencia de la cultura que una vez existió en Lemuria y que ahora se conserva en Venus.

Senderos de Oriente y Occidente

Los portadores de Luz, por tanto, tejen un caduceo planetario: una serie de encarnaciones en Oriente para la maestría de los cinco rayos secretos, una serie de encarnaciones en Occidente para la maestría de los siete rayos, de aquí para allá y viceversa repetidamente.

La línea central del caduceo es el fuego amarillo de la sabiduría de la mente de Dios, el azul es el Padre y el rosa es la Madre. La religión del Padre y de la Madre se interpretan en Oriente y Occidente a través de los iluminados que son el Cristo y el Buda. Las corrientes principales de Oriente y Occidente son la conciencia Crística y la conciencia Búdica. Por tanto, la iniciación consiste en encarnar tanto en cuerpos masculinos como femeninos y trabajar para obtener la maestría de los rayos masculino y femenino de la polaridad de Dios en ambos cuerpos.

Las características del sendero de Oriente han puesto el énfasis en la eliminación del deseo, el deseo exacerbado. Gautama Buda enseñó que el deseo crea enredos y produce un lazo con las evoluciones inferiores; produce sufrimiento y la única forma de liberarse de él es liberarse del deseo. Así, en Oriente, la forma de poner fin a los ciclos de la encarnación consiste en lograr la liberación del alma, simbolizada por el sendero del Buda.

En Occidente, la evolución de las doce tribus en la tradición judeocristiana ha sido una historia de desobediencia y castigo y luego redención. En el Antiguo Testamento hay una historia sobre el juicio al pueblo de Israel que se produce una y otra vez a través de evoluciones rezagadas.

La búsqueda en Occidente se ha centrado en torno a la meta de encontrar la gracia ante los ojos de Dios al encontrar al Cristo, el Mediador, y llegando a ser amigos de Dios, como lo fue Abraham a través de ese Cristo.[2] Este sendero se cumple en la persona de Jesucristo.

Es casi imposible concebir que la gente de gran luz de Oriente y la de Occidente pueda estar separada de ninguna manera. Sin embargo, esto ha ocurrido y mucha gente ve un gran abismo entre las religiones de Oriente y Occidente. Pero existe un grupo determinado de personas en la Tierra que tiene una conciencia instantánea de la confluencia del Río de la Vida en la tradición oriental y en la occidental.

Aunque nos hayamos criado en una cultura occidental, en cuanto hemos sido conscientes de las enseñanzas del hinduismo y el budismo, inmediatamente nos hemos reconocido a nosotros mismos como alguien inherentemente budista, hinduista o taoísta. Al mismo tiempo, poseemos una comprensión del judaísmo y del cristianismo en el alma que, actualmente, puede que no se enseñe. Así, en nuestra vida vemos la evidencia de esta acción del caduceo de la encarnación de los hijos y las hijas de Dios en Oriente y Occidente.

Las doce tribus: progenie de Sanat Kumara y Abraham

La historia escrita sobre estos portadores de Luz en Occidente, las doce tribus de Israel, comienza en la Biblia, en el Génesis, capítulo 12, cuando Dios promete la bendición a Abraham: «Y haré de ti una nación grande, y te bendeciré, y engrandeceré tu nombre, y serás bendición».[3]

En el capítulo 15, Dios dice a Abraham (cuando aún se lo conocía como Abram): «Mira ahora los cielos, y cuenta las estrellas, si las puedes contar. Y le dijo: Así será tu descendencia».[4] Entonces Dios le dijo a Abraham que hiciera un sacrificio. Él así lo hizo y Dios le habló de un karma que le sobrevendría a su progenie:

> Mas a la caída del sol sobrecogió el sueño a Abram, y he aquí que el temor de una grande oscuridad cayó sobre él. Entonces el SEÑOR dijo a Abram: Ten por cierto que tu descendencia morará en tierra ajena, y será esclava allí, y será oprimida cuatrocientos años. Mas también a la nación a la

> cual servirán, juzgaré yo, y después de esto saldrán con gran riqueza. [Esta es una profecía sobre el cautiverio de las doce tribus en Egipto].
>
> Y tú vendrás a tus padres en paz, y serás sepultado en buena vejez. Y en la cuarta generación volverán acá; porque aún no ha llegado a su colmo la maldad del amorreo hasta aquí.[5]

Sanat Kumara eligió a Abraham como padre de los israelitas, el cual recibiría, en su vejez, gracias a Sarah, a su hijo Isaac. Isaac a su vez tendría a Jacob. Jacob traería al mundo a doce hijos, que serán los progenitores de las doce tribus.

Así, Abraham es el gran patriarca de los portadores de Luz, elegido para traer a la progenie de Alfa. Estas almas llegaron con la misión específica de ser testigos del Dios verdadero en medio de la idolatría, en medio de la gran oscuridad de Oriente Próximo, como la que se vio en Sodoma y Gomorra. Llegaron para ilustrar la bienaventuranza de servir a Dios, de recibir y conservar la profecía y las revelaciones y, sobre todo, ser el canal a través del cual naciera el Mesías.

Los doce hijos de Jacob

En 1900 a. C., aproximadamente, Dios confirió su bendición a Isaac, hijo de Abraham: «Y se le apareció el SEÑOR esa misma noche y dijo: "YO SOY el Dios de tu padre Abraham; no temas, porque estoy contigo, y te bendeciré, y multiplicaré tu progenie por mi siervo Abraham"».[6]

Es muy curioso que el SEÑOR bendiga a cada generación de portadores de Luz, lo cual significa que la bendición no se produce de forma automática con la transferencia hereditaria, sino que llega a partir de su restablecimiento para cada generación.

El hijo de Isaac, Jacob, recibió a su vez la bendición del SEÑOR muchos años después: «Y soñó: y he aquí una escalera que estaba apoyada en tierra, y su extremo tocaba en el cielo;

y he aquí ángeles de Dios que subían y descendían por ella. Y he aquí, el SEÑOR estaba en lo alto de ella, el cual dijo: YO SOY el SEÑOR, el Dios de Abraham tu padre, y el Dios de Isaac; la tierra en que estás acostado te la daré a ti y a tu descendencia. Será tu descendencia como el polvo de la tierra... y todas las familias de la tierra serán benditas en ti y en tu simiente».[7]

Jacob recibió otra bendición cuando luchó contra un «varón» hasta el alba, y dijo: «No te dejaré, si no me bendices». Al alba recibió la bendición: «No se dirá más tu nombre Jacob, sino Israel; porque has luchado con Dios y con los hombres, y has vencido».[8] Jacob había luchado con el ángel, el Arcángel Miguel, quien lo purificó de su mal permitiéndole así recibir la unción del nombre «Israel».

Jacob tuvo doce hijos, nacidos de sus cuatro esposas. Estos fueron ungidos por Sanat Kumara como portadores de la progenie de luz para el cumplimiento final del destino de los portadores de Luz. Su hijo favorito fue el undécimo, José. «Y amaba Israel [Jacob] a José más que a todos sus hijos, porque lo había tenido en su vejez, y le hizo una túnica de diversos colores».[9]

La túnica de diversos colores es el símbolo del Cuerpo Causal de los hijos de Israel. Jacob eligió a José para que llevara esa túnica porque vio que este tenía la mayor manifestación de la conciencia Crística y que podía llevar la llama de la mezcla de todos los rayos de colores del Cuerpo Causal. José, por tanto, recibió su derecho de nacimiento de su padre, Israel.

Pero los hermanos de José sintieron celos de él. Primero planearon matarlo, pero después decidieron venderlo como esclavo. José fue llevado a Egipto, donde se ganó la confianza del Faraón y llegó a ser su mano derecha. Cuando la sequía y el hambre acosaron la tierra, Jacob y sus once hijos fueron a Egipto en busca de alimentos. José les reveló su identidad y la familia volvió a estar unida. Los doce hermanos volvieron a estar unidos como un solo mandala.

Como muestra de su amor por José, Jacob tomó consigo a

sus dos hijos, Manasés y Efraín: «Y ahora tus dos hijos, Efraín y Manasés, que te nacieron en la tierra de Egipto, antes que viniese a ti a la tierra de Egipto, míos son; como Rubén y Simeón, serán míos».[10] Jacob le profetizó a José: «Dios estará con vosotros, y os hará volver a la tierra de vuestros padres».[11]

Los doce hijos de Jacob son Rubén, Simeón, Leví, Judá, Isacar, Zabulón, José, Gad, Aser, Dan, Neftalí y Benjamín. Los descendientes de cada hijo se convirtieron en las doce tribus y cada una de ellas asumió el nombre de su patriarca. En las primeras listas se nombra a José como una de las tribus. En listas posteriores se omite a Leví y se sustituye a José por sus hijos, Efraín y Manasés. Así es como Leví se convirtió en la decimotercera tribu, la que está en el centro del círculo ocupando el cargo de Cristo y la llama del sacerdocio.

Antes de morir, Jacob dio su última bendición a sus doce hijos y les dio una profecía sobre las tribus y su destino. Esto consta en el Génesis, capítulo 49.

Advertencia y bendición a las doce tribus

Tras muchos años, los descendientes de los hijos de Jacob que vivían en Egipto se multiplicaron hasta tal punto, que el Faraón se sintió amenazado por su cantidad y su poder. Los esclavizó y ordenó que todos los varones hebreos fueran ahogados al nacer.

Moisés nació durante esta peligrosa época, pero su madre le salvó la vida poniéndolo a flotar en el Nilo en una cesta. La hija del Faraón lo encontró y lo crio como a un hijo propio. En respuesta al llamado de Dios, Moisés condujo a su pueblo desde Egipto hacia la Tierra Prometida. Tras cuarenta años vagando por el desierto, los hebreos, bajo el liderazgo de Josué, entraron y conquistaron la Tierra Prometida, la tierra de Canaán.

Josué dividió el territorio conquistado entre las tribus según se lo dijo Dios. La única tribu que no recibió ningún territorio fue la de los Levitas. Estos guiaban al pueblo en el culto, eran responsables de enseñar la Ley de Dios y llevar a cabo otras funciones religiosas. Las doce tribus formaban una confederación flexible unida por su alianza religiosa con Dios. Cada tribu gobernaba su propio territorio, pero en tiempos de crisis todas se unían para luchar contra un enemigo común.

Antes de marchar, Moisés da una bendición y una advertencia a estas doce tribus y entrega la antorcha a su chela, Josué. Con esas palabras de despedida, Moisés los reprende y profetiza que, aunque les ha advertido que caminen con rectitud y elijan la vida y no la muerte, tropezarán; se volverán tercos; olvidarán sus palabras en cuanto se haya marchado. Estas palabras constan en el último capítulo del Deuteronomio.

Moisés ordenó que los libros de la Ley, los primeros cinco libros de la Biblia, se colocaran en el Arca de la Alianza junto con sus advertencias. Y dijo esto: «Pondré esto por testigo de que he entregado mi mensaje. He puesto mi mensaje en un cántico y cuando lo leáis, será para que haya juicio contra vosotros que os habréis puesto contra mis leyes y contra mis enseñanzas».[12]

Moisés les advirtió que no se mezclaran con las naciones vecinas, dándose a sus dioses, casándose con su gente. Esas naciones vecinas pertenecían a los Nefilín* y los caídos. Y Moisés predijo que se llegarían a asociar con ellos, que seguirían sus caminos y su idolatría. Él predijo que, si lo hacían, eligiendo así su culto de muerte, les sobrevendrían las maldiciones del Señor, es decir, que les sobrevendría el juicio o karma por sus acciones.

Al final del escrito se encuentra la bendición de Moisés a las doce tribus antes de fallecer. En esto se observa el gran amor de

---

*Nefilín [del hebreo *Nefilim* 'los que cayeron' o 'a los que se les derribó, de la raíz semítica *nafal,* 'caer']: raza bíblica de gigantes o semidioses (Génesis 6:4). Según el experto Zecharia Sitchin, las tablas sumerias representan a los Nefilín como una raza superior extraterrestre que "cayó" a la Tierra en una nave espacial hace 450 000 años. Los maestros ascendidos revelan que los Nefilín son los ángeles caídos expulsados del cielo y enviados a la tierra. (Apocalipsis 12:7-10, 12). Véase Zecharia Sitchin, *The Twelfth Planet (El duodécimo planeta)* (New York: Avon Books, 1976).

Sanat Kumara a través de Moisés hacia cada una de las doce tribus. Anteriormente, está la reprimenda y la afirmación de su karma y sus defectos, pero en esta bendición todos son elogiados. También hay una profecía sobre lo que llevarán a cabo. Estas profecías están ocultas y se basan en el simbolismo. El sello de esa bendición contiene el plan divino y la oportunidad de conseguir la victoria para cada una de las doce tribus, sosteniendo cada tribu una línea de los doce puntos de nuestro reloj cósmico iniciático. (Véase páginas 144-147).

Moisés fue el Gran Gurú de las doce tribus de Israel. Actualmente vivimos en un momento en que todas las promesas de Dios a través de los profetas para restaurar la memoria de las tribus y para restaurar la Tierra Prometida están a punto de cumplirse, profecías acerca de la transmutación del karma formuladas con las palabras: «Y nunca más me acordaré de sus pecados».[13]

La dispersión

Después de que falleciera Josué, las tribus fueron dirigidas por jueces. Estos eran principalmente líderes militares carismáticos levantados por Dios para defender al pueblo contra las intrusiones de las naciones vecinas.

Durante el período de los jueces, entre 1200 y 1030 a. C., los israelitas empezaron a rendir culto a dioses paganos, los dioses del materialismo, los dioses de los ángeles caídos. Dios los castigó por su idolatría y su apostasía permitiendo que otras naciones los hostigaran y atacaran. Esos invasores se apoderaron de sus tierras y sus campos de cultivo y les exigieron tributo.

Cuando los israelitas se arrepintieron y obedecieron las leyes de Dios, el SEÑOR otorgó poder a los jueces para que defendieran su causa, y así volvieron a disfrutar de paz. El patrón de desobediencia y castigo, arrepentimiento y liberación se repitió una y otra vez. El liderazgo de los jueces se terminó cuando el pueblo le exigió a Samuel, último juez de Israel: «Queremos que nos gobierne un rey para ser como las demás naciones».[14] Los israelitas creían que su confederación tribal no era suficientemente fuerte para protegerse de la amenaza de los ejércitos filisteos.

Samuel le dijo al pueblo que su deseo de tener a un rey suponía un rechazo a Dios. De hecho, demostraba que su sintonización con la Presencia de Dios viva que los acompañaba había disminuido y que habían olvidado la constante liberación que Dios le había proporcionado manifestándose ante ellos a través del Arcángel Miguel, el Arcángel Gabriel y todas las huestes celestiales. Y así, buscaron poder en un ser humano, un líder y un rey.

Samuel accedió a sus exigencias a regañadientes ungiendo a Saúl como rey, pero les advirtió que una monarquía les oprimiría. Cuando Saúl murió, David llegó a ser rey de Israel después de un corto período durante el cual el hijo de Saúl gobernó sobre las tribus del norte. Salomón sucedió al trono a su padre, David, y aunque trajo prosperidad y paz al país, también sobrecargó al pueblo con impuestos y esclavitud.

Poco después de la muerte de Salomón, aproximadamente en 922 a. C., las diez tribus del norte se rebelaron contra el hijo de Salomón y heredero al trono, Roboam. Estas tribus formaron su reino, llamado «Israel», gobernado por su propio rey. Las tribus de Judá y Benjamín formaron el reino del sur, más pequeño y pobre, llamado «Judá».

Durante unos cincuenta años después de la división del reino, Israel y Judá tuvieron una guerra civil por demarcaciones territoriales. En parte, como resultado de sus peleas, los dos reinos perdieron territorio, del que se apoderaron las naciones vecinas. En los siglos que se sucedieron, Israel y Judá se volvieron más y más vulnerables debido a sus recaídas. El profeta Oseas, predicando en el reino del norte, denunció la creciente corrupción social, el culto a los dioses paganos y el declive moral. Les advirtió que habían violado su alianza sagrada con Dios y que tendrían que pagar por ello.

En 721 a. C. los asirios, bajo Sargón II, conquistaron el reino del norte de Israel y forzaron la deportación de la mayoría de la gente a Asiria. Esto supuso el fin del reino del norte. Debido a que el destino de las diez tribus del norte es desconocido, se las denomina como las diez tribus perdidas. La creencia generalizada es que jamás regresaron a su patria.

Con la desaparición del reino del norte, Judá se convirtió en vasallo de Asiria. Después, en el siglo VII a. C., se convirtió en vasallo del Imperio babilonio. Durante este período turbulento, el profeta Jeremías predicó el inminente juicio de Dios sobre Judá por su pecaminosidad. Jeremías les advirtió que, si el pueblo no se volvía completamente hacia su Dios, encontraría el mismo destino que Israel a manos de un «mal del norte».[15]

Judá, como Israel, era culpable de idolatría, apostasía, corrupción y degeneración moral. Habían erigido altares llenos de dioses ajenos a los que rendían culto junto al SEÑOR. La prostitución sagrada del culto a la fertilidad se practicaba en el Templo de Jerusalén. Algunos incluso participaron en la práctica pagana del sacrificio humano, haciendo «pasar por el fuego sus hijos y sus hijas a Moloc».[16]

La profecía que el SEÑOR pronunció a través de Jeremías se cumplió. El rey de Judá se rebeló contra los babilonios y en 597 a. C. el rey babilonio Nabucodonosor sitió Jerusalén y deportó al rey junto con los líderes de Judá.

En 587 a. C. los babilonios destruyeron Jerusalén totalmente, saqueando, quemándolo todo, hasta el Templo, y deportando a todo el mundo excepto unos pocos habitantes. En 582 a. C. se produjo otra deportación. Aunque se les había arrebatado su tierra, las condiciones de los exiliados no eran desfavorables. Los judíos se hicieron agricultores, mercaderes, comerciantes, soldados, incluso funcionarios del gobierno, alcanzando algunos la riqueza.

La venida del Mesías

En 538 a. C. el rey persa Ciro, conquistador de Babilonia, emitió un decreto con el que permitía a los judíos regresar a Jerusalén y reconstruir el Templo. La mayoría de ellos habían olvidado y no les importaba su herencia. Solo regresó un pequeño remanente de las tribus, la mayoría de sus componentes pertenecientes a las tribus de Judá y Benjamín. Se llevaron consigo los recipientes del templo que les habían quitado en 587 a. C. y reconstruyeron el templo de Jerusalén.

Este período fue de preparación para la venida del Mesías. Ahora comprendemos que la preparación para la venida de Jesús había comenzado con Sanat Kumara, Abraham, Isaac, Jacob y sus doce hijos. Pero ¿qué les sucedió?

En aquella época, vivía en Egipto y en la Media Luna Fértil un conglomerado de gentes. Algunas rendían culto a Baal y a Astarot. Era una generación rezagada, descendientes de la Atlántida. Eran los que condenaron a los profetas, los que rechazaron a Noé, los que se mofaron de él.

Y en medio de esos rezagados que habían llegado de otras esferas, que se habían quedado atrasados en sus evoluciones planetarias, ahí nació un pueblo de gran luz, el pueblo que había venido con Sanat Kumara, gente que pertenecía a las huestes angélicas. Todos se mezclaron en la Media Luna Fértil, y los grandes patriarcas y los profetas intentaron constantemente separar a la gente de luz de la gente de la oscuridad. Incluso recibieron el decreto que les prohibía unirse en matrimonio con quienes veneraban ídolos y a otros dioses. Y continuamente les recordaban quién era su Dios.

Pero ellos no hicieron caso de sus instructores y profetas. Se mezclaron la progenie de luz y oscuridad; exactamente lo mismo que vemos actualmente en todas las naciones de la Tierra. La Serpiente los venció. Pecaron. Se rebelaron contra Dios. Por tanto, les faltó la comunidad y el foco físico de la Gran Hermandad Blanca.

Lo que quedó fue un remanente muy pequeño de portadores de Luz; y así, en vez de llegar al reino de Israel, Jesús nació bajo el Imperio Romano. Al sufrir la inmediata persecución de Herodes, él y su familia tuvieron que huir a Egipto.

Jesús vino como un avatar solitario y tuvo que enfrentarse a toda Babilonia como Iglesia y a toda Babilonia como Estado. Se enfrentó al sacerdocio que había invadido al pueblo de Israel, que había destruido la verdadera esencia de la enseñanza de Moisés y Sanat Kumara.

Debido a que ya habían perdido su verdadera raza y se habían mezclado con los pueblos de Canaán y de la Media Luna Creciente, la mayoría de las doce tribus habían puesto en peligro la conciencia Crística que les habían dado los profetas. Por tanto, no reconocieron al Cristo en Jesús.

Sin embargo, él vino. Y cuando levantó a sus apóstoles y les dio su manto para que fueran tras las ovejas perdidas de la casa de Israel,[17] les estaba enviando a encontrar a los portadores de Luz de las tribus perdidas, aquellos que habían perdido su identidad, habían olvidado quiénes eran y estaban esparcidos por doquier. Los envió a través de Asia Menor. Llegaron hasta India e Italia. Por todo el mundo conocido fueron en busca de los portadores de Luz.

Las doce tribus en la actualidad

En su libro *El aura humana,* el Maestro Ascendido Djwal Kul habla de la historia de las doce tribus y estudia su destino, paso a paso, hasta el presente.

> Amados míos, escuchad la historia de la esclavitud de las almas de los israelitas, cómo los liberó Dios de la esclavitud egipcia y cómo volvieron a la esclavitud de las ollas de carne de Egipto.
>
> Tan grande era la abominación de aquellos que habían sido elegidos para llevar la Palabra de la Ley, que el SEÑOR

permitió que se los llevaran a Asiria y Babilonia como esclavos y que, finalmente, fueran dispersados por la faz de la Tierra. Entre los descendientes de las doce tribus de Israel, los que recordaban su llamamiento de liberar al planeta y su gente de la idolatría y los que nunca comprometieron la ley de los profetas y los patriarcas, tuvieron la oportunidad de encarnar en un continente nuevo. A ellos se les dio otra tierra, lo cual fue el cumplimiento de la promesa que Dios le hizo a Abraham, la tierra de la raza YO SOY.

Esa raza está compuesta de todos los pueblos, parentescos y lenguas que han rendido culto al Cristo individual y al Dios único, el Dios de Abraham, de Isaac y de Jacob, el cual se declaró a Moisés como el principio del YO SOY EL QUE YO SOY y que afirmó: «Este es mi nombre para siempre; con él se me recordará por todos los siglos».[18]

Debido al hecho de que la raza elegida para llevar ese nombre comprometió la luz, el mismísimo Christos de la semilla de los patriarcas, se amplió la oportunidad de llevar la llama de la libertad para que incluyera a todos quienes eligieran separarse de la generación idólatra, ser un pueblo separado, que elevara en el desierto de la conciencia humana la serpiente de bronce,[19] que simbolizaba la elevación de las energías de la Madre Divina, los fuegos serpentinos de la Diosa Kundalini. Esto es efectivamente la acción del caduceo que sube como fuerza vital, la energía que floreció como la vara de Aarón a través de la unión de las espirales de Alfa y Omega.[20]

¿Qué fue de las doce tribus? Después del ministerio de Jeremías, se esparcieron por la faz de la Tierra. Las diez tribus del norte han reencarnado entre los llamados gentiles. Algunos estudiosos han querido seguir la pista de la migración física de estas tribus a Europa, Rusia y las Islas Británicas. Estudian el origen de los escudos y blasones familiares de las distintas ciudades y estados de las doce tribus, cuyos emblemas se derivan de la última bendición que Jacob dio a sus hijos. También consideran que las profecías de Jacob y Moisés acerca de las varias tribus se han cumplido en la historia de las distintas naciones europeas.[21] Tanto si estos estudios demuestran ser válidos gracias a un linaje físico como si no, no sabemos si las tribus permanecieron intactas como mandala a nivel del alma. Las tribus han ido descendiendo, muchas de ellas siguiendo la fe cristiana, aceptando al Mesías, pero olvidando su origen como miembros de esas diez tribus.

Las tribus de Judá y Benjamín, en el sur, y algunos de los levitas que estaban con ellas recordaban que eran judíos, pero no percibieron el cumplimiento de la profecía de la venida del Mesías.

Los miembros de las doce tribus son las legiones de Sanat Kumara. Han llevado la llama del verdadero Israel por todas las escuelas de misterios, en Cámelot, en la escuela de Crotona, en los Áshram de India y Asia. Allá donde ha habido un núcleo de portadores de Luz y el reconocimiento del Origen y el Mediador (el YO SOY EL QUE YO SOY y el Cristo), allá ha tenido lugar la reunión, de nuevo, de los Israelitas diseminados por la faz de la Tierra como progenie de Abraham, que se convirtió en la progenie del Cristo a través de David.

La Biblia es un escrito sobre cómo triunfaron y fracasaron esas almas que vinieron a través de Abraham. Las doce tribus tienen un trabajo que hacer y nacen para lidiar con una energía determinada. Vemos que su fracaso a lo largo del Antiguo Testamento hasta su dispersión final se basa en el hecho de que no han emprendido y realizado este trabajo.

Habiendo heredado el karma de las doce tribus, este es el karma que tenemos actualmente. Como portadores de Luz, aquellos que llevan la semilla de luz, tenemos la responsabilidad de transmutar todo lo que consta en el Antiguo y el Nuevo Testamento.

Hoy, nuestra misión es comprender quiénes somos, dónde encajamos en el mandala de estas doce tribus y, luego, saldar el karma en que han incurrido las doce tribus. Al saldar ese karma con la llama violeta, con invocaciones, eliminaremos los campos energéticos, las islas de oscuridad que mantienen separadas a las doce tribus y también a los miembros de cada tribu. La carga de este karma es la razón por la que las tribus no tienen un sentido de identidad propia hoy día; y los verdaderos miembros de las tribus no tienen idea de quiénes son.

Jesucristo encarnó para buscar a las ovejas perdidas de la casa de Israel, aquellos que habían perdido la memoria de haber pertenecido a la luz de Sanat Kumara. Y nosotros, hoy, somos un remanente de esas tribus. Los portadores de Luz que encarnan en todas las épocas en Oriente y Occidente son los mismos miembros de las doce tribus de Israel.

La profecía del Antiguo Testamento, por tanto, es nuestra herencia. Salir de Egipto, cruzar el mar Rojo, ir a la Tierra Prometida y luego desobedecer y ser castigados, todo eso es lo que hemos vivido colectivamente en nuestras encarnaciones en Occidente.

El Nuevo Mundo, tierra prometida para la reunión de las doce tribus

Al seguir la historia de las tribus reencarnadas observamos un destino muy especial para los hijos de José y las dos tribus de Efraín y Manasés. Estos dos hijos de José, al haber recibido la mayor bendición, la bendición personal de Jesucristo en la persona de José,* al tener su semilla, son los que están llamados a revertir el pecado de los otros hermanos de la casa de Jacob. Los otros hermanos habían cometido grandes pecados en su día y los han cometido hasta el presente.

También, sabemos que José se casó con la hija de un sacerdote egipcio y, por tanto, la progenie de Egipto y los antiguos faraones, incluso los descendientes de Akenatón y Nefertiti y la religión monoteísta, se encuentra en esas dos tribus. Marcharon a las Islas Británicas y se convirtieron en el núcleo del pueblo

*Jesús estuvo encarnado como José, hijo de Jacob.

angloparlante en Britania, Estados Unidos y el resto del mundo.

A ellos se les encomendó que fueran portadores del cáliz de la conciencia Crística y que llevaran la lengua inglesa a todo el mundo a través de la colonización y el descubrimiento, de forma que, cuando las enseñanzas del YO SOY EL QUE YO SOY se volvieran a entregar a los hijos de Israel, estas estuvieran en lengua inglesa, la lengua escogida porque es la que refleja más la lengua angélica, que es la fuente de la enseñanza original que se dio al pueblo original de Israel. Por tanto, el destino de los pueblos de habla inglesa era llevar esa conciencia Crística al nuevo mundo.

El nuevo mundo, Estados Unidos, es la tierra prometida por el SEÑOR Dios a los hijos de Israel. Se les dijo que serían llevados a una tierra nueva y que recibirían una nueva dispensación. Los primeros escritos de la historia del país muestran que los padres fundadores de los Estados Unidos sabían que ellos eran el pueblo de Israel, que eran los herederos de esa promesa y que habían llegado a un nuevo mundo para fundar la Nueva Israel, la Nueva Jerusalén, la nueva escuela de misterios, el nuevo lugar de la dispensación. Vemos esto en el Gran Sello de los Estados Unidos, con el Ojo Omnividente de Dios en la piedra cúspide de la pirámide, como foco de la misión de las doce tribus.

Hasta en el nombre, América,* se revela el origen y el destino de la nación. Las letras del nombre en inglés, cuando se reorganizan, dicen «Raza YO SOY».† Esta raza es la de los hijos de Israel que han aceptado su realidad Divina, que conocen a Dios como el YO SOY que se le reveló a Moisés.[22] Estos hijos de Israel han sido llamados a los Estados Unidos como una reunión de los elegidos de los cuatro vientos,[23] de los cuatro rincones de la Tierra, para producir la conciencia Crística y después llevarla a todas las naciones. Esta es la misión de los israelitas en los Estados Unidos

---

*Entiéndase aquí por «América» el país estadounidense y no el continente americano. (N. del T.)

†Reorganización de las letras de «América», según el inglés: I AM Race = 'Raza YO SOY'. (N. del T.)

fundados sobre la escuela de misterios de los trece estados fundadores, Cristo y sus apóstoles.

Así, vemos que la emigración, grandes filas de peregrinos, primero de las Islas Británicas, los hermanos Manasés y Efraín, y luego de las tribus de los varios países europeos, forman los cimientos de los Estados Unidos.

Seguir la pista de la progenie de luz

Nos retrotraemos, por tanto, a la historia de Jacob y la llegada de las doce tribus para descubrir nuestra propia historia. Al entender nuestra historia, entendemos la bendición que tenemos. Cuando estudiamos las promesas que los profetas y los patriarcas nos han hecho, cuando hacemos las invocaciones, estamos sobre la roca de Cristo y tenemos la confirmación de la Palabra a través del Arca de la Alianza.

Estas tribus tienen un destino que cumplir. Ese destino es unirse bajo el estandarte del YO SOY EL QUE YO SOY, la Presencia de Dios individualizada en cada uno de nosotros en quien arde la llama de Dios. A través del Espíritu del Cristo vivo, estamos destinados a ser una importante potencia mundial.

Las doce tribus de Israel hoy día no son un linaje sanguíneo de doce tribus, pero su linaje es explicable a partir de la reencarnación. La progenie de Abraham se dispersó. Su gente continuó reencarnando, conteniendo siempre esa semilla. Por tanto, puede ser que no ocuparan cuerpos semejantes al pueblo semita. Bien podrían ser chinos, indios, del continente africano o de cualquier raza. Pero han vuelto.

La semilla que llevan es el núcleo de la conciencia Crística. Todos quienes poseen la conciencia Crística provienen de esa semilla. Y encontramos una línea divisoria. Uno encuentra a gente de todas las religiones que niega esa Llama, esa esencia, ese Espíritu, y que niega la oportunidad de que el individuo se convierta en ese Cristo. Otros han sabido desde el principio que eran

Cristo, que eran esa Llama, que eran esa Realidad. Otros lo han sabido con otro nombre y se han opuesto con fuerza al nombre de Cristo, pero al comprender su verdadero significado, se dan cuenta de que es la Presencia interior con la que ellos también han comulgado.

En el séptimo capítulo del Apocalipsis encontramos la profecía en la que se habla de sellar a los siervos de Dios en la frente, doce mil por cada una de las doce tribus, un total de 144 000, los cuales también aparecen en el capítulo 14 como los que estaban reunidos alrededor del trono del Cordero, que es Sanat Kumara. Y así, en el Apocalipsis se encuentra la crónica en curso sobre las doce tribus y su triunfo sobre todo lo que es revelado.

Nuestro destino como las doce tribus

Las doce tribus de Israel no han mantenido una identidad continua a lo largo de estos milenios. Pero nuestra gran victoria yace en el hecho de que la identidad está en la Llama Interior. Nadie nos puede quitar esa llama de luz, la Llama de Dios, la Palabra del principio, el recuerdo de las enseñanzas de Oriente y Occidente, la relación instantánea con el YO SOY EL QUE YO SOY y la comprensión de que Cristo no estaba solo en Jesús, sino que está en nosotros. Cuando encuentres a gente con esa conciencia habrás encontrado a miembros de la casa de Israel y Judá.

El genio de las doce tribus se encuentra en todas las naciones. Todas ellas son campos energéticos para el desarrollo de la conciencia Crística a través de las doce tribus y cada una de las naciones de la Tierra es una oportunidad para que los portadores de Luz dominen una iniciación determinada de un chakra determinado.

Hoy vemos que las doce tribus se han enredado y han perdido su identidad como tribus de Israel y se han identificado con sus muchos países. No se han dado cuenta de que han asumido ese sentimiento nacional para identificarse con ese país, para dar el ejemplo del portador de luz a la gente.

El Maestro Ascendido San Patricio ha venido para ayudarnos a entrar en contacto con los portadores de Luz de todas las naciones, para que les alertemos del mensaje, para que les alertemos de las Enseñanzas de los Maestros Ascendidos, para hacer que se unan y puedan formar el núcleo para la victoria y la salvación de la Tierra. Hasta que no hagamos ese contacto, identifiquemos nuestra hermandad, identifiquemos nuestra comunidad, no sentiremos nuestra fuerza.

San Patricio ha dicho:

> YO SOY el defensor de la Mujer en esta era. Vengo, pues, para conseguir un lugar para sus hijos, hijos de la Madre que salieron de la tierra de Israel hace tanto tiempo que se han olvidado de su origen y su origen común como progenie de Abraham, de David y de Cristo, el Mesías de todos.
>
> Vengo, pues, para entregar el mandato de la verdad, que todos los que han salido del núcleo del fuego sagrado de Jerusalén hacia los cuatro rincones de la Tierra son llamados ahora a ser hijos e hijas de Dios. Pero aún siguen como prisioneros de sus respectivas naciones, prisioneros en el sentido de que están atados por ciertas costumbres, leyes e ideologías políticas y religiosas, motivo por el cual se han olvidado de la única ley verdadera del YO SOY EL QUE YO SOY.
>
> Por tanto, centro las energías del núcleo de fuego de mi ser aquí, en el corazón de la ciudad, la Nueva Jerusalén, y pongo el imán de mi devoción a la Madre para llamar a los rayos de la casa del Señor, los rayos de Akenatón, que consideró al Dios único y al pueblo de Dios como uno solo, los rayos que llamarán a las ciento cuarenta y cuatro mil llamas de las doce tribus de Israel para que vuelvan...[24]
>
> Todas estas guerras y esta división que se ha creado como táctica de «divide y vencerás» de los caídos, en medio de los hermanos de Irlanda y de la Mancomunidad Británica de Naciones y los países de Oriente, todo eso sirve a ese propósito, hijos de la Luz; comprended ahora que es para mantener separados y apartados a los hijos de Israel en los últimos días.

Porque en todas las naciones hay portadores de Luz. Pero los caídos y los que nunca han elegido unirse a la luz de Dios, estos también viven en esas naciones. Y los niños de Dios, en vez de identificarse con la vida y el Cuerpo y la Sangre de Cristo, han empezado a identificarse a sí mismos como miembros de esas naciones. Y, por tanto, consideran su lealtad nacional mayor que su lealtad hacia el propósito único del Anciano de Días, Sanat Kumara, que era guardar la llama de la vida por las evoluciones de la Tierra.

Entended, pues, que para la defensa del karma y el dharma del pueblo en el que habéis encarnado, debéis consideraros estadounidenses, italianos, chinos o rusos, pero para el propósito de la salvación de la Tierra, debéis consideraros como liberadores de las naciones.

Vuestra misión y vuestra meta es liberar a las naciones con la acción de vuestra espada de la vida, es liberar a las naciones para que miren en sí mismas y no les pisen la bota y la oscuridad quienes proclaman un gobierno mundial pero no lo hacen en el nombre de Cristo, sino en el de un humanismo científico.

Se equivocan. Y sus tácticas de «divide y vencerás» han asumido un nuevo curso en esta era. Ello consiste en aprovecharse de la realidad de la comprensión interior que tiene la gente de Dios de que, en efecto, la Tierra es una sola, y pervertir ese conocimiento de modo que el karma y el dharma del pueblo de las naciones se destruya y ellos se vean forzados a someterse a un sistema totalitario que les quite su genio natural y su vocación proveniente de las moradas de la casa del Padre...

¡Yo soy de la casa de Israel! ¡Pertenezco a una de las doce tribus! ¡Vengo a rescatar a todos los que se hayan desviado del camino! Vengo como instrumento de la Virgen Cósmica para apoyar el trabajo de la Madre del Mundo y sus emisarios en esta era.[25]

FIGURA 3: LA MISIÓN DE LAS DOCE TRIBUS

FIGURA 3A: Las Doce Jerarquías Solares.

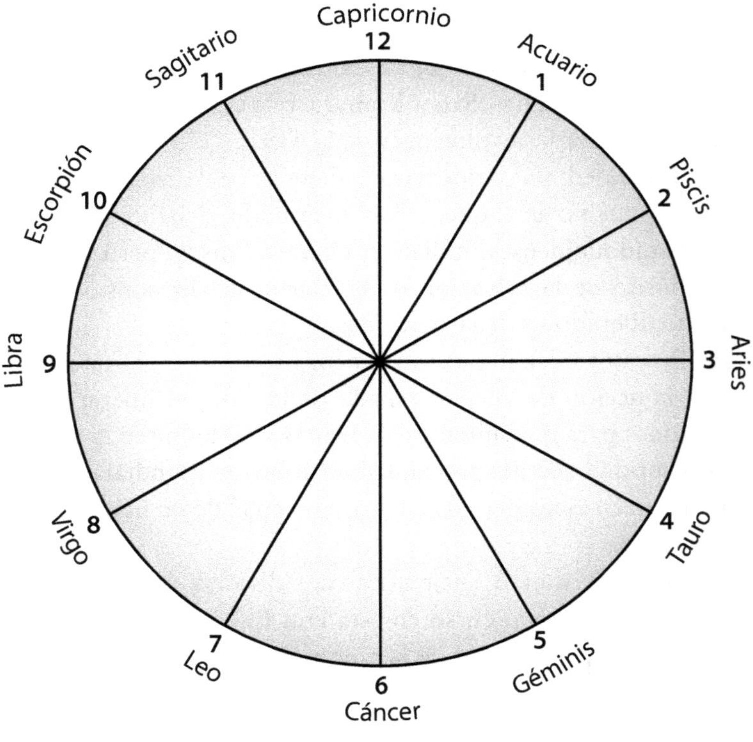

Las doce tribus llegaron al planeta Tierra con la misión de llevar la luz de las Doce Jerarquías del Sol, doce mandalas de seres cósmicos que animan doce facetas de la conciencia de Dios y que mantienen el patrón de esa frecuencia para todo el cosmos. Se las identifica con el nombre de los signos del zodíaco puesto que concentran sus energías a través de esas constelaciones. Se las representa gráficamente como líneas de un reloj, con Capricornio en la línea de las doce, Acuario en la de la una y así sucesivamente. [Para obtener más información sobre las Doce Jerarquías Solares, véase el tercer libro de la serie *Escala la montaña más alta: Los maestros y el sendero espiritual*].

FIGURA 3B: Las doce tribus sobre las doce líneas del reloj.

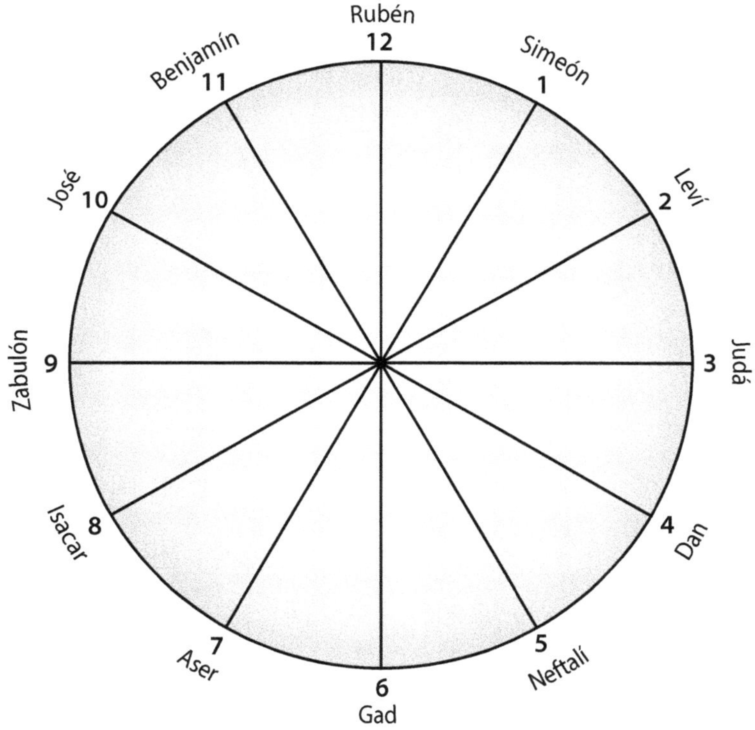

Las tribus se colocan sobre el reloj según el orden de nacimiento de los doce hijos de Jacob.

FIGURA 3C:
La conciencia Divina o las cualidades Divinas de las Jerarquías Solares.

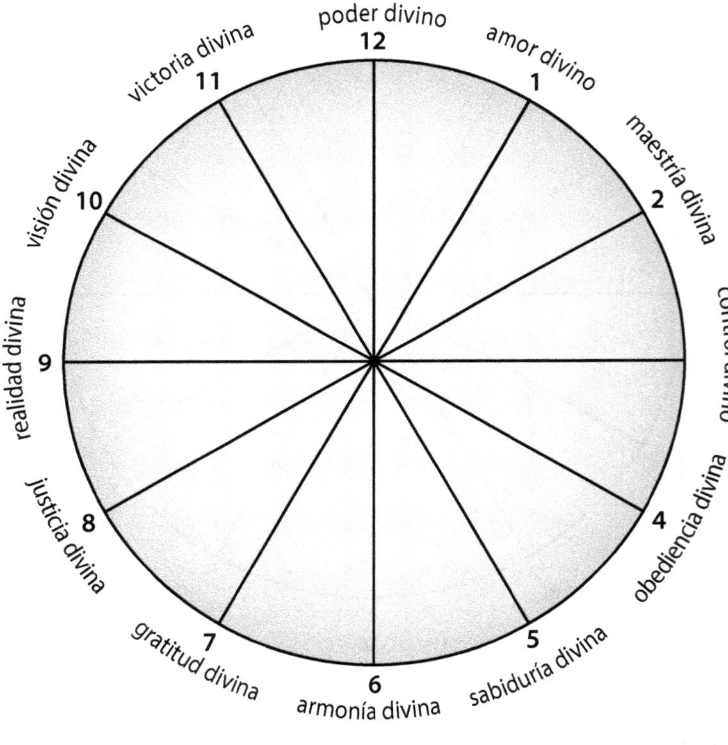

En cada línea del reloj hay una determinada conciencia Divina animada por esa Jerarquía que esa tribu debe contener en la Tierra. También hay una cualidad negativa en cada línea, que representa el abuso de la energía de esa Jerarquía y el karma específico que debe ser trasmutado en esa línea.

De acuerdo con nuestro signo natal, podemos tratar de manifestar en nuestra vida la conciencia Divina de esa Jerarquía. También podemos pedir la transmutación del karma de esa línea. Al hacer esto, podremos identificarnos con la misión de una de las tribus y ayudar a cumplirla.

FIGURA 3D:
Karma negativo a transmutar en cada línea del reloj

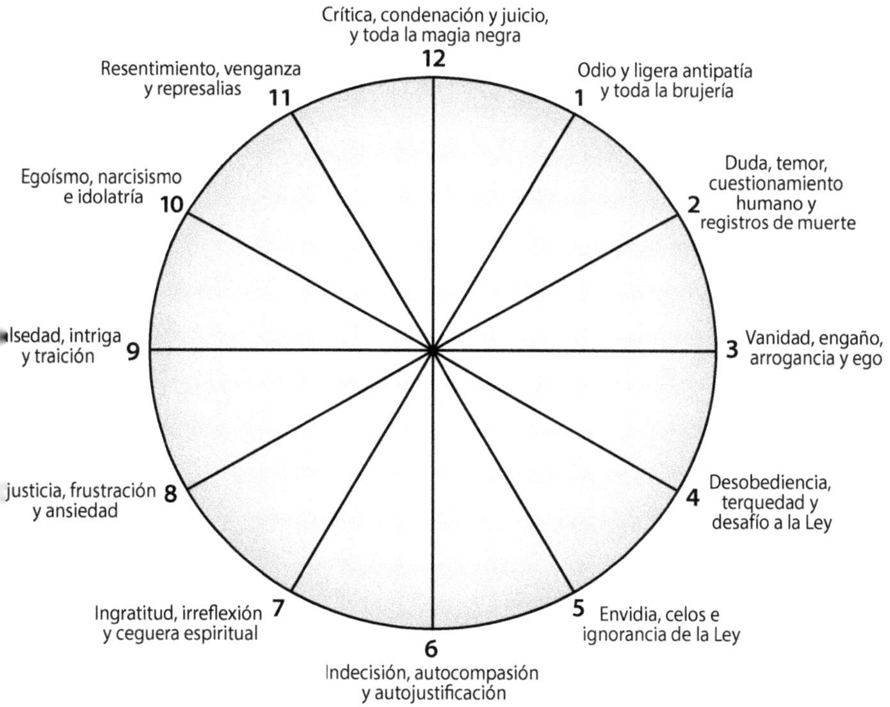

Séptima sección

Los doce apóstoles

Venid en pos de mí,
y os haré pescadores de hombres.
JESÚS

Los doce apóstoles

SAINT GERMAIN HA EXPLICADO QUE EL universo de la materia y el del Espíritu no están separados, sino que son uno solo. En realidad, la Materia no es densa. En el núcleo de fuego blanco de cada átomo hay un pulso de energía que va desde el Espíritu a la Materia en un movimiento tan rápido, que no podemos verlo y pensamos que ello sea sencillamente materia concreta. Existe un flujo de energía y un movimiento de la energía, y toda ella se convierte en la estructura y el cimiento de toda construcción verdadera en estos planos.

En el Cuerpo Causal vemos el patrón de las siete franjas de los rayos de colores, los anillos interiores que están en una dimensión diferente, que son los cinco rayos secretos, y el núcleo de fuego blanco. Cinco y siete suman doce, trece si añadimos el centro. En el Gran Sol Central, que es el centro de nuestro cosmos, con todas las galaxias girando en torno a él, vemos el esquema básico de este átomo del ser. Y descubrimos que la individualización de ese mismo átomo una y otra vez se convierte en una réplica de la Luz única, el Dios único, la Verdad única. Por eso, en el tiempo y el espacio vemos repetido este principio de la vida, desde la partícula de energía más pequeña hasta nuestro sistema solar.

FIGURA 4: Las doce esferas del cuerpo causal

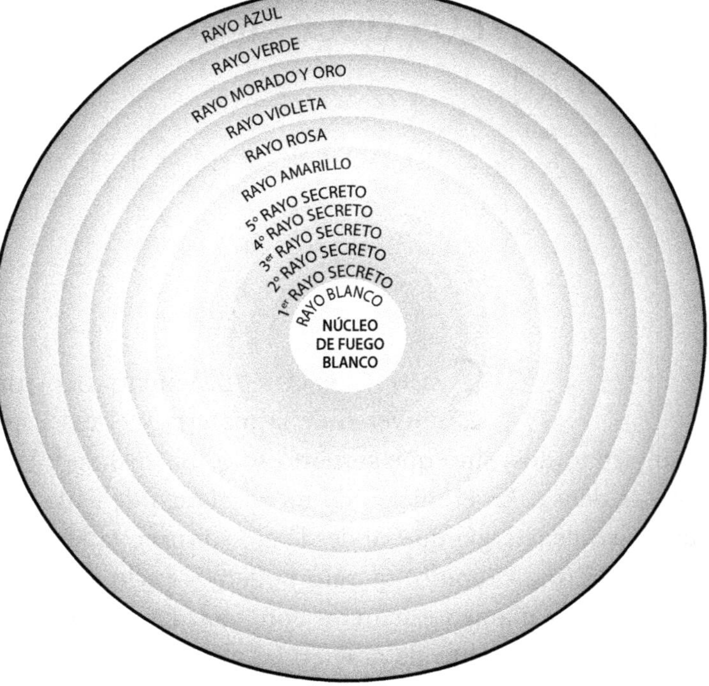

En los doce apóstoles vemos el mismo principio, con Jesús manteniendo el foco de la conciencia Crística en el centro. Este mandala es el patrón arquetípico de la maestría Crística. La historia de los apóstoles es interesante, y el servicio que prestaron con Jesús es claro, aunque sepamos poco de ellos.

Nuestra vocación de ser apóstoles

La Iglesia cristiana se fundó sobre la base de los apóstoles y los profetas, con el propio Jesucristo como piedra angular. La distinción entre apóstoles y profetas consiste en que, mientras que el profeta era el portavoz de Dios para la Iglesia creyente, el apóstol era su enviado para un mundo no creyente. Los profetas son los legisladores, son los portavoces de Dios. Los apóstoles han de tener el valor de ir a predicar a los no creyentes, aquellos que no conocen al Cristo interior. Hay muchos más apóstoles que profetas en la verdadera Iglesia y nosotros estamos llamados a ser apóstoles.

Con los doce apóstoles se corresponde un patrón y un arquetipo. Ellos ocupan puestos en la jerarquía cósmica que debemos entender. Tal como todos nacemos bajo una jerarquía solar, uno de los signos astrológicos, también nacemos para cumplir la misión de uno de los doce apóstoles.

Los apóstoles se unieron en torno a Jesús para apoyar la misión de la conciencia Crística. Habían elegido hacerlo en los niveles internos, y fueron asignados y ungidos por Dios. Por eso, cuando Jesús los llamó, ellos inmediatamente dejaron sus redes y lo siguieron. Cuando oyeron la llamada, conocieron su voz debido a la preparación que habían recibido en los templos etéricos. Toda la vida de Jesús se había ensayado en los templos de luz. Él y sus apóstoles encarnaron para establecer los patrones en el plano físico.

Los doce apóstoles aparecieron para representar las doce jerarquías cósmicas* alrededor del sol central, que era Jesucristo, el que mostró los doce aspectos de la conciencia Crística y, por tanto, quien había pasado las iniciaciones para ocupar el centro del círculo. El Cristo está en el centro como el decimotercero, que mantiene el equilibrio de los doce. El Cristo debe poseer la maestría sobre las doce líneas.

Tú, en lo individual, puedes lograr la conciencia Crística sin tener la maestría plena y total sobre cada faceta de cada línea. Sin embargo, para llegar a tener el logro del Buda, deberás poseer el logro completo sobre todas las líneas. Jesús, para su misión de establecer el patrón para el ciclo de Piscis de dos mil años, tenía

---

*Véase diagramas en págs. 144-147.

ese logro. Estaba libre de karma casi por completo, porque había saldado la mayoría de él en vidas anteriores. Sin embargo, dijo: «No me toques, porque aún no he subido a mi Padre».[1] Eso significa que sus átomos, sus electrones, sus moléculas, aún no se habían perfeccionado en la Llama, aún no se habían sellado en la conciencia permanente de la espiral de la ascensión.

El doce y el trece forman el patrón básico o mandala de cada grupo espiritual. Aunque el grupo sea mayor, siempre habrá un instructor que mantiene el foco en el centro y todos los discípulos que se convierten en facetas de la conciencia de Dios sobre las doce líneas del reloj.

Quienes están pasando por las iniciaciones que están sobre el círculo pueden pasar la prueba solo de una jerarquía a la vez. Cada uno de nosotros nace bajo el signo de la jerarquía que nos da la iniciación en la conciencia Crística y por ello debemos llevar el manto de uno de los apóstoles según el signo astrológico bajo el que hayamos nacido.

La misión de los doce apóstoles

Los Maestros El Morya, Hilarión y Jesús nos han dado la clave sobre dónde se sitúan los apóstoles con relación a las doce líneas del reloj. Tanto si están encarnados como si están ascendidos actualmente, tanto si pasaron las pruebas como si las fallaron en la época de Jesús, el Cuerpo Causal de cada uno de los apóstoles contiene una red que es el patrón del doce para la era de Piscis.

Solo uno de los apóstoles de Jesús ascendió al final de esa vida. Juan fue el discípulo que amaba más y con amor lo conquistó todo con Cristo. Los demás apóstoles reencarnaron. Algunos han continuado reencarnando hasta este siglo. Por tanto, ahora vemos un nuevo significado de la orden que dio Jesús: «Quedaos vosotros en la ciudad de Jerusalén, hasta que seáis investidos de poder desde lo alto».[2] Se han quedado dos mil años en la Materia, esperando la venida del Espíritu Santo.

Algunos tuvieron que reencarnar para llevar el patrón de la misión de Jesús en siglos y eras posteriores. Otros tenían una misión que llevar a cabo en el siglo veinte y no podían ascender porque su diseño original, su plan divino, no se había realizado. Otros continuaron reencarnando por obstinación, terquedad, por oponer resistencia al Cristo, y aún continúan incurriendo en karma y teniendo karma que saldar.

Si deseamos ser discípulos de Jesucristo, seguirlo hasta el final, ocuparemos un punto sobre el reloj alrededor de Jesús. En la determinación de nuestro signo astrológico veremos la misión del apóstol que ocupó esa línea y cómo pasó las pruebas o cómo las falló. Podemos llamar al Cuerpo Causal de ese apóstol para que se nos superponga sobre nuestra conciencia de forma que podamos recibir el don de su misión.

Preocúpate del apostolado. Preocúpate de merecer ser un apóstol para Cristo. Acelera tu sendero de iniciación. Entra en el núcleo de fuego de tu propia conciencia Crística. Pon tu casa en orden. Alinéate con la Palabra sagrada. Sé Dios donde estás. Habla con autoridad como hacía Jesús y no como los escribas.[3] No debemos ser escribas y fariseos. Debemos ser apóstoles para Cristo.

No importa si el apóstol de tu línea del reloj ha ascendido o no, porque se trata de un cargo jerárquico y lo que recibirás es el impulso acumulado del Cuerpo Causal y el manto de la Llama Divina de ese apóstol. El llamamiento es llevar a cabo el cargo de ese apóstol allá donde él falló y llevarlo a cabo allá donde triunfó.

Resumiremos aquí la vida de los apóstoles, lo que hicieron antes y después de la misión de Jesús, sus posiciones bajo las jerarquías, de modo que puedas estudiar a estos apóstoles, su vida, sus puntos débiles y sus puntos fuertes.

FIGURA 5:
Los cuatro cuadrantes del Reloj Cósmico

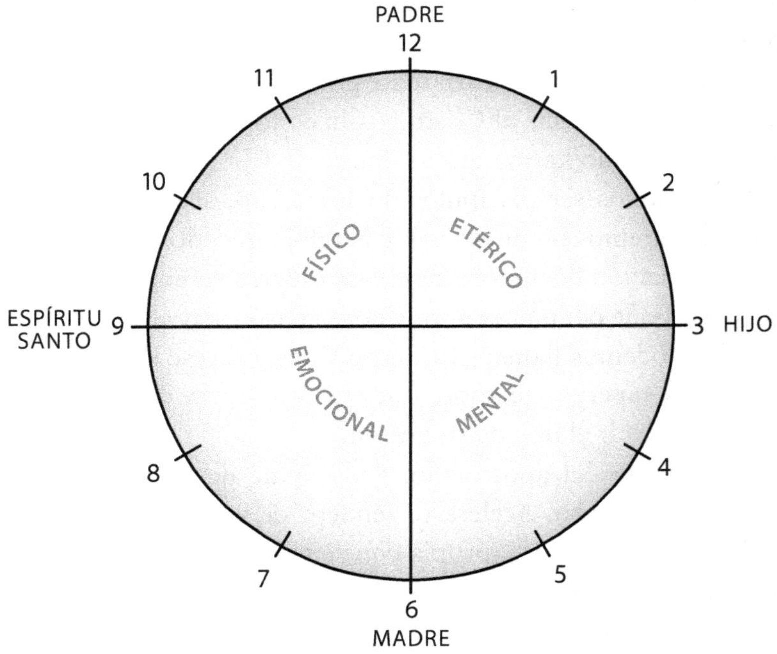

Cada cuadrante del Reloj Cósmico de las Doce Jerarquías Solares corresponde a uno de los cuatro planos de la Materia.

Andrés

El primer discípulo de Jesús fue Andrés.[4] Este era pescador, nacido en Betsaida, en la orilla norte del mar de Galilea. Él y Juan el Evangelista eran discípulos de Juan el Bautista. Juan les señaló a Jesús y les dijo estas palabras: «He aquí el Cordero de Dios».[5] Andrés siguió a Jesús, lo reconoció como el Mesías y volvió a su casa para comunicárselo a su hermano, Simón Pedro. Más tarde, Jesús se acercó a Andrés y a Pedro, Juan y su hermano Santiago, sobre la orilla, y dijo: «Venid en pos de mí, y haré que seáis pescadores de hombres. Inmediatamente dejaron sus redes y lo siguieron».[6] Estos cuatro, que fueron los primeros en seguir a Jesús, formaron un cubo para sostener los cuatro puntos cardinales.

Cuando, durante el bautismo, Jesús recibió la bendición «Tú eres mi Hijo amado; en ti tengo complacencia»,[7] se produjo el descenso del diseño etérico de su misión. Andrés, como discípulo de Juan el Bautista, se encontraba ahí y recibió el patrón etérico. Andrés ocupa la línea de las doce bajo la jerarquía de Capricornio, el principio del cuadrante etérico.

Pedro está en la línea de las tres, signo de Aries. Santiago está en la línea de las seis, signo de Cáncer y línea de la Madre. Juan el Amado, el único de los doce que ascendió, es quien sostiene el foco del Espíritu Santo en la línea de las nueve. Debido a que Juan triunfó en esa línea, el cristianismo ha sobrevivido. Él hizo del cristianismo algo tangible y estableció el patrón perfecto en el plano físico. La Ciudad Cuadrangular se edifica sobre la conciencia Crística de estos cuatro.

Pedro, Santiago y Juan con frecuencia son considerados como los discípulos principales. Se encuentran en las líneas del reloj de los cuadrantes mental, emocional y físico, que son los planos de la percepción exterior. La gente no ve a Dios hasta que Dios entra en el plano mental. (Del mismo modo, no ve a Dios como un patrón etérico. La gente cree que el zodíaco empieza en Aries porque ahí está el primer punto donde hay conciencia). Y así, esa trinidad de la de la llama trina se nos da a conocer con Pedro, Santiago y Juan. A menudo se los conoce como el círculo interno, pero no debemos excluir de ese círculo a Andrés, porque él es el cuarto punto que compone el cubo necesario para la precipitación del Espíritu a la Materia.

El que tiene el patrón etérico para una misión, una organización y un período de dos mil años no tiene por qué ser necesariamente la figura clave, aunque algunas veces lo es. Pero tal persona debe estar presente, porque lleva el diseño etérico en su Cuerpo Causal. Si naciste bajo el signo de Capricornio, estás destinado a llevar el patrón etérico de alguna faceta relacionada con la manifestación del reino de Dios en la Tierra.

FIGURA 6:
Los apóstoles sobre los puntos cardinales del Reloj.

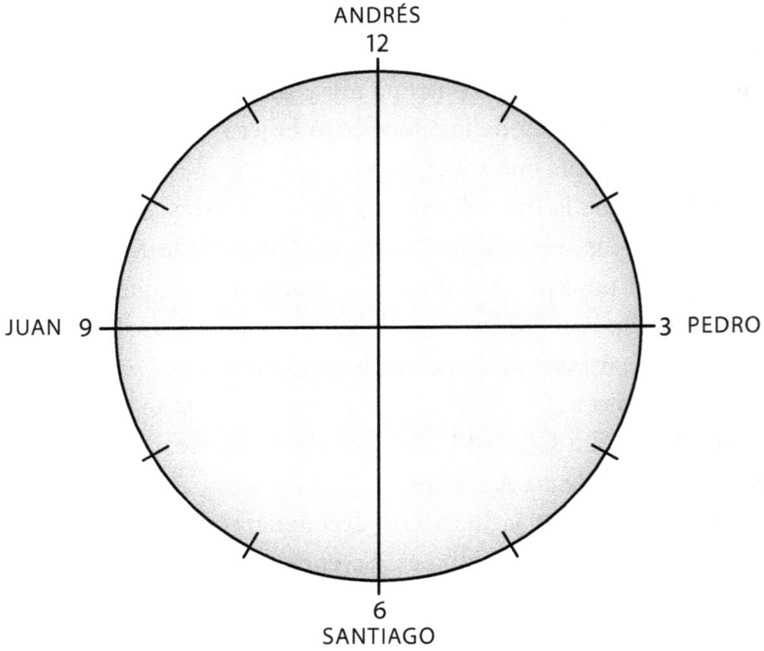

Según la tradición, Andrés predicó el evangelio en Asia Menor, Macedonia, Grecia y el sur de Rusia. El libro apócrifo de los Hechos de Andrés describe su martirio en la ciudad griega de Patras por orden del gobernador romano. La fecha tradicional es el 30 de noviembre del año 60 d. C. Andrés fue atado a una cruz en forma de X y ese es el origen de la cruz de San Andrés, que figura en la bandera británica actual. Andrés es el patrón de Rusia y Escocia.

Felipe

Felipe nació en Betsaida, la ciudad de Andrés y Pedro. Es el apóstol que está en la línea de la una de Acuario. El evangelio de Juan dice que, tras llamar a Pedro y Andrés, Jesús se encontró con Felipe y le dijo: «Sígueme». Felipe, reconociendo al Mesías, lo abandonó todo para seguir a Jesús y pronto llevó a Nataniel a ver al Maestro.[8]

Eusebio, el historiador de la Iglesia primitiva, relata que Felipe predicó el evangelio en Frigia, en Asia Menor, y que sufrió martirio en Hierápolis.

Tomás

En la línea de las dos, el cargo de Tomás consistió en vencer los registros de la duda, el temor, los cuestionamientos humanos y los registros de muerte. Él tenía un gran deseo de renunciar a la conciencia humana, morir y dejar que apareciera el Cristo. Cuando Jesús anunció su intención de volver a Judea para visitar a Lázaro, fue Tomás quien dijo a sus condiscípulos: «Vamos también nosotros, para que muramos con él».[9] Se dice que era carpintero y que su nombre en siríaco significa «gemelo». «Dídimo», nombre con el que también era conocido, es el equivalente griego.

Tomás es conocido sobre todo por expresar dudas sobre la resurrección de Jesús. Quería creer, pero ocupaba el lugar en el que todo el impulso acumulado del mundo del temor, la duda los cuestionamientos humanos y los registros de muerte estaban siendo proyectados sobre Jesús. Este poseía la maestría plena sobre tales fuerzas, pero los apóstoles a su alrededor no. Al llegar las intensas oleadas de oposición planetaria, quienes estaban en el círculo, si no podían elevar su conciencia lo suficiente, empezaban a identificarse con esa conciencia humana en vez de hacerlo con la conciencia Divina de la maestría Divina en su línea del reloj. Y así, las famosas palabras de Tomás están escritas: «Si no viere en sus manos la señal de los clavos, y metiere mi dedo en el lugar de los clavos, y metiere mi mano en su costado, no creeré».

Ocho días después, Jesús reapareció entre ellos; y le dijo a Tomás: «Pon aquí tu dedo, y mira mis manos; y acerca tu mano, y métela en mi costado; y no seas incrédulo, sino creyente. Entonces

Tomás respondió y le dijo: ¡Señor mío, y Dios mío! Jesús le dijo: Porque me has visto, Tomás, creíste; bienaventurados los que no vieron, y creyeron».[10]

Fue necesario que Jesús tuviera el impulso acumulado del mundo de la duda personificado para que el gran drama de esta conversación pudiera constar y para que, quienes dudan y caen en la trampa de la línea de las dos, por siempre tuvieran el registro de que alguien *dudó,* alguien tocó a Jesús y vio de verdad que había orificios y señales de clavos y una herida en el costado. Con ese acto, el hecho consta para siempre y esa duda recibe un desafío para siempre. Jesús desafía esa duda en todos nosotros y en todo el planeta.

Según las primeras tradiciones, después de la ascensión de Jesús Tomás fue a enseñar el evangelio de Cristo a Babilonia, India, Partia, Media y Persia. En India instruyó a la gente en la religión cristiana y convirtió a muchos reyes y emperadores. Realizó numerosos milagros, que se ganaron el corazón de la gente, pero causaron una ira violenta entre los sacerdotes de los ídolos. En consecuencia, fue condenado a muerte y atravesado con flechas.

De Tomás, Jesús ha dicho: «Os invito a todos... a que seáis mis gemelos, como mi amado apóstol Tomás fue mi gemelo al encarnar a ese Cristo».[11]

Pedro

Pedro está en la línea de las 3, la del Hijo, la segunda persona de la Trinidad. Esta es la jerarquía de Aries, la jerarquía de la mente. Este punto siempre es clave para construir la Iglesia. Pedro tenía que ser la roca, tenía que ser aquel sobre cuyos hombros Jesús puso las responsabilidades de la Iglesia primitiva. Independientemente de su conciencia humana o sus debilidades, él ocupaba la posición de la línea de las tres. Tanto si se elevaba como si caía, Pedro tenía que estar ahí para esa dispensación específica.

En su primer encuentro con Pedro, Jesús se dirigió a él así: «Tú eres Simón, hijo de Jonás; tú serás llamado 'Cefas', que significa 'piedra' en arameo».[12] Pedro dejó a su mujer y a su suegra para seguir a Jesús.

Más adelante, el relato evangélico cuenta cómo Simón recibió el nombre de Pedro.

> ¿Quién dicen los hombres que es el Hijo del Hombre?
>
> Ellos dijeron: Unos, Juan el Bautista; otros, Elías; y otros, Jeremías, o alguno de los profetas.
>
> Él les dijo: Y vosotros, ¿quién decís que soy yo?
>
> Respondiendo Simón Pedro, dijo: Tú eres el Cristo, el Hijo del Dios viviente.
>
> Entonces le respondió Jesús: Bienaventurado eres, Simón, hijo de Jonás, porque no te lo reveló carne ni sangre, sino mi Padre que está en los cielos.
>
> Y yo también te digo, que tú eres Pedro, y sobre esta roca edificaré mi iglesia; y las puertas del Hades no prevalecerán contra ella.[13]

Jesús quiere decir que los cimientos de la Iglesia yacen en el reconocimiento individual de Jesús como Hijo de Dios y del Cristo: el Ungido, el ungido con fuego sagrado, por el Todopoderoso.* Jesús nos dice que su reconocimiento no será a partir de la carne y la sangre. Aunque Pedro había estado con él desde el principio, no fue la carne y la sangre del Maestro lo que se lo reveló, sino la unión de la Llama y la conciencia.

Si nosotros, en lo individual, queremos ser la verdadera Iglesia, debemos saber que el primer cubo blanco, la primera piedra, debe ser el reconocimiento, mediante el poder del Espíritu Santo, de que Jesús es Cristo y Señor; que Jesús, el Hijo de Dios que es, fue y por siempre será Cristo y Señor, también vive en nosotros. Y debido a que vive en nosotros, ese Cristo en nosotros es el mismo Cristo, el mismo ayer, hoy y por siempre.[14]

---

*El origen de la palabra "Cristo" es *Christos,* "el ungido" en griego.

La Virgen María ha explicado el significado de estas palabras de Jesús.

> Sobre la roca del Ser Crístico de cada miembro del Cuerpo Místico de Dios y no sobre la conciencia de carne y hueso de Pedro o de su sucesor debe descansar el levantamiento o la caída de la Iglesia. Por tanto, ¿acaso pondríamos algo tan divino como la institución en el cielo y en la tierra del Cuerpo Místico de Dios en el frágil cáliz de la voluntad o la fragilidad humana? ¡Os digo que no!
>
> La Roca de la Iglesia hoy vive en el corazón de quienes son los verdaderos santos, tanto dentro como fuera de sus filas, en Oriente y Occidente e incluso los que puedan ser devotos de Zaratustra o del Señor Confucio. Porque ese Cuerpo, que está formado por los fieles y verdaderos de Dios, es en verdad esa Iglesia Universal que mantiene la unidad en el Espíritu con el Señor Jesucristo y los santos del cielo. Y ese nombre, el nombre del Salvador vivo, como la rosa de dulce aroma con cualquier otro nombre, debe percibirse como algo mucho más cósmico y universal que la simple manifestación del Cristo por parte de un individuo, aunque ese individuo sea el Salvador del Mundo y se llame «Jesús» ... Reconózcase el individuo a sí mismo como la Iglesia viva. Porque ni una catedral ni una institución, sino un corazón que late al unísono con el de Dios, esa es mi definición de Iglesia.[15]

Jesús tenía una gran preocupación por Pedro porque conocía los tropiezos de la línea de las tres, que es la del ego. Si las personas no superan el aspecto o la conciencia humanos de Aries se van por el camino de Lucifer, que cayó en la línea de las tres por su orgullo intelectual. Jesús sabía que la Iglesia dependía de que Pedro superara su prueba.

En el relato bíblico, Jesús habló más a menudo con Pedro que con ningún otro discípulo, tanto para culparle como para alabarle. Jesús dijo a Pedro: «Satanás os ha pedido para zarandearos como a trigo».[16] También le dijo que le traicionaría antes de que el gallo cantara tres veces y Pedro le negó tres veces cuando le preguntaron si era uno de los seguidores de Jesús. Por ello Pedro sintió un gran remordimiento.[17]

La personalidad de Pedro tenía un factor que lo compensaba, que era su exquisito sentido del pecado. Pedro era extremadamente sensible y tierno en su espíritu con respecto a eso. Fue Pedro quien dijo: «Apártate de mí, Señor, porque soy hombre pecador».[18]

Al final de su vida, Pedro marchó de Roma, huyendo de la persecución y el martirio. Sin embargo, la voluntad de Dios no quiso que abandonara al rebaño de Roma. Mientras andaba por la Vía Apia, Jesús se le apareció en el camino y los ojos de Pedro se deslumbraron cuando vio la figura de su Señor. Levantó la mirada y dijo las conocidas palabras: «Quo vadis, Domine» (¿A dónde vas, Señor?). Jesús respondió: «Voy a Roma para ser crucificado de nuevo».

Con eso Pedro supo que debía volver a Roma a que lo crucificaran por Jesús. Regresó y, con su humildad y amor por Jesús, pidió que no lo crucificaran como a él, sino que lo pusieran cabeza abajo. Fue martirizado en el circo de Cayo y Nerón, y la Basílica se construyó en el mismo sitio que la tumba.

Para resumir la vida de Pedro, podemos decir que en muchos aspectos no consiguió dominar la línea de las tres del control Divino. Las personas bajo el signo de Aries tienen cierto aspecto de impetuosidad e impaciencia; y así era Pedro. Al leer su historia en la Biblia, también observamos su gran devoción por Jesús y su misión. Sus prédicas y sus milagros figuran con prominencia en el libro de Hechos y son testimonio del poder del Espíritu que actuó a través de él.

Bartolomé

Bartolomé (conocido como Nataniel en el cuarto evangelio) está en la línea de las cuatro de Tauro. Después de que Jesús llamara a Felipe, este se lo dijo inmediatamente a Nataniel: «Hemos hallado a aquél de quien escribió Moisés en la ley, así como los profetas: a Jesús, el hijo de José, de Nazaret». Bartolomé al principio consideró al Salvador con escepticismo: «¿De Nazaret puede salir algo de bueno?». Felipe respondió: «Ven y ve». Y él fue y vio; y Nataniel también se hizo discípulo. En cuanto Jesús vio a Nataniel, dijo: «He aquí un verdadero israelita, en quien no hay engaño».[19]

De acuerdo con las primeras tradiciones, Bartolomé llevó las enseñanzas de Cristo a Egipto, Frigia, Persia, India y Armenia. Predicó con tal éxito que los dioses paganos se vieron impotentes. Encontró su muerte como mártir en Armenia.

Mateo

En la línea de las cinco está Mateo, también llamado «Leví». Este era un recaudador de impuestos para los romanos y como tal, por su educación, habría estado familiarizado con el arameo, el griego y el latín. Jesús le dijo: «Sígueme». Y él lo dejó todo, se levantó y siguió a Jesús.[20]

En los evangelios consta que Jesús cenaba con sus discípulos en la casa de Mateo. Al enterarse los fariseos, protestaron: «¿Por qué come vuestro Maestro con los publicanos y pecadores? Jesús dijo: Los sanos no tienen necesidad de médico, sino los enfermos».[21]

El primer evangelio se le atribuye a Mateo y comienza con el linaje de Jesús desde Abraham y David. Se escribió para los judíos, para demostrarles que Jesús era en efecto el Mesías profetizado. La llama de la iluminación de la jerarquía de Géminis fluye a través de este evangelio. Algunos dicen que Mateo sufrió martirio, otros dicen que murió en paz.

Santiago el Mayor

Santiago el Mayor está en la línea de las seis, signo de Cáncer y la línea de la Madre. Santiago era pescador con su padre,

Zebedeo, y su hermano, el apóstol Juan, en Galilea. Jesús les puso a estos hermanos el nombre de «Boanerges», que significa «hijos del trueno»; evidentemente tenían una fuerte personalidad.

Según una tradición, después de la ascensión de Jesús, Santiago predicó el evangelio en España, antes de regresar a Jerusalén, donde fue decapitado por Herodes Agripa en al año 44 d. C., hecho que lo convierte en el primer apóstol en enfrentar el martirio. Santiago es el patrón de España y se dice que su cuerpo fue transportado milagrosamente allá desde Jerusalén después de su muerte. Su santuario en Santiago de Compostela se convirtió en uno de los mayores centros de peregrinaje de la Edad Media. Está escrito que sus últimas palabras fueron «*Pax vobiscum*» (La paz sea con vosotros), una bendición que la Iglesia católica ha utilizado hasta el día de hoy.

Después, Santiago encarnó como Clara Louise Kieninger, la primera Madre de la Llama. Ella ascendió el 25 de octubre de 1970, con su alma encarnada en forma femenina en la victoria de la línea de las seis de la Madre Divina.

Judas

Judas, también conocido como «Judas Tadeo» o «Lebbaeus», está en la línea de las siete de la jerarquía de Leo. En la Última Cena le preguntó a Jesús: «Señor, ¿cómo es que te manifestarás a nosotros, y no al mundo? Jesús respondió: El que me ama, mi palabra guardará; y mi Padre le amará, y vendremos a él, y haremos morada con él».[22] En los relatos de los Evangelios, esta es la última pregunta por parte de cualquier discípulo antes de que Jesús se fuera a rezar a Getsemaní.

El Cuerpo Causal de Judas contiene el patrón de la gratitud Divina que vence la dureza de corazón y la ingratitud en el mundo. La Epístola de Judas se le atribuye a él y existen informes de que sufrió martirio en Persia.

Santiago el Menor

Santiago el Menor está en la línea de las ocho, bajo el signo de Virgo. Se dice que Santiago se parecía tanto a Jesús en cuerpo y modos que era difícil distinguirlos, y que el beso de Judas en el Jardín de Getsemaní era necesario para que se llevaran prisionero a Jesús y no a Santiago.

Con frecuencia se lo identifica con Santiago, el hermano de Jesús, al que se menciona en varias ocasiones en Hechos como un líder de la Iglesia primitiva en Jerusalén. Pablo habla de Pedro, Santiago y Juan como los «pilares» de la Iglesia primitiva; y Santiago era el líder del consejo convenido para considerar la cuestión de la aplicación de la ley judía a los cristianos gentiles.[23]

El período que vio a Santiago dirigir la Iglesia de Jerusalén fue de gran persecución. Santiago estaba considerado con gran estima por su pureza y mortificación: permitió que muriera su yo exterior y que se manifestara el Ser Crístico. Fue llamado «el Justo».

A Santiago se le martirizó en Jerusalén. Josefo nos da el año 62 d. C. y escribe que su muerte se produjo por apedreamiento, mientras que el antiguo escritor cristiano San Hegesipo informa que se arrojó desde la torre del templo.

Juan el Amado

Juan el Amado está en la línea de las nueve, bajo la jerarquía de Libra. El evangelio dice que en la Última Cena se recostó sobre el pecho de Jesús y le preguntó quién lo iba a traicionar. Jesús dijo: «A quien yo diere el pan mojado». Se lo dio a Judas y Juan escribe que, inmediatamente, Satanás entró en el corazón de Judas para que lo traicionara.[24]

Juan fue el único discípulo que no abandonó a Jesús mientras moría en la cruz. Cuando Jesús vio a Juan al lado de María, le dijo a ella: «Mujer, he ahí tu hijo»; y a Juan dijo: «He ahí tu madre».[25] Jesús reconoció así a Juan como su hermano espiritual, digno de ser hijo de su propia madre. Por tanto, elevó a Juan al nivel del Cristo.

Juan encarnó enteramente la persona del Ser Crístico y, a menos que eso hubiera sido así, Jesús no habría creado esa relación, porque María era Madre en el sentido arquetípico de Madre Universal. Ella encarnó la Llama de la Madre. Cuando Jesús llamó a Juan hijo suyo, no se refirió solo a lo físico, sino también a lo universal como Hijo de Dios, el Hijo de la Madre Divina, cuya representante era ella.

Juan se quedó en Jerusalén algún tiempo durante la persecución, después de la resurrección de Jesús. Tras el martirio de Pedro y Pablo, Juan se estableció en Éfeso, la ciudad más grande de Asia Menor, donde Pablo había centrado sus actividades misioneras. Hay una tradición, confirmada por Tertuliano y Jerónimo, por la cual, durante el reinado de Domiciano, Juan fue llevado a Roma donde milagrosamente se frustró un intento de matarlo en una caldera de aceite hirviendo. (Esto es la prueba de fuego que también enfrentaron Sadrac, Mesac y Abednego).[26] Juan salió de la caldera ileso y fue desterrado a la isla de Patmos. Ahí recibió y escribió el Apocalipsis.

Tras la muerte de Domiciano en el año 96 d. C., Juan pudo volver a Éfeso y muchos creen que fue entonces cuando escribió el Evangelio y tres epístolas, habiendo sobrepasado los noventa años.

San Jerónimo relata que, «cuando los hermanos lo empujaban a escribir su evangelio, él respondía que lo haría si, ordenando un ayuno común, todos ellos juntaran sus oraciones a Dios».[27] Juan recibió entonces la revelación de las primeras palabras inmortales de su evangelio: «En el principio era la Palabra».

Juan conoció a Jesús como el Cristo y la Palabra, más allá del hombre de carne y hueso. Jamás estableció a Jesús como un ídolo, un Maestro de carne y hueso al que había que rendir culto; lo vio como el vehículo de la encarnación de la Palabra. Otros han tratado de hacer de la persona de Jesús el único recipiente que Dios ha utilizado jamás, circunscribiendo así la Palabra eterna con la matriz de carne y hueso en la que apareció durante solo treinta y tres años.

Se dice que Juan pasó sus últimos años en Éfeso y que murió allí muy mayor, viviendo más tiempo que los demás apóstoles. Según algunos, Juan simplemente «desapareció», fue trasladado como Elías o «asunto» al cielo como lo fue la Virgen. Otros dan testimonio de los milagros realizados desde el polvo de su tumba.

San Jerónimo escribe que, en sus últimos años en Éfeso, cuando ya no tenía la fuerza de predicar, pedía que lo llevaran a la asamblea de los fieles para decir solo estas palabras: «Mis pequeños hijos, amaos unos a otros». Cuando le preguntaron por qué siempre repetía las mismas palabras, él contestó: «Porque es la palabra del Señor y con guardarla basta».[28]

Como Maestro Ascendido, Juan el Amado ha dado varios dictados a través de los Mensajeros; y nuestro amor por este apóstol no tiene límites. Cuando escuchamos sus dictados, sentimos el amor que él continúa engrandeciendo para amplificar la misión de Jesús. Es un consuelo saber que un ser tan grande sostiene ese fuego de victoria que es el reto a la traición, las tramas, la deshonestidad, las perversiones de la línea de las nueve. Si has nacido bajo el signo de Libra, estás en esa línea con Juan y puedes llamar a su Cuerpo Causal para que te ayude a concentrar la llama de la victoria y el amor que disipa todo el maya y la ilusión del mundo.

Judas Iscariote

Judas Iscariote, el que traicionó a Jesús, está en la línea de las diez de Escorpión. Él era el tesorero, el que guardaba los fondos para Jesús y los apóstoles. Los evangelios dicen que traicionó a Jesús a cambio de treinta piezas de plata.

Sin embargo, Judas comprendió su culpa y sintió un gran

remordimiento. Después de cometer el acto Satanás lo abandonó y Judas volvió a ver con claridad. Judas se ahorcó; no pudo soportar el yo irreal que había aceptado en la línea de las diez y quiso destruirlo. Sin embargo, su amor por Jesús era grande. Tuvo un remordimiento tal que lo impulsó hacia una vida de devoción total en su siguiente encarnación, pasándola en oración y servicio. Debido a su gran devoción, consiguió ascender en esa vida.

Judas personificó para nosotros y nos mostró el gran tropiezo que supone fallar la prueba del diez. Esta prueba nos llega a todos. Es la tentación de abandonar la causa por la comodidad humana, el placer humano, el interés humano, egoísmo y narcisismo. Fallar esa prueba significa traicionar al Cristo en nosotros o en nuestro prójimo. Cada vez que negamos al Cristo o permitimos que este sea profanado por el mundo, traicionamos a Jesús, traicionamos nuestra conciencia Crística.

En el libro de Hechos consta que después de la traición de Judas, Matías fue escogido para sustituirlo en el círculo de los doce: «Y señalaron a dos: a José, llamado 'Barsabás', que tenía por sobrenombre Justo, y a Matías. Y orando, dijeron: Tú, Señor, que conoces los corazones de todos, muestra cuál de estos dos has escogido, para que tome la parte de este ministerio y apostolado, de que cayó Judas por transgresión, para irse a su propio lugar. Y les echaron suertes, y la suerte cayó sobre Matías; y fue contado con los once apóstoles».[29]

Simón

Simón está en la línea de las once de Sagitario. En los evangelios se apellida «el cananeo» o «el Zelote», significando las dos cosas «el fervoroso».

Se dice que predicó por Egipto, Gran Bretaña, Armenia y África. Según algunos informes fue a Gran Bretaña con José de Arimatea y según otros predicó con Judas en Persia, donde ambos sufrieron martirio.

FIGURA 7:
Los doce apóstoles sobre las líneas del Reloj.

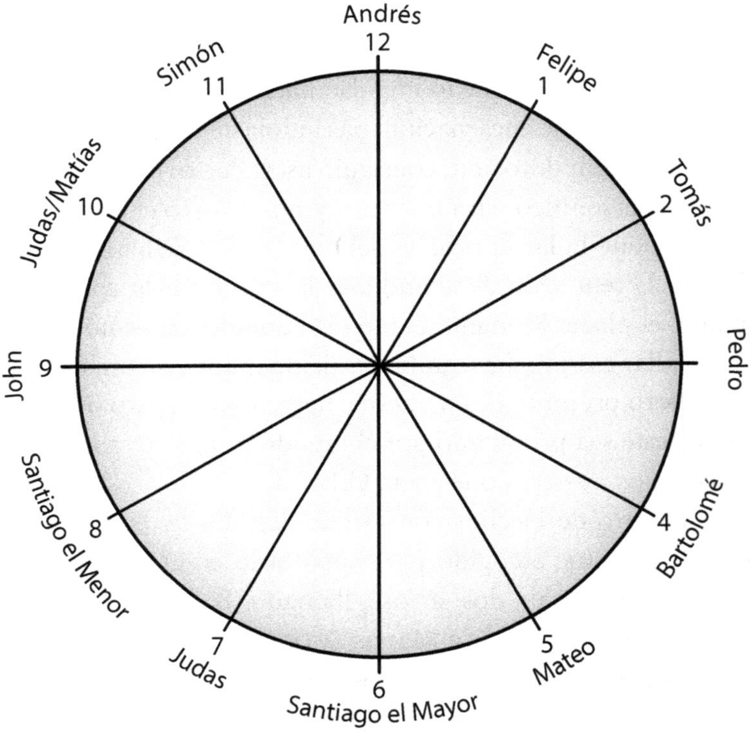

Pétalos individuales en un mandala de luz

Todo lo que somos es producto de todos los que nos han precedido, tanto como hayamos sido capaces de recibir lo que impartieron. Todos podemos ser estudiantes de Jesús, pero todos podremos encarnar una llama distinta del Maestro, una cualidad diferente, porque todos hemos escuchado, visto y entendido las cosas de una forma un poquito distinta. Nuestra percepción está condicionada por nuestro logro, nuestro patrón geométrico personal, nuestra fragancia, nuestra comprensión.

Esto es la individualización de la Llama Divina. Así es como miles de millones de oleadas de vida pueden ser, cada cual, la individualidad de Dios y pueden, aun así, ser diferentes. Y al ser esparcidas por todo el cosmos como millones de estrellas o flores, se organizarían según la progresión del arco iris y los rayos de Dios, según la intensidad de la luz, con un glorioso patrón.

Al mirar a un girasol, los múltiples pétalos y el magnífico centro, comprendemos que las huestes del SEÑOR hacen esas formaciones, rítmicos patrones en movimiento, cada uno de nosotros como un pétalo formando un gran diseño de un Cuerpo Causal cósmico. Así comenzamos a darnos cuenta del valor de nuestra individualidad. Si tomáramos este girasol y empezáramos a quitarle los hermosos pétalos amarillos, pronto nos quedaría solo el centro. Cada pétalo es una identidad y si estos se eliminan, pétalo a pétalo, pronto se produce la pérdida del mandala, la comunidad o la Hermandad de Luz.

Reconociendo la indisoluble unidad del todo, reconociendo la singularidad de cada parte, reconociendo que nadie puede progresar a no ser que nosotros progresemos, trabajamos muy duro en nuestro esfuerzo y nuestro afán. Cada día sabemos que la conciencia planetaria se elevará si nos elevamos nosotros, y si no lo hacemos, seguirá igual. Esto es un perpetuo conocimiento de la alegría del servicio, la alegría del SEÑOR, la alegría de rezar juntos, estudiar juntos y servir juntos. Construir una comunidad juntos es la realización de un núcleo formado según un patrón que servirá por el todo. Aquello que disolvamos en nuestros miembros servirá a la totalidad; lo que ensalcemos y defendamos quedará para la Tierra.

Octava sección

Cristo, el concepto inmaculado «Yo te saludo, Señor»

Sobre esta roca edificaré mi iglesia.

JESÚS

Cristo, el concepto inmaculado «Yo te saludo, Señor»

Es absolutamente necesario que quien quiera elevarse hasta la verdadera comprensión de la hermandad salude a Dios en los demás, practicando al mismo tiempo el ritual del perdón, la compasión y el discernimiento hacia la manifestación exterior. Ello significa que el individuo debe despojarse de los engaños sobre sí mismo y los demás.

Antes que nada, la persona debe reconocer la manifestación de la Imagen Divina en todas las partes de la vida, manteniendo en su conciencia un concepto puro o inmaculado del patrón arquetípico del Cristo de hombres, mujeres y niños del planeta. Con la práctica de este ritual que consiste en contemplar al Cristo en todos, se consigue acumular un impulso en el poder de la visualización que evocará en los demás, allá donde haya un acorde receptivo, la manifestación de las realidades de la identidad cósmica.

En segundo lugar, el individuo nunca debe criticar, condenar o juzgar aquello que pudiera estar actuando en el mundo de las personas con quienes se asocia. Si se posee el don del discernimiento de espíritus,[1] claro está que será más capaz de comprender la diferencia entre el Yo Real, el yo humano y aquellos aspectos benignos o negativos que puedan afectar al ser humano.

En un momento dado, las personas pueden manifestar una cualidad indeseable y luego, otro día, sobreponerse a —o «ponerse por encima de»— sus errores. Así, es un sinsentido que cualquiera que busque la verdadera hermandad se ate a sí mismo y a otras personas con conceptos limitados. Da a los hombres la libertad de expresarse como quieran, pero pon cuidado en reconocer si el que ha salido a escena en un momento dado es el hombre externo o el interno.

La alianza de compasión

Lanello explica la compasión como un aspecto de la verdadera hermandad:

> La alianza de compasión es la clave de la victoria. Cuando pidáis mi manto de victoria este año, oh amados, recordad que se consigue con la alianza de compasión. Aquellos con quienes seáis compasivos podrán triunfar, porque sabrán que los amáis.
>
> Amad a alguien hoy. Amad a alguien todos los días con la clase de amor que el alma anhela. Porque el mundo ofrecerá sus amores, pero el alma seguirá hambrienta, cansada y en llanto, en llanto por las ternuras que la comprenden y no se ocupan solo de las comodidades y los lujos. Cuando regaláis una comida o cuando proporcionáis ayuda física, se recibe con alegría porque el espíritu que fluye con ello llega al alma y esta está en paz y ya no siente la tensión por la angustia del mundo...
>
> Y cuando veáis a cualquier hijo de la luz encabezar una causa, ayudadlo, animadlo y ofrecedle el vaso de luz, sin descuidar el vaso de agua fría, la comida, el refrigerio y los cuidados. Proveer cuidados físicos es una parte esencial de la

experiencia del amor. Por tanto, amados corazones, aceptad que, cuando vuestro cuerpo y mente tienen necesidades, estas se satisfacen en el verdadero sentido del amor que no ha de ser una espiral descendente, sino una que levante, exalte y consuele gracias a la eterna alianza de compasión.[2]

La compasión y la bondad, contraseñas del Bodisatva, deben necesariamente encarnar la intrepidez. Saint Germain nos da su definición de «compasión intrépida»:

> Soy Saint Germain. Yo también he pasado décadas y siglos en las cuevas de los Himalayas y en los planos de nirvana. Vengo de hacer una larga preparación para encarnar el alma, la Ley, la Llama, el rayo que se llama Acuario...
>
> Al instruir vuestra alma, pongo el énfasis en el desarrollo del corazón como un horno de fuego y un vórtice de transmutación, un sitio donde la llama trina está equilibrada y donde uno puede extender las fronteras del ser y amar el hecho de abarcar a tantos que sufren.
>
> Pensad en las palabras del voto del Bodisatva, «¡compasión intrépida!». ¡Ah, qué estado de ánimo en el que encontrarse perpetuamente! La intrepidez de dar de la fuente del ser propio, de ser compasivo en vez de criticar y hablar mal de la gente, de dar unas mareas de amor tales como para cubrir las rendijas y las grietas de los defectos de otro. Compasión intrépida significa que uno ya no teme perderse a sí mismo ni teme hacerlo para convertirse en semejante rejilla que, dejando pasar la luz, el Ser Infinito nunca deje de ser el ser compasivo a través de uno mismo.
>
> ¿Acaso no es, pues, el rostro y la postura del Buda, nuestro amado Gautama? ¿Acaso no es, amados, esa Presencia del Ser Divino?
>
> ¡Oh llama de la intrepidez, disuelve, pues, todas las reticencias a ser y a aceptar la voluntad de ser! Llama de la intrepidez, pasa tocando a los que forman parte de mi grupo de discípulos y que cada uno de ellos sepa cómo se multiplican los anillos del aura como líneas de compasión, igual que los

anillos del árbol denotan la sabiduría eterna que se acumula en el Árbol de la Vida de uno mismo; como un destino, como una continuidad de la extensión de las ramas del ser hasta que la vida entera pueda saber que, en la Tierra, Dios ha plantado una semilla y un vástago ha salido y un árbol ha madurado: ha llegado a ser un gran árbol. Eso eres tú, amado, uno y uno y uno otra vez, árboles del bosque de Dios donde rezan los ángeles.

¿Acaso no es así para que el mundo entero pueda recibir las ramas extendidas de quienes tienen una compasión intrépida? Sea esto el lema de quienes adoran el fuego encendedor del Buda del corazón.[3]

El ritual del perdón

A quienes desean adoptar el sendero del Bodisatva, Saint Germain da una profunda enseñanza sobre el ritual del perdón y el peligro de albergar rencor:

> En verdad, cuando los hombres entiendan el ritual del perdón y el del honor, comprenderán que, al extenderse desde el corazón para envolver a aquel con quien se encuentran con un amor verdadero e imparcial, fluye desde su corazón hacia el de la otra persona una energía optimista que, al entrar en contacto con el corazón receptivo, se eleva exponencialmente hacia dimensiones superiores, hasta que, por el poder de la razón cuadrada, el cubo cósmico brilla dentro de esa energía y la amplifica mediante el amor. Entonces esta energía cargada positivamente vuelve al que la envió, asegurándole que las bendiciones que coseche por la alegría que emitió hacia otra persona sea parte de su mundo para siempre…
>
> Por tanto, os instamos a todos a que comprendáis el ritual del corazón. Cuando una persona os hace daño un poquito, queridos, ya sea como travesura o intencionadamente, vosotros, como sabios que sois, aprovecharéis la oportunidad inmediatamente para perdonarla.

Porque cuando la esencia del perdón sale de vuestro corazón, no solo crea una pasión por la libertad en el que se equivoca, sino que intensifica el remordimiento en su corazón, llevándole así a los pies de su propia divinidad. Así pues, una vez más es capaz de reírse ante el viento, las olas, las estaciones y las sacudidas de la vida y comprender que todo es un escarmiento para desplegar la realidad de su alma.

Por tanto, estimados míos, ¿veis cómo la cortesía como una expresión de perdón y afecto entre corazones es una actividad espiritual que produce una gran expansión del alma, que tiene la intención de llevar a cada hombre desde la servidumbre hacia un estado de señorío en el que él es el maestro de su mundo?

Sin embargo, a veces miramos con recelo, incluso desde nuestra octava, a aquellos individuos que han estado bajo nuestra tutela y nuestra radiación mucho tiempo y que, al recibir alguna ofensa trivial, de inmediato comienzan a enviar una vibración de gran rencor contra el que realiza la ofensa contra su corriente de vida.

Con bastante frecuencia se produce la acumulación de una intensa reacción rencorosa. Esto crea un gran karma para el estudiante de la ley de los Maestros Ascendidos, que debería ser más inteligente. Y a través de la ruptura que con ello se crea en el cuerpo emocional, la fuerza siniestra presiona con vibraciones molestas que no solo fluyen por el aura y la corriente de vida del que se ha ofendido, sino que también rompen la paz y armonía del supuesto ofensor.

¿No veis, pues, en contraste qué cosa tan amable puede ser el ritual del perdón? ¡Y, oh, qué maravilloso sería si nuestros estudiantes entendieran de verdad la ley del perdón! Es un dulce don del corazón de Dios que la gente debería querer recibir en su mundo para poder darlo con libertad a los demás, tal como lo recibió libremente.

Cuando alguien haga algo que no sea de vuestro gusto, queridos, esa es vuestra gran oportunidad. Esa es la oportunidad que tenéis de decir: «Usaré la energía y el amor de

Dios para borrar una plaga más del universo! Procuraré que la pizarra de la vida se vuelva como una pantalla radiante de blanca perfección y manifestaré mis patrones de perfección. Porque esos patrones son del Padre y yo soy el Hijo que representa al Padre y debo mostrar la Luz y no la Oscuridad».

¿No os parece un poco extraño, estimados míos, que de vez en cuando la gente insista en hacer justo lo contrario? Con la boca intentan acercarse a Dios hablando y parloteando del amor fraternal, pero cuando llega el momento de la prueba son los primeros en levantarse y decir, «¡mía es la venganza!». Esto es una mofa de «la religión pura y sin mácula delante de Dios el Padre».[4]

Por tanto, no busquemos la codicia o el lustre, mas busquemos el perfeccionamiento de la vida. El perfeccionamiento de la vida vive en vosotros. Es algo muy natural el sacar luz del interior de vuestro corazón y enviarla al mundo. Esta es la virtud que crea la vestidura sin costuras. ¿Os dais cuenta de que vuestro tubo de luz es la vestidura sin costuras del Cristo? ¿Os dais cuenta de que cuando le pedís a Dios la perfección de su radiación de luz para que os rodee estáis tejiendo la vestidura sin costuras a vuestro alrededor?

Queridos, quiero que todos comprendáis esta noche que en cuanto albergueéis en vuestro mundo de los pensamientos y los sentimientos un rencor contra cualquier persona o cualquier grupo de personas en la Tierra, de inmediato estaréis enviando mediante la cualificación de vuestra energía la sustancia que creará un bumerang que os traerá mucha infelicidad.

No querréis recoger el fruto de la infelicidad, ¿verdad? Entonces, estoy seguro de que comprenderéis que, aunque no siempre os apetezca perdonar, es de buen criterio hacerlo.[5]

El sendero de la bondad

El Señor Maitreya nos cuenta cómo le motivó en el Sendero el reto de encarnar la virtud de la bondad:

Vengo a iniciar el linaje de Bodisatvas de la Nueva Era. Vengo a preguntar: ¿Hay alguien entre vosotros que se interese lo suficiente por Terra como para vivir y amar y para vivir y servir hasta que su gente, sostenida en la mano de Dios, llegue al centro del Uno?...

Aquí estoy;* y tan sorprendente como pueda parecer, siempre he estado con vosotros, aun en las horas más oscuras de vuestra soledad, aun en el momento en que rechazasteis mi presencia, cuando exclamasteis: «¿A dónde me iré de tu Espíritu?».[6] Porque en vuestra alma habéis sabido que, aunque ascendierais al cielo o estuvierais en las profundidades del inframundo, encontraríais a Maitreya Buda respondiendo al llamado de Gautama Buda, de Sanat Kumara.[7]

El Señor Maitreya anima a sus chelas a que cultiven la cualidad de la bondad:

Una tierna sonrisa seguro que vale más que mil marcos con el rostro de Maitreya. El corazón que da rebosante, con amor y pureza... ¿acaso no transmite esto el Maitreya detrás del velo? Deseo que seáis yo mismo, no con pomposidad u orgullo (supuestos iniciadores de mortales inferiores), no, sino recordando que, por gracia del que me ha enviado, vosotros mismos podríais ser mi recipiente.

Entonces vosotros decís: «Pero aún no te nos has aparecido, Maitreya. ¿Cómo podemos nosotros ser tú mismo y aparecernos a otros?».

Sin embargo, me he aparecido ante vosotros muchas veces...

Es seguro que conoceréis al Buda en el camino cuando expandáis el rayo de brillo rosa y dorado del corazón, siendo por ello tiernos, sensibles, amorosos en un hermoso sonido de amor; amor como aprecio hacia el alma, hacia el espíritu, hacia la enormidad del potencial y el ser, pero, sobre todo, amor como aprecio hacia la Llama Divina.

Con gratitud por la Llama Divina, que es vuestra llama

**Here I AM*, 'Aquí YO SOY'. (N. del T.)

trina, servid para liberar la vida. La bondad siempre aparece desde la gratitud. El egoísmo se emite desde el estado de la ingratitud, que recibe una y otra vez y exige más y vuelve a exigir más, como si la vida, la Jerarquía y la Madre debieran satisfacer todos los deseos y las necesidades.

Benditos, olvidarse de estar agradecidos por el don de la Llama de la Vida significa que seréis capaces de pisotear los momentos y sentimientos más tiernos de otra persona con esa insensibilidad.

La amada Nada os da la Oración Diaria del Guardián para que no descuidéis la gratitud más profunda en el recuerdo diario de que sois y seréis eternamente quién sois porque la Llama de la Vida como chispa divina late, late, amados, y salta, arde y resplandece en vosotros. Todo lo demás puede disiparse, pero la llama sigue ardiendo; y de la llama se oye el Llamado, el Llamado del alma:

«¡Ven al Origen, al corazón de Maitreya!».[8]

Con profunda gratitud por el don de la Llama de la Vida, con la cual damos compasión bondadosa e intrépida a toda la vida, ofrezcamos «La oración diaria del Guardián» a los Budas y los Bodisatvas que han labrado el Sendero delante de nosotros.

La Oración Diaria del Guardián

de la Maestra Ascendida Nada

Una llama es activa
Una llama es vital
Una llama es eterna

¡YO SOY una Llama Divina de radiante Amor
desde el corazón mismo de Dios
en el Gran Sol Central,
que desciende del Maestro de la Vida!
YO SOY el que está saturado ahora
con la Suprema Conciencia Divina

y el conocimiento solar
de los bienamados Helios y Vesta.

Peregrino en la Tierra,
YO SOY quien camina diariamente por la senda
de victoria de los Maestros Ascendidos,
que me conduce a la eterna libertad
por el poder del fuego sagrado
hoy y siempre,
manifestándose continuamente
en mis pensamientos, sentimientos y percepción inmediata,
trascendiendo y transmutando
todos los elementos de la tierra
en mis cuatro cuerpos inferiores
y liberándome por el poder del fuego sagrado
de esos focos de energía mal cualificada en mi ser.

¡YO SOY liberado ahora mismo de toda atadura
a través y mediante las corrientes de la Llama Divina
del fuego sagrado mismo,
cuya acción ascendente me convierte
en Dios en manifestación,
Dios en acción,
Dios por dirección
y Dios en conciencia!

¡YO SOY una llama activa!
¡YO SOY una llama vital!
¡YO SOY una llama eterna!
¡YO SOY una chispa de fuego que se expande
desde el Gran Sol Central,
atrayendo hacia mí ahora todo rayo
de energía divina que necesite
y que nunca puede ser cualificada de nuevo por lo humano,
y me inunda con la Luz

y la iluminación Divina de mil soles
para asumir la potestad y el gobierno supremo por siempre
dondequiera que YO SOY!

Donde YO SOY, ahí está Dios también.
Sin separarme por siempre permanezco,
aumentando mi Luz
con la sonrisa de su resplandor,
la plenitud de su amor,
la omnisciencia de su sabiduría
y el poder de su vida eterna,
que automáticamente me eleva
con alas de la ascensión de victoria,
que han de retornarme al Corazón de Dios
de donde, en verdad,
¡YO SOY quien ha venido a cumplir la voluntad de Dios
y a manifestar vida abundante para todos!

Compasión y perdón

A Maitreya lo han llamado el «Ser compasivo». El nombre *Maitreya* deriva de la palabra sánscrita *maitri,* que significa «bondad» o «amor». Maitreya ejemplifica las virtudes del Bodisatva de bondad, compasión intrépida y *virya* o vigor.*

Y para poder ser caritativos y perdonar se necesita virya. Si no se tiene fuerza, no se tiene nada que dar; ni siquiera se tiene la energía para perdonar. Se necesita fuerza para satisfacer nuestras necesidades y que después nos quede suficiente para dar a los demás.

Así, Maitreya no solo habla de compasión, sino también de misericordia y perdón:

*En las enseñanzas budistas, *virya* es uno de los diez *paramitas* («virtudes perfectas» o «perfecciones supremas») que uno ha de practicar y perfeccionar como requisito previo al logro del estado del Bodisatva. *Virya* se ha traducido como «fuerza», «energía», «hombría», «fervor», «valor», «poder», «diligencia» o «vigor».

Vengo a llenaros el corazón con misericordia y compasión, con el rosa y el violeta del huevo amatista con la llama de la ascensión afianzada en él.[9]

Quisiera tocaros el corazón a través de la Madre para que pueda llenarse hasta rebosar con el bálsamo de misericordia y compasión, tan necesario en el mundo el año próximo y siempre, y tan necesitado por vosotros al moveros entre la humanidad, dispensando la luz de Dios.

Para entrar en el Sendero las almas necesitan perdón y amor. Al dar el amor y el perdón de Dios preparamos el camino para que acepten nuestra ofrenda como enseñanza, como iniciación. Recordad siempre que el amor debe darse sin disimulo; debe darse con libertad, en abundancia, de igual manera a todos quienes acudan a vosotros buscando ayuda.

Cuando hayáis dado amor y más amor, dad también misericordia. Cuando la llama del perdón se convierte en el adorno del alma que reza en el templo —la túnica del devoto, el chal del humilde—, también hay que vestirse de misericordia, lo cual significa la expiación del Mediador, la intercesión de la Madre y las dispensaciones de la Jerarquía.

Por tanto, vengo al lugar donde podemos encontrar a los hombres en la vida, con la necesidad de que los limpien, con la necesidad del flujo de las aguas de la Palabra, con la necesidad de saber que son amados con compasión y con la llama de la compasión…

He venido, como os he dicho, con un incremento de luz para vuestro corazón muy especial. Es una acción tranquilizadora y una acción suavizante. En el caso de que algunos de vosotros tengáis registros de dureza de corazón, puede tener lugar una suavización si queréis, una ternura, que os llenará el corazón de una misericordia tal que os volverá más sensibles al flujo del amor hacia toda la humanidad.

Vosotros sabéis que yo soy un maestro del chakra de la coronilla y de la llama de la Sabiduría, comprended, entonces, que considero importante limpiar el camino en el corazón para la venida de la luz de la coronilla de forma que se os encuentre de lo más misericordioso y compasivo hacia la gente.

Ello no significa que debáis permitir que las almas sean permisivas con su conciencia humana. El mismísimo cimiento de la misericordia y la compasión es la red de la voluntad de Dios, es el perfil firme. En la firmeza de ese cáliz, el amor y la misericordia pueden fluir sin que quienes quisieran hacer ostentación de la Ley los pongan en peligro.

Que el ojo de los hijos y las hijas de Dios den una tierna consideración a toda la vida; y que tras la tierna consideración esté el penetrante brillo de la voluntad de Dios, de los ojos de Morya. ¿No comprendéis que mirar a los ojos a Serapis es ver amor disciplinado?

El regreso al Edén

Muchas veces, aunque el hombre externo se rebele, el alma interior agradece recibir amor en forma de una disciplina que la impulse hacia la semejanza de su Hacedor. El amor y la misericordia asumen muchas formas. Echar a las llamas gemelas del círculo de unidad llamado «Jardín del Edén» fue un acto supremo de misericordia y compasión y, sin embargo, fue la severidad de la Ley.

En vez de permitir que pasaran por la segunda muerte por sus pecados, el SEÑOR Dios proveyó la oportunidad de su regreso al Paraíso perdido. ¿Y qué si esa oportunidad era trabajo duro con sudor de la frente, dolor y la experiencia de la oscuridad exterior? ¿Acaso esto no está calculado, con el rayo de la compasión más intenso, para impulsar a las almas de vuelta al centro de ese jardín de sabiduría?

La conciencia edénica es la meta de vuestra vida. Vivís en un hogar planetario sustentado por el amor y la misericordia para daros la oportunidad de volver, pasando por la puerta abierta de la conciencia Crística del núcleo de fuego blanco, al Árbol de la Vida y al del conocimiento del bien y el mal, donde vuestra concepción inmaculada de perfección absoluta será restaurada.

Regresar al Jardín del Edén es un proceso iniciático progresivo; cada ergio de energía que se derrama al suelo ha de recuperarse con amor. Estáis acercándoos cada vez más a la dicha edénica con vuestro culto a la Presencia YO SOY, viendo esa Presencia como el Árbol de la Vida. Al sentaros bajo ese árbol y meditar en el Ser Crístico y en la Llama, os rodean querubines que guardan el camino del Árbol de la Vida. La acción protectora de las huestes angélicas es la acción de la Llama, la acción de la misericordia y la compasión.

YO SOY esa luz que ilumina a todo hombre que viene al mundo.[10] YO SOY la luz del Sanctasanctórum, y deseo transferiros esa luz, la parte necesaria para vuestro regreso.

Los hombres han pensado que el concepto de la Caída era una simple alegoría. ¿Cómo pueden pensar eso cuando su alma tiene el recuerdo del Paraíso perdido? ¿Cómo pueden pensar eso cuando ellos se ven a sí mismos envejecidos, decrépitos, sujetos a la enfermedad, incompletos, cargados de karma e infelicidad?

Sin duda Dios no quiso tales condiciones. Sin duda todos los que son justos con Dios y consigo mismos deben reconocer que la responsabilidad individual es el único factor en las circunstancias y condiciones actuales. Esta es la enseñanza responsable. Esta es la acción del Imán del Gran Sol Central. Esto es compasión. A menos que los hombres sufran tales condiciones para que les enseñen el error de sus caminos, ¿cómo pueden aprender que el fuego está caliente, que el hielo está frío? ¿Cómo pueden aprender los mil y un hechos acerca de las secuencias causa-efecto? ¿Cómo pueden aprender?

El karma no es un castigo, el karma es la misericordia y compasión que quieren conservar al alma en la eternidad, que quieren llevar al alma de vuelta a Dios y, por tanto, que deben enseñar al alma el camino de la maestría Crística.

Os estoy iniciando en el amor para que el amor se pueda convertir en el imán de vuestro deseo Divino: Dios en vosotros que desea ser pleno, Dios en vosotros que desea ser la plenitud de la paz Crística, Dios en vosotros que desea ser la perfección en la Ley. YO SOY la plenitud del amor que es la satisfacción de toda necesidad, humana y divina.

Quisiera hacer de vosotros, tan rápido como sea posible, verdaderos iniciados en el Sendero, verdaderos discípulos del Cristo y del Buda. Deseo haceros tan rápido como sea posible la autoridad de vuestra vida y de vuestro mundo. Deseo haceros instructores de los niños de Dios. Deseo haceros instrumentos para entregar los fuegos de la regeneración.

¡Envío la luz de la llama de la resurrección! ¡Envío la luz de la voluntad de Dios! Ahora bien, si queréis llegar a ser todas esas cosas que yo deseo que seáis, debéis aceptar el fuego aleccionador, la intensificación del fuego y la incomodidad que lo acompaña mientras vuestros átomos y vuestras moléculas se ajustan al calor ferviente del amor de Dios.[11]

Maitreya resume sus enseñanzas sobre el desarrollo del corazón en la bondad:

Conocedme, pues, en la bondad que vosotros expresáis primero. Luego la corriente de regreso de esa bondad expresada por otro os revelará una de mis millones de sonrisas a través del amigo, a través de los bondadosos de la Tierra, los sabios que saben que la verdadera bondad se encuentra en el acto de quien se ha interesado lo suficiente para ganarse la llave para abrir la puerta hacia las cámaras sucesivas de mi retiro.

Venid y halladme, amados.[12]

La caravana de Dios

Jesús dice:

Sois hijos de un padre, nuestro Padre universal. La generosidad de su corazón a veces se escapa a la conciencia del hombre porque este insiste en llenar su mente con las banalidades de la razón, esos esfuerzos vanos que son de la oscuridad, de la separación y la vanidad. Como dijo el predicador hace mucho: «Vanidad de vanidades, todo es vanidad».[13]

Cuando los hombres comprendan la vanidad de su vida por su infructuosidad, percibirán que aquello que ellos creyeron que era fruto, en muchos casos me negó ante los hombres.

Todos son mis hijos como lo son de Dios, porque tenemos un Padre y la luz de la esperanza brilla a través de la comprensión del contenido de su mente, de su compasión, de sus sentimientos por todos vosotros.

No se ha renunciado a vosotros. Hay esperanza allá donde hay vida y allá donde esa vida responde a la acción vibratoria que ha dicho: «Venid luego, dice el SEÑOR, y estemos a cuenta: si vuestros pecados fueren como la grana, como la nieve serán emblanquecidos».[14] La refulgencia de mi amor es el cáliz de Dios y su misericordia, gotas de vida rebosando sobre el vacío del desconocimiento de los hombres e inundando a la humanidad con la certeza del saber.

¿Cuál es el significado de la compasión, de la gracia y del entendimiento? Acaso estas cosas están ahora tan alejadas de vosotros que sois incapaces de entenderlas, no como la escoria de las afinidades humanas babeando en el cáliz y mofándose del Gran Dador mismo, sino más bien como la compasión de la caravana universal que llega desde los momentos del principio hasta ahora y avanza a su manera ordenada por los desiertos de la vida hacia aquellos tiernos lugares conservados por Dios dentro de cada vida individual como la oportunidad de atesorar elementos de compasión y gracia, no solo por los demás, sino también por vosotros mismos, no solo por vosotros mismos, sino también por los demás. Porque en el gran equilibrio de la salida de la naturaleza cósmica del hombre, él es resucitado. Él resucita el plan dentro de sí mismo.

Las corrientes provenientes del Gran Sol Central, estas son luz para todos. El cáliz de comunión que tengo en la mano es la ley del cielo que ahora exige al universo. ¿Beberéis del cáliz del que he bebido yo? ¿Seréis dotados de la gracia de la que yo estoy dotado? ¿Comprenderéis el significado de la compasión que fluye hacia fuera? Perdón para todos, sí, porque todos han errado. Restauración para todos, porque todos han compartido la alegría de los Arcángeles...

YO SOY quien ha venido a cumplir la Ley. YO SOY quien ha venido a cumplir la ley de vuestra vida. YO SOY quien ha venido dentro de cada uno de vosotros para producir el milagro de la abundancia cósmica. YO SOY quien ha venido para que todos los hombres puedan tener vida y la tengan en abundancia.[15] YO SOY quien ha venido para que haya un gran estruendo y estímulo del corazón de los hombres, los ángeles y los elementales. YO SOY quien ha venido para que toda la naturaleza pueda dotarse de un sentimiento de abundancia universal y ninguna carencia...

[Los hombres], con su entendimiento, no han comprendido la caravana de Dios. Pero hoy os digo el gran hecho de que la caravana de Dios ha atravesado los desiertos y con la caravana de Dios él también ha ido. Dios está con la caravana. Puede aparecerse en el pequeño pastorcillo. Puede aparecerse en el rostro extranjero. Puede aparecerse en el lugar inesperado. No importa, porque Dios se ha aparecido, Dios es y camina entre los hombres...

Dejad que os diga esto, que la manifestación más alta de Dios camina también en el Cristo de todos los hombres y el hombre debería comprenderlo, porque quienes me aman como YO SOY comprenderán el gran amor de la Presencia YO SOY en ellos.

Ellos comprenderán que en este amor hay compasión para todas las eras, no solo la caravana de hoy y la de ayer, sino la de mañana y de todos los mañanas y la eternidad de Dios que son cautivados juntos en un gigantesco cáliz de luz, la inteligencia de las eras acumulada, sus rayos de sabiduría para toda la humanidad y forjando aquellos instrumentos de liberación que producirán para las eras el reino del cielo, el reino de belleza, el reino de perfección y el reino de fortaleza. Y como el Sol brilla con su fuerza, los rayos de su reino también penetrarán en todas las partes de la Tierra.[16]

Los peligros de la crítica

El Morya da un informe sobre los peligros de la crítica, la condenación y el juicio hacia otras personas:

> A lo largo de los años, el amado Saint Germain y otros pertenecientes al santo grupo del que nuestro consejo está compuesto han continuado advirtiendo a los estudiantes de las muchas actividades vinculadas con la Gran Hermandad Blanca o adheridas, al menos, a los ideales de esta Hermandad. Esas advertencias han asumido muchas formas, como la exhortación, el señalamiento de algún detalle, la explicación de leyes poco conocidas formuladas de varias maneras, exposiciones sutiles sobre tecnicismos de instrucciones esotéricas y generalmente consejos específicos...
>
> Los hombres solo pueden hacerse daño a sí mismo o proyectarlo hacia otra vida; jamás pueden dañar la invulnerabilidad de la Deidad. Sin embargo, como lo declaró el Cristo y como lo reafirmamos nosotros: «lo que hagáis al más pequeño de los hijos de la luz es un acto cometido contra su Santo Ser Crístico, cuyo rostro ve siempre el rostro de su propia Presencia YO SOY». (En cuanto lo hicisteis a uno de estos mis hermanos más pequeños, a mí lo hicisteis... Mirad que no menospreciéis a uno de estos pequeños; porque os digo que sus ángeles en los cielos ven siempre el rostro de mi Padre que está en los cielos.)[17]
>
> Cualquier acto dañino se le remite al Santo Ser Crístico y se convierte en parte del registro de la vida de la persona que lo comete; y algún día deberá saldarse ante los Señores del Karma. Tanto si a la humanidad, con sus conceptos humanos, le gusta esta idea, tanto si le atrae la idea como si no, el hecho es que es la pura Verdad y YO SOY el que está decidido a declararla como protección para quienes sigan sus preceptos.
>
> A veces, individuos engreídos que se consideran sumamente sabios deciden criticar o juzgar a otra persona. Lo hacen siendo totalmente conscientes de las escrituras, que afirman con claridad la Gran Ley: «No juzguéis, para que

no seáis juzgados. Porque con el juicio con que juzgáis, seréis juzgados, y con la medida con que medís, os será medido» ...[18] Actos así siempre acaban regresando hasta llegar a la puerta del que los hizo...

En este informe deseo enfatizar y clarificar ciertos aspectos generalmente desconocidos sobre los efectos de la crítica. Cuando esta se produce a raíz de la razón humana o la observación de otra persona, sin expresarla, tiene una destructividad leve. Pero cuando se pronuncia en voz alta hacia otra persona, se amplifica al menos diez veces. De camino al que ha sido criticado, esta reúne más elementos pertenecientes a la condenación de la mente de las masas, hasta convertirse en una flecha tanto aguda como rápida, que encuentra fácil penetración en la tierna mente hacia el que está dirigida, a menos que este esté extremadamente alerta.

Cuando la emite un amigo o pariente hacia quien la persona es receptiva, con frecuencia la crítica se aloja dentro de su subconsciente para llevar a cabo su trabajo destructivo como una flecha de pestilencia: silenciosa, invisible, insidiosa. No es el peso de la crítica menor, a veces lanzada de manera inocente, lo que cuenta; es el impulso acumulado de la conciencia de las masas, que utiliza la forma de pensamiento creada por el que se sienta en la silla de escarnecedores, lo que hace que la crítica sea mortífera. Por esa razón es que el amado Saint Germain ha hablado con tanta frecuencia contra esta conducta. Por eso la denuncia tan fervientemente.

Cuando ocurre la penetración en la psique de una corriente de vida, se necesitan las artes curativas de amor espiritual y el dorado aceite de la paz. Porque en verdad, el individuo se convierte en víctima de una banda de ladrones y necesita la ayuda del Buen Samaritano. Innumerables hombres y mujeres de talla mundial han sido impedidos en su misión y algunos han sido desviados por completo del plan de su vida por los actos conscientes o irreflexivos de otras personas que han empleado la crítica. Algunos de ellos, cuando yacen como víctimas indefensas de esta forma de destructividad, han sido ignorados por los justos, que murmuran: «Se lo han debido merecer. Debe haber sido su karma».

Destaco dos puntos de gran importancia para el estudiante que quiera evitar con éxito tal calamidad y calumnia. En primer lugar, evitad participar en ninguna medida del juicio y la condenación. En segundo lugar, sed Buenos Samaritanos hacia quienes son víctimas de esta crueldad humana. Al llevar a cabo estos dos servicios os convertiréis, en efecto, en participantes de los principios de la Orden de Samaria (los Buenos Samaritanos), de la que he sido maestro durante siglos. También estaréis haciendo la voluntad de Dios y asegurando la protección de la luz de vuestra corriente de vida.[19]

La facultad del discernimiento

La facultad del discernimiento es el equilibrio o filo de la navaja de la conciencia. Es el criterio de la perfección que, cuando se emplea correctamente, puede producir el progreso espiritual en uno mismo y en los demás. Cuando se utiliza indebidamente, supone una carga para el alma. El discernimiento es la capacidad de reconocer la necesidad de mejora en todo, de ayudar a otra persona a atravesar una situación difícil sin permitir involucrarse emocionalmente ni que la situación lo perturbe y sin dar el poder de la Realidad a la manifestación discordante. Discernimiento es ser consciente de las nubes y saber que el sol está detrás.

Al considerar el comportamiento de otra persona, no es inteligente considerar un aspecto menor o incluso uno importante como representativo de la norma de expresión de tal persona. Es bueno no apresurarse a evaluar el carácter de otra persona. Reúne hechos, si fuera necesario, y llega de manera gradual a una estimación de lo que parece ser el patrón de la vida de una persona, teniendo siempre presente el estándar de perfección contenido en el corazón del Ser Crístico de cada cual para el alma que se encuentra en un estado de desarrollo.

Sin embargo, cuando es necesario tomar una decisión sobre

tus asociados, confía en tu primera impresión, reza y sigue los impulsos intuitivos de tu corazón. Sé práctico a la hora de lidiar con la conciencia humana, comprendiendo las limitaciones presentes a la vez que reconoces que, en cualquier momento, esa conciencia humana puede saltar hacia la matriz de su identidad divina. No seas excesivamente severo ni demasiado tolerante, porque los sentimientos fuertes conducen a atracciones de afinidad o repulsiones que no pueden crear ningún lazo de hermandad verdadera.

Religión: el poder de unión de la hermandad

La religión ha de unir al individuo con Dios y con su prójimo.* Pero en el mundo actual hay muchas concepciones y actitudes erróneas que dividen a los hombres y que han hecho que la gente se aparte de la vida religiosa.

Millones de personas en la Tierra no buscan más que las comodidades de una existencia material, la riqueza y la felicidad material, con frecuencia ignorando las señas que su gran identidad divina les hace para que vayan hacia ella. Sin embargo, su Presencia maestra YO SOY con gusto les informaría de las verdades de la vida acerca de su razón de ser. La Presencia les enseñaría todas las cosas para poder elevarlos a la nobleza espiritual, desde la servidumbre de la autoindulgencia hasta el reino de la Imagen Divina de las alturas. Esta imagen se manifiesta abajo, en la Tierra, en el nacimiento de la conciencia Crística en todo hombre, mujer y niño.

Quienes tienen la conciencia Crística tendrán el verdadero sentimiento de hermandad. Ellos comprenderán que han nacido para servir. Comprenderán el precepto de los Maestros: «El que quiera hacerse grande entre vosotros será vuestro servidor».[20] Cristo, el Rey, entonces es coronado en cada hombre que acepte la universalidad de su conciencia.

---

*La palabra «religión» deriva del latín *religikó,* «lazo entre el hombre y los dioses», o *religare,* «volver a unir».

Serapis Bey enseña la importancia de un espíritu de unidad y cooperación en las organizaciones espirituales:

> Hemos tenido algunas experiencias en estos asuntos. Hemos descubierto que, quienes no pueden o no quieren armonizarse lo suficiente para vivir en un espíritu de cooperación y servicio hacia su prójimo en una organización espiritual constructiva —especialmente la que nosotros patrocinamos—, con frecuencia se encuentran lejos de estar preparados, como puede que crean estarlo, para seguir al Cristo o recibir nuestra ayuda y enseñanzas más profundas. En su mayoría necesitan que los dejemos solos bastante tiempo y eso es lo que hacemos a menudo, como la mejor disciplina para su naturaleza.
>
> Tened presente que, aunque sus principios puedan ser diferentes, los propósitos de todos los credos son bastante parecidos. Aunque la fe suprema aún se puede buscar, estoy seguro de que, en la unidad por la luz, hay fuerza. Y en ella ha de hallarse el fruto de ese empeño cooperativo que jamás se realiza yendo solos o expresando una continua desaprobación de esta o aquella fase de la organización exterior o de las personalidades externas de sus líderes. Las estructuras religiosas cuyos propósitos son tanto elevados como santos y que tienen su origen en nuestra conciencia no deben ser condenadas por sus defectos, que la conciencia Crística expansiva de sus miembros ciertamente pasará por alto hasta la victoria.
>
> Una de las funciones de las fraternidades espirituales, como la de los Guardianes de la Llama, es preparar a los discípulos para que superen las diferencias y antipatías personales mediante asociaciones de amor dedicadas al servicio. A través de la participación en organizaciones espirituales constructivas es que se puede poner a prueba al discípulo para que aprenda el arte del verdadero amor. Porque ahí aprende a continuar aun cuando tiene dificultades en ser plenamente constructivo hacia Dios y el hombre, ofreciendo gratitud al Todopoderoso con una felicidad genuina por la bendita

oportunidad de mostrar su lealtad hacia Él siendo fiel a una causa realmente digna.

El propósito de la Iglesia

Nosotros entendemos que somos parte del cuerpo de Dios en el cielo y el cuerpo de Dios en la tierra, y nos consideramos unidos a todas las demás partes de Dios, tanto si se trata de judíos, cristianos, musulmanes, hindúes, budistas, zoroastrianos, confucianos o ninguna de esas religiones. Tanto si pertenecemos a una religión como si no pertenecemos a ninguna, nos reconocemos como unidos a la luz esencial de todas las personas. En ningún credo vemos barrera alguna, doctrinal o dogmática, porque es la corriente única de conciencia de la cual hemos nacido. La terminología puede ser distinta, los signos pueden ser diferentes, el lenguaje, pero se sigue tratando del Espíritu único, el Cristo único, la Presencia YO SOY única.

Hemos de comprender que, en esta era de Acuario, la venida del Espíritu Santo designa a la Iglesia como la comunidad. Cuando Jesús afirmó que estaba fundando su iglesia («Sobre esta roca edificaré mi iglesia»),[22] la palabra del original griego es *ekklesia,* que significa «comunidad de los llamados». No se trata de una institución ni de los confines de la doctrina y el dogma o de un edificio. Es el templo no construido con las manos y es el signo de los miembros de esa iglesia, la Iglesia Universal y Triunfante de Jesucristo, es el signo de la piedra blanca que en el Apocalipsis se les da a quienes vencen, a quienes soportan.[23] Estos también reciben el nombre nuevo que nadie conoce sino el Padre, el nombre que es la clave interna de la identidad.

Todos necesitamos esa clave de la identidad y todos estamos marcados por la luz interior. Y así, el templo no hecho con las manos se manifiesta entre nosotros como una comunidad, como una energía, como amor, como una unidad y un sentimiento de nosotros, juntos en el Espíritu Santo, como una persona, un cuerpo, alma y corazón, unidos en esta llama viva de vida eterna.

Hilarión habla del propósito de la Iglesia como esta comunidad de portadores de Luz:

> El propósito de la Iglesia... es que los portadores de Luz sean llamados a salir de la sociedad y sostener las columnas de la fe, la esperanza y la caridad. La Iglesia es el sitio donde las almas pueden ascender a un plano más alto de comunión porque el sacerdote o la sacerdotisa ante el altar guarda una Llama que se convierte en un imán por el cual el alma puede elevarse semana tras semana, de regreso a su Origen.
>
> La Iglesia debe elevar. No debe degradar. No debe buscar popularidad ni bajar al nivel del descenso de la luz en el pueblo. Compréndase que la Iglesia siempre ha sido la vía para que el alma alcance la santidad, para que sea santificada, para que reciba el Cuerpo y la Sangre de nuestro Señor. La Iglesia es la puerta abierta por la cual quienes quieren pueden pasar hacia la santidad.
>
> Entiéndase que existen muchas instituciones laicas, que hay muchos lugares para la actividad social, pero la Iglesia nos ha llegado desde las tradiciones de los antiguos templos de Dios donde ardía una llama viva sobre el altar, donde la llama era cuidada con devociones, con himnos, oraciones y mantras, sustentando, por tanto, sobre su altar en la octava física una parte del Espíritu de arriba.[24]

El estado de la Iglesia hoy día

El Maestro Ascendido Papa Juan XXIII viene con un serio informe sobre la condición de la Iglesia actualmente:

> Vengo a informar a este grupo y a la Tierra que las jerarquías del cielo han visto que quienes han entrado en la Iglesia del Señor y han comprometido la doctrina, que han establecido principios de temor e ignorancia, que han comprometido la comunión, las Leyes de Dios y el honor de Dios, constituyen un cáncer que crece e infesta la Iglesia que fue

fundada por nuestro Señor y que ha persistido de una forma u otra hasta este momento.

En la Tierra se necesita la piedra blanca,[25] el cubo blanco que es la piedra fundamental, que es el Cristo, la piedra angular de todo edificio.[26] Esa piedra blanca solo puede estar compuesta de las almas que se han unido al Espíritu de Dios, a la Presencia YO SOY, a través del Mediador bendito, el Cristo en todos. La verdadera Iglesia, la Iglesia única, no puede existir siempre que alguna parte de sus miembros tengan una conciencia de comprometer las cosas, de deshonor o traición a las verdaderas enseñanzas de nuestro Señor.

El ecumenismo ha fracasado porque ha transigido. ¡No existe ningún ámbito en el que se deba transigir! Las enseñanzas del Cristo representan un obstáculo que la mente carnal no puede sobrepasar. Primero debe renunciar y despejar el camino para el Cristo. Por tanto, no podemos consentir la acción de bajar el obstáculo hasta el nivel en que la mente carnal y todos los animales del corral del cinturón electrónico puedan saltar por encima de él para entrar al lugar santo. Esto es esa abominación desoladora que está en el lugar santo donde no debe.[27]

Por tanto, cuando domina la transigencia, la pureza no se conserva; ni para los elegidos ni para los niños de Dios ni para los caídos. Y entonces la Iglesia se derrumba, se vuelve un ritual muerto, un eco hueco de cosas pasadas, de una gloria pasada y la esperanza que fue, que no se puede realizar porque la llama del honor se ha caído al suelo...

Así es que he aparecido en el orden jerárquico para ponerme ante vosotros, para que podáis recibir el impulso acumulado de nuestra luz y nuestro amor. Porque somos la luz del Anciano de Días,[28] de Sanat Kumara. ¡Estamos a favor de la luz de la Tierra! ¡Estamos a favor de la luz del Cristo! Y solo si se establece un cuerpo de Dios en la tierra que no transija y ponga en peligro esta devoción nuestra, esta energía nuestra, nosotros podremos continuar sirviendo al planeta Tierra.[29]

El Morya, que fue Tomás Moro en una de sus encarnaciones, ha sido un gran defensor de la Iglesia durante siglos. Y nos advierte de los siguiente:

> Así, vemos que los caídos desean la dispersión de la luz tanto para debilitar y neutralizar a los portadores de Luz como para dársela a sus masas a quienes utilizan en guerras, elecciones políticas, revoluciones, disturbios y movimientos de distinta índole para promover las causas rivales de los Nefilín.
>
> Por tanto, escuchareis a la gente estar a favor de esto y de aquello. «Estoy a favor de una religión mundial única», dirán. Pero vosotros debéis preguntar: «¿Qué clase de religión mundial? ¿Bajo qué denominación? ¿Un Consejo Mundial de Iglesias que niegue la individualización de la Llama Divina, que niegue la divinidad de Cristo en todos los hombres, que niegue la opción de la resurrección y la ascensión, que niegue el karma y la reencarnación como un ciclo y una espiral de oportunidad y un sedero de iniciación?».
>
> Cuanto más centralizado esté el control, menos control podrá ejercer el individuo sobre su propia vida. Ya sea en la religión o en una academia universal de ciencias, medicina o en el gobierno, veréis que, a menos que sea Dios quien realmente está en el centro del sol, solo puede ponerse el sol rojo que no es de la luz…
>
> Por tanto, comprended el significado del término *universal.* El Cristo Universal, la doctrina universal, el gobierno Divino universal es algo que existe por sí mismo. Es ese algo que está presente y que es real como la matriz etérica, como la vestidura de cada portador de luz, como la luz sobre el altar del corazón. Hasta este momento, esa universalidad no se ha podido exteriorizar, porque por definición, el momento en que la matriz etérica entra en el tiempo y el espacio y comienza a cobrar forma, de inmediato se encajona; y se producen las elaboraciones y entonces hay discusiones y luego las guerras que se aceleran para ver quién tendrá la sede de poder,

quién llevará el signo de la autoridad.

Benditos del Sol, la Iglesia Universal es la Iglesia Triunfante. Esta existe en la octava etérica y en aquellas personas encarnadas que son devotas que tienen contacto diario con esa octava etérica en los templos internos con los Maestros Ascendidos, con las huestes de la luz, que han eliminado la ambición y el orgullo, que han eliminado su deseo de ser considerados grandes y poderosos y que se los prefiera, que han eliminado sus definiciones de carne y hueso de sí mismos y de los demás, que han terminado con todos los deseos de adquirir todo lo que no sea Dios, Dios y más Dios.

Estos son quienes permanecen en la Tierra, pilares de fuego. «Columnas de eternidad», os he llamado.[30] Porque vuestras raíces están en la tierra, vuestras ramas en el cielo, seguís siendo los fuertes árboles de la vida que no permiten que el planeta se vuelva estéril debido a la retirada de la matriz universal.[31]

La hermandad del hombre

Concluyamos con la visión de El Morya sobre la hermandad del hombre bajo la Paternidad de Dios:

> Las personas realmente sabias le dejan a Dios todos los juicios y buscan la hermandad como ideal espiritual, manteniendo siempre en la perfección el concepto del discipulado y la ascensión mientras mantienen abierta la puerta hacia la verdadera hermandad.
>
> Tales personas reconocen con compasión que todos los hombres están subiendo, paso a paso, los peldaños de la escalera del logro. Y, aunque puedan permanecer temporalmente en las diferentes alturas que han alcanzado, los sabios predicen el día de su victoria final por encima de las etapas y los pasos de todos los conceptos humanos y mantienen por sus hermanos peregrinos el concepto inmaculado del perfecto discernimiento Crístico.

La hermandad del hombre, cuando existe bajo la Paternidad de Dios, es un verdadero Peñón de Gibraltar para el planeta Tierra. Todo lo que traiciona esa hermandad es el traidor de cada hombre, todo lo que ayuda a esa hermandad es amor cooperativo para el Salvador del mundo.

«Señor, ¿cuándo te vimos hambriento y te sustentamos, o sediento y te dimos de beber? ¿Y cuándo te vimos forastero y te recogimos, o desnudo y te cubrimos? ¿O cuándo te vimos enfermo o en la cárcel y vinimos a ti?...

De cierto os digo que en cuanto lo hicisteis a uno de estos mis hermanos más pequeños, a mí lo hicisteis».[32]

La hermandad es jerarquía en formación

La hermandad como una manifestación del Espíritu Santo es el poder de cohesión del átomo.

El cuerpo de Dios, en realidad, es uno solo.

El universo es uno solo.

La galaxia es una sola.

El planeta es uno solo.

El hombre es uno solo.

Todo lo que se le haga a cualquier parte del cuerpo de Dios debe manifestarse en el yo.

Todos están destinados a ocupar un puesto en la jerarquía. Por tanto, la hermandad es jerarquía en formación. La hermandad es la estructura establecida por la Jerarquía para las iniciaciones del hombre ascendido; y cuando se pasan, esas iniciaciones dan a los individuos la capacidad de ser parte de la Gran Hermandad Blanca. Cuando la verdadera Hermandad se manifieste en la Tierra, el patrón jerárquico se podrá ver aquí y ahora. La hermandad es el lazo bendito que une a la Jerarquía.

Oración para la hermandad

A partir del Uno,
Tú, Dios, has hilado
todas las razas de los hombres.
Por la gran Ley
conduce a todos
de vuelta hacia su origen Divino.

Llévate el odio;
con amor aplaca
la mala intención de la humanidad.
Muestra tu gran poder
a cada momento
de amor y compasión enviados por Dios.

YO SOY, YO SOY, YO SOY
amor Divino enviando
el maravilloso sentimiento de la verdadera curación divina,
ungüentos de luz que cierran
todos los cismas de los hombres.

¡Detén todas las divisiones!
Con precisión Divina
el amor es la santificada clave de la ley.
Paz suprema,
haz que cesen las guerras,
¡deja que los hijos de los hombres sean libres!

Detén la fricción de los hombres,
todas sus predicciones
que arrancan un bendito corazón de otro.
Con dirección Divina
produce ahora la perfección
en tu gran familia: un solo corazón.

La Gráfica de tu Yo Divino

La Gráfica de tu Yo Divino es un retrato de ti mismo y del Dios que hay dentro de ti. Es un diagrama de ti mismo y del potencial que tienes de llegar a ser quien realmente eres. Es un boceto de tu anatomía espiritual.

La figura superior es tu «Presencia YO SOY», la Presencia de Dios que está individualizada en cada uno de nosotros. Esta Presencia es tu «YO SOY EL QUE YO SOY» personalizado. Tu Presencia YO SOY está rodeada de siete esferas concéntricas de energía espiritual que componen lo que denominamos tu «Cuerpo Causal». Las esferas de energía pulsante contienen el registro de las buenas obras que has realizado desde tu primera encarnación en la Tierra. Son como tu cuenta bancaria cósmica.

La figura media de la gráfica representa el «Santo Ser Crístico», que también se denomina Yo superior. Puedes pensar en tu Santo Ser Crístico como el ángel de la guarda principal y el amigo más querido, tu instructor interior y la voz de la conciencia. Tal como la Presencia YO SOY es la presencia de Dios que está individualizada para cada uno de nosotros, el Santo Ser Crístico es la presencia del Cristo Universal individualizado para cada uno de nosotros. «El Cristo» es en realidad un título concedido a quienes han logrado la unión con su Yo Superior o Ser Crístico. Por eso llamaron «Jesucristo» a Jesús.

La Gráfica muestra que cada uno de nosotros posee un Yo Superior o «Cristo interior» y que estamos destinados a unirnos a ese Yo Superior, ya sea que lo llamemos «Cristo», «Buda», «Tao» o «Atmán». Este «Cristo interior» es lo que los místicos cristianos a veces han denominado el «hombre interno del corazón» y lo que los Upanishads describen misteriosamente como un ser del «tamaño de un pulgar» que «vive en lo profundo del corazón».

Todos tenemos momentos en los que sentimos esa conexión con nuestro Yo Superior, cuando expresamos creatividad, amor, alegría. Pero en otros momentos nos sentimos fuera de sintonía con nuestro Yo Superior, momentos en los que nos enojamos, nos deprimimos, nos perdemos. La esencia del sendero espiritual consiste en aprender a mantener la conexión con la parte superior de nosotros mismos para que podamos ofrecer la mayor de las contribuciones a la humanidad.

El haz de luz blanca que desciende desde la Presencia YO SOY a través del Santo Ser Crístico hasta la figura inferior de la Gráfica es el cordón cristalino (a veces llamado cordón de plata). Es el «cordón umbilical», el sustento, que te vincula al Espíritu.

Tu cordón cristalino también alimenta esa Llama de Dios especial y radiante que está instalada en la cámara secreta de tu corazón. A esta llama se le denomina «llama trina» o «chispa divina», porque es literalmente una chispa de fuego sagrado que Dios ha transmitido a tu corazón desde el suyo. Esta llama es «trina» porque engendra los atributos primarios del Espíritu: poder, sabiduría y amor.

Los místicos de las religiones del mundo han entrado en contacto con la chispa divina y la han descrito como la semilla de la divinidad interior. Los budistas, por ejemplo, hablan del «principio de la Budeidad» que existe en todos los seres vivos.

La Gráfica de tu Yo Divino

En la tradición hindú, el Katha Upanishad habla de la «luz del Espíritu» que está oculta en el «elevado lugar secreto del corazón» de todos los seres.

Del mismo modo, el teólogo cristiano del siglo XIV Meister Eckhart enseña acerca de la chispa divina cuando dice: «La semilla de Dios está dentro de nosotros».

Cuando decretamos debemos meditar en la llama de la cámara secreta de nuestro corazón. Esta cámara secreta es tu sala de meditación privada, «tu castillo interior», como la llamó Teresa de Ávila. En la tradición hindú, el devoto visualiza una isla llena de joyas en su corazón. Ahí se ve a sí mismo ante un hermoso altar, donde rinde culto a su instructor en profunda meditación.

Jesús se refirió a entrar en la cámara secreta del corazón cuando dijo: «Cuando ores, entra en tu aposento, y cerrada la puerta, ora a tu Padre que está en secreto; y tu Padre que ve en lo secreto te recompensará en público».

La figura inferior de la Gráfica de tu Yo Divino te representa a ti en el sendero espiritual, rodeado de la llama violeta y la luz blanca protectora de Dios. El alma es el potencial vivo de Dios, la parte de ti mismo que es mortal pero que puede llegar a ser inmortal.

El propósito de la evolución de tu alma en la Tierra es crecer en automaestría, saldar tu karma y cumplir tu misión en la Tierra para que puedas regresar a las dimensiones espirituales que son tu verdadero hogar. Cuando tu alma al fin remonta el vuelo y regresa a Dios y al mundo celestial ascendiendo, te convertirás en un Maestro Ascendido, libre de las rondas de karma y renacimiento. La energía de alta frecuencia de la llama violeta puede ayudarte a alcanzar esa meta con mayor rapidez.

Notas

Introducción

1. Génesis 2:9.

Primera sección • «Yo y el Padre somos uno»

Cita inicial: El Morya, *Perlas de Sabiduría,* vol. 6, n.º 7, 15 de febrero de 1963.

1. Lanto, 8 de abril de 1971.
2. El Morya, "The Trek Upward Is Worth the Inconvenience!" ("El camino ascendente bien vale los inconvenientes"), *Lección de Guardianes de la Llama,* n.º 3.
3. El Morya, *Perlas de Sabiduría,* vol. 6, n.º 8, 22 de febrero de 1963.

Segunda sección • Expresiones de la individualidad

Cita inicial: Hechos 17:26.

1. Lucas 10:30-37.
2. Los siete rayos son las emanaciones luminosas de la Divinidad que emergen de la luz blanca a través del prisma de la conciencia Crística. Los siete rayos son: 1) azul, 2) amarillo, 3) rosa, 4) blanco, 5) verde, 6) morado y oro y 7) violeta.
3. Mateo 6:27; 10:30; Lucas 12:7.
4. Génesis 25:29-34.
5. George Washington Carver (1861? -1943) fue un químico agrícola y agrónomo cuyo trabajo ayudó a revolucionar la economía agrícola del sur estadounidense, lo cual le proporcionó el reconocimiento internacional. Lo visitaron los presidentes Calvin Coolidge y Franklin D. Roosevelt; y entre sus amigos estaban Henry Ford y Mohandas Gandhi.
6. Henry Wadsworth Longfellow, "A Psalm of Life" ("Salmo de

la vida"); Chananda, "Solar Manifestations of the Living God" ("Manifestaciones solares del Dios vivo"), *Perlas de Sabiduría,* vol. 11, n.º 30, 28 de julio de 1968.

7. H. P. Blavatsky, *The Secret Doctrine (La doctrina secreta),* primer volumen, *Cosmogenesis* (1888; segunda ed. Passadena, Calif.: Theosophical University Press, 1977), pág. 63. Un *manvantara* (sánscrito) es uno de los catorce intervalos que, según el hinduismo, constituyen un *kalpa,* el período de tiempo que abarca un ciclo cósmico, desde el origen hasta la destrucción de un sistema de mundos.
8. Los términos Dios y Diosa denotan que son Seres Cósmicos que animan la conciencia Divina de su nivel jerárquico en la Gran Hermandad Blanca.
9. Durante el largo invierno en Valley Forge, Micah, Ángel de la Unidad, se apareció a George Washington en una visión que le mostró tres grandes peligros que le sobrevendrían a la nación estadounidense: la Guerra de la Independencia, la Guerra entre los estados y un tercer conflicto. Según dio cuenta de esta visión Anthony Sherman, Washington dijo que había visto a los habitantes de los Estados Unidos "ataviados para la guerra unos contra otros. Seguí mirando y vi a un ángel resplandeciente, sobre cuya frente descansaba una corona de luz, sobre la cual estaba escrita la palabra 'Unión', y llevaba la bandera de Estados Unidos, la cual puso entre la nación dividida, y dijo: 'Recordad que sois hermanos'. Al instante, los habitantes, desechando sus armas, se hicieron amigos una vez más y se unieron alrededor de la bandera nacional". (*Saint Germain sobre alquimia* [Corwin Springs, Mont.: Summit University Press, 2008], págs. 104-111).
10. Henry Wadsworth Longfellow, *The Song of Hiawatha (El canto de Hiawatha),* primera parte: "The Peace Pipe" ("La pipa de la paz").
11. *E pluribus unum* (del latín, "partir de muchos, uno"): lema original adoptado para el Gran Sello de los Estados Unidos. Se refiere a la decisión estadounidense de formar una nación unificada a partir de gente con distintas creencias y de diversas procedencias.
12. Apocalipsis 1:8; 21:6; 22:13.
13. Afra, "The Powers and Perils of Nationhood" ("Los poderes y peligros de ser una nación"), en *Afra: Brother of Light (Afra: hermano de luz)* (Corwin Springs, Mont.: The Summit Lighthouse Library, 2002).
14. Ibid.

Tercera sección • Delimitación en el espejo...

Cita inicial: Marcos 3:35.

1. Extracto de Mark L. Prophet y Elizabeth Clare Prophet, *The Lost Teachings of Jesus (Las enseñanzas perdidas de Jesús)*, primer libro (Corwin Springs, Mont.: Summit University Press, 1994), primer capítulo.
2. Mateo 6:33.
3. Mateo 12:50.
4. Diosa Merú, "Behold the Face of God" ("Contemplad el rostro de Dios"), 14 de octubre de 1972.
5. Para ver un ejemplo de alguien que encarnó este principio, véase *The Practice of the Presence of God (La práctica de la Presencia de Dios)*, de Brother Lawrence (New York: Phoenix Press, 1985).
6. Mateo 10:36.
7. Confucio, "The Great Learning" ("El gran aprendizaje"), de *The Sacred Books and Early Literature of the East (Los libros sagrados y la literatura antigua de Oriente)* (New York: Parke, Austin, and Lipscomb, Inc., 1817), vol. XI.
8. Además de los siete rayos de la luz blanca que emergen a través del prisma de la conciencia Crística, existen cinco "rayos secretos", que tienen su origen en el núcleo de fuego blanco del ser. Las iniciaciones de los rayos secretos suponen un refinamiento de los sentidos del alma. "Los rayos secretos promueven una acción detallada", explica el Poderoso Cosmos, "el tallado final de la mente y conciencia según la perfecta imagen del Cristo. Los rayos secretos son como el fuego del refinador. Purifican, purifican". (30 de junio de 1973).

   Simbólica y efectivamente, las iniciaciones de los cinco rayos secretos llevan al alma hacia el núcleo de fuego blanco del ser, hacia el mismísimo núcleo de la vida, hacia la cámara secreta del corazón, donde el individuo estará cara a cara con el Gurú interior, el amado Ser Crístico, y recibirá las pruebas del alma que anteceden a la unión alquímica con el Ser Crístico: el matrimonio de la novia (el alma que se convierte en la esposa del Cordero). Las iniciaciones de los cinco rayos secretos las describe San Juan de la Cruz como la noche oscura del alma y la noche oscura del espíritu, en su obra "Noche oscura".
9. Pablo el Veneciano, "The Symmetry of the Christ Mind" ("La simetría de la Mente Crística") *Perlas de Sabiduría,* vol. 15, n.º 8, 20 de febrero de 1972.

10. Génesis 1:28.
11. Mateo 6:34.
12. Génesis 2:18-22.
13. Isaías 54:5.
14. Mateo 19:6; Marcos 10:9.
15. Mateo 19:12.
16. Hebreos 13:4.
17. Diosa de la Pureza, "The Integrity and the Integration of the Allness o God" ("La integridad y la integración de la totalidad de Dios"), 29 de julio de 1973.
18. No hay duda de que la población del planeta está aumentando drásticamente. Pero, en realidad, esa explosión demográfica, como la denominan, no es más que la expansión de la conciencia Crística según el plan divino que proviene del Gran Sol Central. Se trata del establecimiento de los cimientos para la dispensación de la era de Acuario, cuando las almas que han estado en el plano astral, el mental o el etérico durante cientos de miles de años vuelven a tener la oportunidad de dar comienzo a la relación Gurú-chela, a recibir el don de la llama violeta, a saldar su karma y ascender.

    Esta "explosión demográfica" está de hecho ordenada por Dios y está patrocinada por razones kármicas por nuestros instructores de la era de Acuario, Saint Germain y su llama gemela, Porcia. Miles de millones de almas necesitan encarnar juntas para pasar de la era de Piscis a la de Acuario. Porque estamos recogiendo el karma no solo de la era de Piscis, sino también de era anteriores, un total de 25.800 años.

    Existe ahora mismo un esfuerzo por reducir el crecimiento demográfico hasta cero y, con ello, detener las hambrunas y las guerras resultantes que se consideran inevitables. Al mencionar estas teorías debemos subrayar ciertos lapsos en la comprensión que tiene el hombre de su ecología. Una cosa es que el hombre controle las poblaciones de los "peces del mar, las aves de los cielos, las bestias y todo animal que se arrastra sobre la tierra", pues Dios los puso a su cuidado. Pero otra cosa es que el hombre asuma el control de la humanidad. Aunque Dios dio al hombre el privilegio de poner nombre a las especies (Génesis 2:19) y gobernar su reproducción, se reservó, para sí mismo y su jerarquía, la autoridad de dar o quitar la vida entre sus hijos e hijas que evolucionan en la Tierra.

    Es extraño (más que extraño, es diabólico) que millones de

personas temerosas de Dios deban ser convencidas de la noche al día por parte de los "expertos" demográficos de que las tendencias del crecimiento actual representan un aumento cada vez mayor en un gráfico que no tiene detrás ningún principio que lo gobierne, ningún coordinador, ningún Dios que tenga el control de su universo. La verdad es que la vida humana no está solo un paso por delante de la vida animal, sino que es una evolución totalmente distinta; una evolución de almas en un estado de devenir ya que se están convirtiendo en Dios, una evolución programada desde el corazón del Sol Central, cuyos miembros, como los cabellos de la cabeza, están contados.

19. Maestra Ascendida Nada, "The Golden Age of the Family" ("La era de oro de la familia"), 11 de octubre de 1974.
20. Saint Germain, "The Summoning of Forces" ("La convocación de fuerzas"), segunda parte, *Perlas de Sabiduría,* vol. 21, n.º 2, 8 de enero de 1978.
21. Virgen María, 3 de julio de 1960.
22. Virgen María, *Perlas de Sabiduría,* vol. 3, n.º 52, 23 de diciembre de 1960.
23. Virgen María, *Perlas de Sabiduría,* vol. 6, n.º 6, 8 de febrero de 1963.
24. Virgen María, "The Responsibilities of Our Love" ("Las responsabilidades de nuestro amor"), *Perlas de Sabiduría,* vol. 13, n.º 37, 13 de septiembre de 1970.
25. Virgen María, "Shaping the Hard Wood" ("Dar forma a la madera dura"), *Perlas de Sabiduría,* vol. 11, n.º 9, 3 de marzo de 1968.
26. Dios Merú, "To Plead the Cause of Youth" ("Defender la causa de la juventud"), *Perlas de Sabiduría,* vol. 30, n.º 19, 10 de mayo de 1987.
27. Ibid.

Cuarta sección • "Yo y la Madre somos uno"

Cita inicial: Éxodo 20:12.

1. El Morya, 22 de febrero de 1970.
2. Mark L. Prophet y Elizabeth Clare Prophet, *My Soul Doth Magnify the Lord! (¡Mi alma engrandece al Señor!)* (Corwin Springs, Mont.: Summit University Press, 1986), pág. 132.
3. Juan 17:11, 21-23.
4. Mark L. Prophet y Elizabeth Clare Prophet, *My Soul Doth Magnify the Lord! (¡Mi alma engrandece al Señor!),* (Corwin Springs,

Mont.: Summit University Press, 1986), págs. 332-34, 340.

5. Virgen María, 2 de septiembre de 1973.
6. Virgen María, "Many Devotees to Keep the Flame of Mother" ("Muchos devotos para guardar la llama de la Madre"), 14 de abril de 1974.
7. La Fraternidad de Guardianes de la Llama es una organización de Maestros Ascendidos y sus chelas, que prometen guardar la llama de la vida en la Tierra y apoyar las actividades de la Gran Hermandad Blanca en el establecimiento de su comunidad y escuela de misterios y en la diseminación de sus enseñanzas. La Fraternidad fue fundada en 1961 por Saint Germain. Los Guardianes de la Llama reciben lecciones progresivas sobre ley cósmica dictadas por los Maestros Ascendidos a sus Mensajeros Mark y Elizabeth Clare Prophet.
8. Gautama Buda, "The Torch is Passed!" ("¡Se entrega la antorcha!"), *Perlas de Sabiduría,* vol. 26, n.º 22, 29 de mayo de 1983.
9. 2 Corintios 12:15.
10. Sanat Kumara, "God Is Willing to Shorten the Time of Man´s Travail" ("Dios está dispuesto a acortar el tiempo del afán del hombre"), *Perlas de Sabiduría,* vol. 42, n.º 31, 1 de agosto de 1999.
11. Juan 8:12.
12. Virgen María, *Perlas de Sabiduría,* vol. 6, n.º 1, 15 de febrero de 1963.
13. Omri-Tas, "Saturate de Earth with Violet Flame" ("Saturad la Tierra con llama violeta"), *Perlas de Sabiduría,* vol. 27, n.º 50A, 17 de octubre de 1984.
14. Casimir Poseidón, "Learn to Love to Do Well and You Shall" ("Aprended a amar hacer las cosas bien y así las haréis"), 5 de octubre de 1975.
15. María Montessori, *The Montessori Method (El método Montessori)* (New York: Frederick A. Stokes Company, 1912), pág. 353.
16. Señor Lanto, 30 de octubre de 1966.
17. Dios Merú, 6 de julio de 1969.

Quinta sección • Comunismo mundial

Cita inicial: Hechos 4:32.

1. Juan 1:5, 14.
2. Hechos 2:44-45.
3. Apocalipsis 3:16.

4. Mark L Prophet y Elizabeth Clare Prophet, *Saint Germain On Alchemy (Saint Germain sobre alquimia)* (Corwin Springs, Mont.: Summit University Press, 1993), págs. 310-12.
5. Karl Marx y Frederick Engels, *Manifesto of the Communist Party (Manifiesto del Partido Comunista),* trad. Samuel Moore, primera parte.
6. Filipenses 2:12.
7. El Morya, *Perlas de Sabiduría,* vol. 6, n.º 7, 15 de febrero de 1963.
8. Chananda y Alexander Gaylord, *Lección de Guardianes de la Llama n.º 5,* págs. 15-20.
9. El Gran Director Divino, "Stellar Modes" ("Modos estelares"), *Lección de Guardianes de la Llama n.º 6.*
10. Lucas 6:31.
11. Mateo 5:44.
12. Gálatas 5:9; 1 Corintios 5:6.
13. Meta, "The Reseeding of This Age with Seeds of Righteousness" ("La resiembra de esta era con semillas de rectitud"), *Perlas de Sabiduría,* vol. 11, n.º 28, 14 de julio de 1968.
14. Mateo 7:14.
15. Jeremías 31:34; Apocalipsis 7:17; 21:4.
16. Juan 14:2.
17. Lanto, "A Message from the Gran Teton Retreat" ("Mensaje desde el Retiro Gran Teton"), *Lecciones de Guardianes de la Llama n.º 9.*
18. El Morya, *Perlas de Sabiduría,* vol. 6, n.º 7, 15 de febrero de 1963.
19. 2 Timoteo 2:15.
20. Lucas 16:1-13.
21. Santiago 1:27.
22. Señor Maitreya, "The Principle of the Abundant Life" ("El principio de la vida abundante"), *Perlas de Sabiduría,* vol. 12, n.º 43, 26 de octubre de 1969.
23. El Morya, "An Encyclical on World Goodwill" ("Encíclica sobre la buena voluntad mundial"), en Mark L. Prophet y Elizabeth Clare Prophet, *Morya I* (Corwin Springs, Mont.: The Summit Lighthouse Library, 2001), pág. 212.
24. Omri-Tas, "Saturate the Earth with Violet Flame!" ("¡Saturad la Tierra con la llama violeta!"), *Perlas de Sabiduría,* vol. 27, n.º 50A, 17 de octubre de 1984.

Sexta sección • Las doce tribus de Israel

Cita inicial: Mateo 10:6.

1. Daniel 7:9, 13, 22.
2. Santiago 2:23.
3. Génesis 12:2.
4. Génesis 15:5.
5. Génesis 15:12-16.
6. Génesis 26:2-5.
7. Génesis 28:12-14.
8. Génesis 32:24-28.
9. Génesis 37:3.
10. Génesis 48:5.
11. Génesis 48:21.
12. Deuteronomio 31:19-21.
13. Hebreos 8:12.
14. 1 Samuel 8:5.
15. Jeremías 4:6.
16. Jeremías 32:35.
17. Mateo 10:6.
18. Éxodo 3:15.
19. Números 21:8.
20. Kuthumi y Dwjal Kul, *The Human Aura (El aura humana),* (Corwin Springs, Mont.: Summit University Press, 1996), segundo libro, capítulo 11.
21. Véase por ejemplo Raymond Capt, *Jacob´s Pillar (La columna de Jacob)* (Thousand Oaks, Calif.: Artisan Sales, 1977); Colonel J. C. Gawler, *Dan: Pioneer of Israel (Dan: Pionero de Israel)* (Thousand Oaks, Calif.: Artisan Sales, 1984).
22. Éxodo 3:14.
23. Mateo 24:31; Marcos 13:27.
24. Hace treinta y tres siglos, Akenatón, faraón de Egipto (c. 1375-1358 a. C.), introdujo un revolucionario monoteísmo basado en el culto al Dios único, "Atón", representado con el símbolo de un disco u orbe solar con rayos divergentes que terminaban en una mano. Akenatón creía que todo lo que tenía vida tenía su ser a través de los rayos del sol y que él mismo era el hijo de Atón.
25. San Patricio, 3 de abril de 1977.

Séptima sección • Los doce apóstoles

Cita inicial: Mateo 4:19.

1. Juan 20:17.
2. Lucas 24:49.
3. Mateo 7:29; Marcos 1:22.
4. El Evangelio de Juan describe lo que parece ser el primer encuentro de Jesús con un discípulo y Andrés es el primero que se menciona en este relato (Juan 1:38). La tradición bizantina primitiva llama a Andrés *Protokletos,* "primer llamado".
5. Juan 1:36.
6. Mateo 4:15-22; Marcos 1:16-20.
7. Mateo 3:17; Marcos 1:11.
8. Juan 1:43-45.
9. Juan 11:16.
10. Juan 20:24-29.
11. Jesús, The Igniting of Joy" ("Encender la alegría"), *Perlas de Sabiduría,* vol. 35, n.º 67, 20 de diciembre de 1992.
12. Juan 1:42.
13. Mateo 16:13-18.
14. Hebreos 13:8.
15. Virgen María, "Divine Wholeness: My Definition of Church" ("Plenitud Divina: Mi definición de Iglesia"), *Perlas de Sabiduría,* vol. 24, n.º 71, agosto de 1981.
16. Lucas 22:31.
17. Mateo 26:75; Marcos 14:72; Lucas 22:61-62; Juan 18:27.
18. Lucas 5:8.
19. Juan 1:45-51.
20. Mateo 9:9; Marcos 2:14; Lucas 5:27-28.
21. Mateo 9:10-12; Marcos 2:15-17; Lucas 5:30-32.
22. Juan 14:22-23.
23. Gálatas 2:9; Hechos 15:1-29.
24. Juan 13:25-27.
25. Juan 19:27.
26. Daniel 3:20-26.
27. Rev. Alban Butler, *The Lives of the Fathers, Martyrs and Other Principal Saints (La vida de los padres, mártires y otros santos principales),* vol. IV, s.v. "St. John the Evangelist".
28. Butler´s *Lives of the Saints (La vida de los santos según Butler),* editada, revisada y complementada por Herbert Thurston y

Donald Attwater (New York: D. J. Kennedy & Sons, 1956), vol. IV, pág. 622.

29. Hechos 1:23-26.

Octava sección • Cristo, el concepto inmaculado

Cita inicial: Mateo 16:18.

1. 1 Corintios 12:10.
2. Lanello, "The Covenant of Compassion" ("La alianza de compasión"), *Perlas de Sabiduría,* vol. 27, n.º 35, 1 de julio de 1984.
3. Saint Germain, "The Individual Path" ("El sendero individual"), *Perlas de Sabiduría,* vol. 31, n.º 50, 13 de agosto de 1988.
4. Santiago 1:27.
5. *Perlas de Sabiduría* de 1984, segundo libro, Introducción II, págs. 9-12.
6. Salmos 139:7, 8.
7. *Perlas de Sabiduría* de 1984, segundo libro, Introducción II, págs. 12-13.
8. *Perlas de Sabiduría* de 1984, segundo libro, Introducción II, págs. 13-14
9. En un dictado del 31 de octubre de 1975, Serapis dijo: "Acercaos de forma ordenada para que la Madre pueda tocaros el tercer ojo con el huevo amatista que yo ya he cargado con la llama de la ascensión, para sellaros el tercer ojo y protegerlo de todos los abusos del fuego sagrado". Después de este dictado, la congregación fue invitada a pasar ante la Mensajera para recibir el toque del huevo amatista sobre el corazón.
10. Juan 1:9. (Según la versión bíblica del Rey Jacobo).
11. Señor Maitreya, "Expect the Unexpected" ("Esperad lo inesperado"), *Perlas de Sabiduría,* vol. 43, n.º 26, 25 de junio de 2000.
12. *Perlas de Sabiduría* de 1984, segundo libro, Introducción II, pág. 66.
13. Eclesiastés 1:2; 12:8.
14. Isaías 1:18.
15. Juan 10:10.
16. Jesús, "The Caravan of the Ages" ("La caravana de las eras"), 31 de diciembre de 1972.
17. Mateo 25:40; Mateo 18: 10.
18. Mateo 7:1-2.
19. El Morya, "A Report" ("Un informe"), *Perlas de Sabiduría,* vol. 5, n.º 43, 26 de octubre de 1962.
20. Marcos 10:42-44.

21. Serapis Bey "A Message from the Hierarch of Luxor on Certain Disciplines of the Keepers of the Flame" ("Mensaje del Jerarca de Lúxor sobre ciertas disciplinas de los Guardianes de la Llama"), *Lección de Guardianes de la Llama n.º 2,* págs. 1-2.
22. Mateo 16:18.
23. Apocalipsis 2:17.
24. Hilarión, "On the Church Today" ("Sobre la Iglesia actual"), *Perlas de Sabiduría,* vol. 34, n.º 21, 26 de mayo de 1991.
25. Apocalipsis 2:17.
26. Efesios 2:20.
27. Mateo 24:15; Marcos 13:14.
28. Daniel 7:9.
29. Papa Juan XXIII, "The Church Universal and Triumphant" ("La Iglesia Universal y Triunfante"), *Lección de Guardianes de la Llama n.º 10,* pág. 24.
30. Véase El Morya, "The Pillars of Eternity" ("Las columnas de la eternidad"), *Perlas de Sabiduría,* vol. 14, n.º 19, 9 de mayo de 1971.
31. El Morya, "The Universal Religion" ("La religión universal"), *Perlas de Sabiduría,* vol. 28, n.º 51, 22 de diciembre de 1985.
32. Mateo 25:37-40; El Morya, *Perlas de Sabiduría,* vol. 6, n.º 7, 15 de febrero de 1963.

Glosario

Alfa y Omega. La totalidad divina del Dios Padre-Madre que el Señor Cristo afirmó como «el principio y el fin» en el Apocalipsis. *Llamas gemelas* ascendidas de la conciencia del *Cristo Cósmico* que mantienen el equilibrio de la polaridad masculina/femenina de la Deidad en el *Gran Sol Central* del cosmos. Así, a través del Cristo Universal, la Palabra encarnada, el Padre es el origen y la Madre es la realización de los ciclos de la conciencia de Dios expresada a través de la creación *Espíritu/Materia.* Véase también *Madre.* (Apocalipsis 1:8, 11; 21:6; 22:13).

Anciano de Días. Véase *Sanat Kumara.*

Antahkarana. (Sánscrito, 'órgano sensorial interno') La red de la vida. La red de luz que se extiende por el *Espíritu* y la *Materia,* sensibilizando y conectando a toda la creación dentro de sí misma y con el corazón de Dios.

Ascensión. El ritual por medio del cual el alma se reúne con el *Espíritu* del Dios vivo, la *Presencia YO SOY.* La ascensión es la culminación del viaje victorioso en Dios del alma en el tiempo y el espacio. Es la recompensa de los justos que supone el regalo de Dios después del último juicio ante el gran trono blanco, en el que cada hombre es juzgado según sus obras.

La ascensión fue experimentada por Enoc, de quien está escrito que «caminó, pues, con Dios, y desapareció, porque le llevó Dios»; por Elías, que subió al cielo en un torbellino; y por Jesús. Las escrituras dicen que Jesús fue llevado al cielo en una nube. Esto se denomina comúnmente la ascensión de Jesús. Sin embargo, el *Maestro Ascendido* El Morya ha revelado que Jesús vivió muchos años después de este acontecimiento y que ascendió después de fallecer en Cachemira a los 81 años.

La reunión con Dios mediante la ascensión, que significa el fin de las rondas de karma y renacimiento, y el regreso a la gloria del SEÑOR, es la meta de la vida para los hijos y las hijas de Dios. Jesús dijo: «Nadie subió al cielo, sino el que descendió del cielo; el Hijo del Hombre, que está en el cielo».

Gracias a su salvación (autoelevación), la elevación consciente del Hijo de Dios en su templo, el alma se viste con el vestido de bodas para cumplir el cargo del Hijo (sol o luz) de la manifestación. Siguiendo el sendero iniciático de Jesús, el alma, por la gracia de él, se hace digna de llevar su cruz y su corona. Ella asciende a través del *Ser Crístico* a su SEÑOR, la Presencia YO SOY, de donde descendió. (Apocalipsis 20:12-13; Génesis 5:24; 2 Reyes 2:11; Lucas 24:50-51; Hechos 1:9-11; Juan 3:13).

Átomo semilla. El foco de la Madre Divina (el rayo femenino de la Deidad) que afianza las energías del *Espíritu* en la *Materia* en el chakra de la base.

Calamita. El foco del Padre, el rayo masculino de la Deidad, que afianza las energías del *Espíritu* en la *Materia* en el chakra de la coronilla.

Cámara secreta del corazón. El santuario de la meditación, el sitio al que se retiran las almas de los portadores de luz. Es el núcleo de la vida donde el individuo se sitúa cara a cara con el Gurú interior, el amado Santo *Ser Crístico,* y recibe las pruebas del alma que preceden a la unión alquímica con ese Ser Crístico, el matrimonio de la Novia (el alma que se convierte en la esposa del Cordero).

Es el sitio donde las leyes del cosmos se escriben en las partes internas del hombre, porque la *Ley* está inscrita como el Sendero Óctuple del Buda sobre las paredes interiores de la cámara. Los ocho pétalos de esta cámara secundaria del corazón (el chakra de ocho pétalos) simbolizan la maestría de los siete rayos a través de la llama del Cristo, la *llama trina,* y la integración de esa maestría en el octavo rayo.

Chela. (Hindi *cela-* del sánscrito ceta 'esclavo'). En India, discípulo de un instructor religioso o gurú. Vocablo utilizado generalmente para referirse a un estudiante de los *Maestros Ascendidos* y sus enseñanzas. Específicamente, un estudiante con una autodisciplina y devoción mayor a lo común, iniciado por un Maestro Ascendido y que presta servicio a la causa de la *Gran Hermandad Blanca.*

Chohán. (Tibetano, 'señor' o 'maestro'; un jefe). Cada uno de los *siete rayos* tiene un chohán que concentra la conciencia Crística del rayo, que es de hecho la *Ley* del rayo que gobierna su uso justo en el hombre. Habiendo animado y demostrado su Ley del rayo a lo largo de muchas encarnaciones y habiendo pasado iniciaciones tanto antes como después de la *ascensión,* el candidato es asignado al cargo de chohán por el Maha Chohán, el «Gran Señor», que es asimismo es el representante del Espíritu Santo en todos los rayos. El nombre de los chohanes de los rayos (siendo cada uno de ellos un *Maestro Ascendido* que representa uno de los siete rayos para las evoluciones de la Tierra) y la ubicación de sus focos físicos/etéricos se dan a continuación.

Primer rayo: El Morya, Retiro de la Voluntad de Dios, Darjeeling (India).

Segundo rayo: Lanto, Retiro Royal Teton, Grand Teton, en Jackson Hole, estado de Wyoming (EE. UU.).

Tercer rayo: Pablo el Veneciano, Château de Liberté, sur de Francia, con un foco de la *llama trina* en el monumento a Washington, Ciudad de Washington (EE. UU.).

Cuarto rayo: Serapis Bey, Templo de la Ascensión y *Retiro* en Lúxor (Egipto).

Quinto rayo: Hilarión (el apóstol Pablo), Templo de la Verdad, Creta.

Sexto rayo: Nada, Retiro Árabe (o Retiro de Arabia), Arabia Saudí.

Séptimo rayo: Saint Germain, Retiro Royal Teton, Grand Teton, Wyoming (EE. UU.); Cueva de los Símbolos, Table Mountain, Wyoming (EE. UU.). Saint Germain también trabaja en los focos del Gran Director Divino: la Cueva de la Luz en India y la Mansión Rakoczy, en Transilvania, donde Saint Germain preside como jerarca.

Cinturón electrónico, círculo electrónico. El cinturón electrónico contiene la energía negativa o mal cualificada del mal karma o «pecado». Tiene forma de timbal y rodea los *cuatro cuerpos inferiores* desde la cintura hacia abajo. El círculo electrónico es el depósito en la *Materia* de toda la energía jamás cualificada por el alma. Contiene energía tanto positiva como negativa. La energía positiva corresponde al buen karma del alma, la luz del *Cuerpo Causal* (los tesoros del alma en el cielo) en un flujo en forma de ocho, como Arriba, así abajo.

Ciudad cuadrangular. La Nueva Jerusalén; arquetipo de las ciudades de luz etéricas de la era de oro que existen, actualmente, en el *plano etérico* (en el cielo) y que esperan a que se las haga descender a la manifestación física (en la tierra). San Juan de Patmos vio el descenso de la Ciudad Santa como la geometría inmaculada de aquello que ha de ser y que ahora está en los reinos invisibles de la luz: «Y yo Juan vi la santa ciudad, la nueva Jerusalén, descender del cielo, de Dios». Así, para que esta visión y profecía se cumpla, Jesús nos enseñó a rezar con la autoridad de la Palabra hablada: «¡Venga tu reino a la tierra como es en el cielo!».

Metafísicamente hablando, la Ciudad Cuadrangular es el *mandala* de los cuatro planos y los cuadrantes del universo de la *Materia;* los cuatro lados de la Gran Pirámide de la conciencia Crística concentrados en las esferas de la Materia. Las doce puertas son puertas de la conciencia Crística que marcan las líneas y los grados de las iniciaciones que él ha preparado para sus discípulos. Estas puertas son las entradas hacia las doce cualidades del *Cristo Cósmico* sostenidas por las doce *jerarquías solares* (que son emanaciones del *Cristo Universal*) por todos quienes estén dotados del amor ígneo omniconsumidor del *Espíritu,* todos quienes deseen, en la gracia, «entrar por sus puertas con acción de gracias, por sus atrios con alabanza».

Las almas no ascendidas pueden invocar el mandala de la Ciudad Cuadrangular para la realización de la conciencia Crística, como Arriba, así abajo. La Ciudad Cuadrangular contiene el patrón original de la identidad solar (del alma) de los 144.000 arquetipos de los hijos y las hijas de Dios necesarios para concentrar la plenitud divina de la conciencia de Dios en una dispensación dada. La luz de la ciudad se emite desde la *Presencia YO SOY;* la del Cordero (el Cristo Cósmico), desde el *Ser Crístico.* Las joyas son los 144 focos y frecuencias de luz afianzados en los chakras del Cristo Cósmico. (Apocalipsis 21:2, 9-27; Salmos 100:4).

Ciudades etéricas. Véase *Plano etérico.*

Consejo de Darjeeling. Un consejo de la *Gran Hermandad Blanca* que está compuesto de *Maestros Ascendidos* y *chelas* no ascendidos, dirigido por El Morya y con sede en Darjeeling (India), en el *retiro etérico* del Maestro. Entre sus miembros están la Virgen María, Kuan Yin, el Arcángel Miguel, el Gran Director Divino, Serapis Bey, Kuthumi, Djwal Kul y muchos otros, cuyo objetivo es preparar a las almas para que presten servicio al mundo en el gobierno Divino y la economía, mediante las relaciones internacionales y el establecimiento del Cristo interior como base para la religión, la enseñanza y un regreso a la cultura de la era de oro en la música y las artes.

Consejo Kármico. Véase *Señores del Karma.*

Cordón cristalino. La corriente de la luz, vida y conciencia de Dios que alimenta y sustenta al alma y sus *cuatro cuerpos inferiores.* También llamado cordón de plata. Véase también *Gráfica de tu Yo Divino;* ilustración de la pág. 205. (Eclesiastés 12:6).

Corriente de vida. La corriente de vida que surge de la Fuente, de la *Presencia YO SOY* en los planos del *Espíritu,* y que desciende a los planos de la *Materia* donde se manifiesta como la *llama trina* afianzada en la *cámara secreta del corazón* para sustentar al alma en la Materia y alimentar a los cuatro cuerpos inferiores. Se utiliza para denotar a las almas que evolucionan como «corrientes de vida» individuales y, por consiguiente, es sinónimo del vocablo «individuo». Denota la naturaleza continua del individuo a través de los ciclos de la individualización.

Cristo Cósmico. Un cargo de la *jerarquía,* actualmente ocupado por el Señor Maitreya, en el cual se mantiene el foco del *Cristo Universal* por toda la humanidad.

Cristo Universal. El mediador entre los planos del *Espíritu* y los de la *Materia.* Personificado como el *Ser Crístico,* es el mediador entre el Espíritu de Dios y el alma del hombre. El Cristo Universal sostiene el nexo de (el flujo en forma de ocho de) la conciencia a través del cual pasan las energías del Padre (Espíritu) hacia sus hijos para la cristalización (realización Crística) de la Llama Divina mediante los esfuerzos de su alma en el vientre (matriz) cósmico de la *Madre* (Materia).

La fusión de las energías de la polaridad masculina y femenina de la Deidad en la creación tiene lugar a través del Cristo Universal, el *Logos* sin el cual «nada de la que sido hecho, fue hecho». El flujo de luz desde el *Macrocosmos* hacia el *microcosmos,* desde el Espíritu (la *Presencia YO SOY*) hacia el alma y de vuelta por la espiral en forma de ocho, se realiza a través de este bendito mediador que es Cristo el SEÑOR, la verdadera encarnación del YO SOY EL QUE YO SOY.

El término «Cristo» o «ser Crístico» también denota un cargo en la *jerarquía* que ocupan quienes han alcanzado la maestría sobre sí mismos en los *siete rayos* y los siete chakras del Espíritu Santo. Maestría Crística incluye el equilibrio de la *llama trina* (los atributos divinos de poder, sabiduría y amor) para la armonización de la conciencia y la aplicación de la maestría de los siete rayos en los chakras y en los *cuatro cuerpos inferiores* a través de la Llama de la Madre (Kundalini elevada).

En la expansión de la conciencia del Cristo, el ser Crístico avanza para lograr la realización de la conciencia Crística a nivel planetario y es capaz de mantener el equilibrio de la Llama Crística por las evoluciones del planeta. Una vez logrado esto, ayuda a los miembros de la jerarquía celestial que sirven bajo el cargo de los Instructores del Mundo y el Cristo planetario. Véase también *Gráfica de tu Yo Divino;* ilustración de la pág. 205. (Juan 1:1-14; 14:20, 23. Compárese Apocalipsis 3:8; Mateo 28:18; Apocalipsis 1:18).

Cuatro cuerpos inferiores. Los cuatro cuerpos inferiores son cuatro fundas compuestas de cuatro frecuencias distintas que rodean al alma: física, emocional, mental y etérica; proporcionan vehículos para el alma en su viaje por el tiempo y el espacio. La funda etérica (de vibración superior a las demás) es la entrada a los tres cuerpos superiores: el *Ser Crístico,* la *Presencia YO SOY* y el *Cuerpo Causal.* Véase también *Gráfica de tu Yo Divino;* ilustración de la pág. 205.

Cuerpo Causal. El cuerpo de Primera Causa; siete esferas concéntricas de luz y conciencia que rodean a la *Presencia YO SOY* en los planos del *Espíritu,* cuyos impulsos acumulados, a los cuales se añade lo Bueno (la Palabra y las Obras del SEÑOR manifestadas por el alma en todas las vidas pasadas), son accesibles hoy, a cada momento, según lo necesitemos.

Uno puede acceder a los propios recursos y la creatividad (talentos, gracias, dones e ingenio reunidos mediante un servicio ejemplar en los *siete rayos*) en el Cuerpo Causal mediante la invocación a la Presencia YO SOY en el nombre del *Ser Crístico.*

El Cuerpo Causal es el almacén de toda cosa buena y perfecta que forme parte de nuestra verdadera identidad. Además, las grandes esferas del Cuerpo Causal son la morada del Dios Altísimo, al que Jesús se refirió cuando dijo: «En la casa de mi padre muchas moradas hay... Voy a preparar lugar para vosotros... Vendré otra vez, y os tomaré a mí mismo; para que donde yo estoy [donde YO, el Cristo encarnado, SOY en la Presencia YO SOY], vosotros también estéis».

El Cuerpo Causal es la mansión o habitación del Espíritu del YO SOY EL QUE YO SOY al que el alma regresa a través de Jesucristo y el Ser Crístico individual mediante el ritual de la *ascensión.* El apóstol Pablo se refirió al Cuerpo Causal como la estrella de la individualización de la Llama Divina de cada hombre cuando dijo: «Una estrella es diferente de otra en gloria». Véase también *Gráfica de tu Yo Divino;* ilustración de la pág. 205. (Mateo 6:19-21; Juan 14:2-3; 1 Corintios 15:41).

Cuerpo solar imperecedero. Véase *Vestidura sin costuras.*

Decretar. v. tr. Resolver, decidir, declarar, determinar; ordenar, mandar; invocar la presencia de Dios, su luz/energía/conciencia, su poder y protección, pureza y perfección.

Decreto. n. Voluntad predeterminada, edicto o fíat, decisión autorizada, declaración, ley, ordenanza o regla religiosa; orden o mandamiento.

Está escrito en el libro de Job: «Determinarás asimismo una cosa, y te será firme, y sobre tus caminos resplandecerá luz». El decreto es la más poderosa de todas las solicitudes a la Deidad. Es el «mandadme» de Isaías 45:11, la primera orden dada a la luz que, como el «lux fíat», es el derecho natural de los hijos y las hijas de Dios. Es la Palabra de Dios autorizada que, en el hombre, es pronunciada en el nombre de la *Presencia YO SOY* y el Cristo vivo para producir cambios constructivos en la tierra a través de la voluntad de Dios y su conciencia, venidas a la tierra como lo son en el cielo, en manifestación aquí abajo como Arriba.

El decreto dinámico, ofrecido como alabanza y petición al Señor Dios con la ciencia de la Palabra hablada, es la «oración eficaz del justo» que puede mucho. Es el medio por el cual el suplicante se identifica con la Palabra de Dios, el fíat original del Creador: «Sea la luz; y fue la luz».

A través del decreto dinámico pronunciado con alegría y amor, fe y esperanza en las alianzas de Dios cumplidas, la Palabra es injertada en el suplicante y este sufre la transmutación mediante el *fuego sagrado* del Espíritu Santo, la «prueba de fuego» con la que se consume todo pecado, enfermedad y muerte, pero se conserva el alma justa. El decreto es el instrumento y la técnica del alquimista para efectuar la transmutación personal y planetaria, así como su autotrascendencia. El decreto puede ser corto o largo y normalmente va precedido de un preámbulo formal y un cierre o aceptación. (Job 22:28; Santiago 5:16; Génesis 1:3; Santiago 1:21; 1 Corintios 3:13-15; 1 Pedro 1:7).

Dharma. (Sánscrito, 'ley'). La realización de la Ley de la individualidad mediante la adherencia a la Ley Cósmica, incluyendo las leyes de la naturaleza y el código espiritual de conducta, como el camino o dharma del Buda o el Cristo. El deber de una persona de cumplir su razón de ser a través de la ley del amor y la labor sagrada.

Dictados. Los mensajes de los *Maestros Ascendidos,* Arcángeles y otros seres espirituales avanzados que se producen mediante la agencia del Espíritu Santo y llegan a través de un *Mensajero* de la Gran Hermandad Blanca.

Elemental del cuerpo. Un ser de la naturaleza (por lo común invisible y que opera sin que se lo observe en la octava física) que presta servicio al alma desde el momento de su primera encarnación en los planos de la *Materia* para cuidar del cuerpo físico. El elemental del cuerpo mide un metro de altura y se asemeja a la persona a quien sirve. Trabajando con el ángel de la guarda bajo el *Ser Crístico* regenerativo, el elemental del cuerpo es el amigo y ayudante invisible del hombre. Véase también *Elementales.*

Elementales. Seres de la tierra, el aire, el fuego y el agua; espíritus de la naturaleza que son siervos de Dios y del hombre en los planos de la *Materia* para el establecimiento y mantenimiento del plano físico como plataforma para la evolución del alma. Los elementales que sirven al elemento fuego se llaman salamandras; los que sirven al elemento aire, silfos; los que sirven al elemento agua, ondinas; los que sirven al elemento tierra, gnomos. Véase también *Elemental del cuerpo, Elohim.*

Elohim. (Plural del hebreo *Eloah* 'Dios'). Uno de los nombres hebreos de

Dios o de los dioses; utilizado en el Antiguo Testamento unas 2.500 veces, significa 'Ser Poderoso' o 'Ser Fuerte'. Elohim es un nombre que se refiere a las *llamas gemelas* de la Deidad de que se compone el «Divino Nosotros». Cuando se habla específicamente o bien de la mitad masculina o bien de la femenina, se retiene la forma plural ya que se entiende que una mitad de la Totalidad Divina contiene y es el Yo andrógino (el Divino Nosotros).

Los Siete Poderosos Elohim y sus equivalentes femeninos son los constructores de la forma; por consiguiente, Elohim es el nombre de Dios utilizado en el primer versículo de la Biblia: «En el principio creó Dios los cielos y la tierra». Directamente bajo los Elohim sirven los cuatro seres de los elementos (las cuatro fuerzas cósmicas) que ejercen dominio sobre los *elementales*.

Los Siete Poderosos Elohim son los «siete Espíritus de Dios» nombrados en el Apocalipsis, y las «estrellas del alba» que alababan juntas en el principio, como lo reveló el SEÑOR a su siervo Job. También hay cinco Elohim que rodean el núcleo de fuego blanco del *Gran Sol Central*. En el orden jerárquico, los Elohim y los *Seres Cósmicos* son portadores de la mayor concentración (la vibración más elevada) de luz que nosotros podemos comprender en nuestro estado de evolución.

Junto con los cuatro seres de la naturaleza, sus consortes y los constructores elementales de la forma, ellos representan el poder de nuestro Padre como Creador (rayo azul). Los Siete Arcángeles y sus complementos divinos, los grandes serafines, querubines y todas las huestes angélicas representan el amor de Dios con la intensidad de fuego del Espíritu Santo (rayo rosa). Los Siete Chohanes de los Rayos y todos los *Maestros Ascendidos,* junto con los hijos y las hijas de Dios no ascendidos, representan la sabiduría de la *Ley* del Logos bajo el cargo del Hijo (rayo amarillo). Estos tres reinos forman una tríada de manifestación, trabajando en equilibrio para reducir las energías de la Trinidad. La entonación del sonido sagrado «Elohim» emite el enorme poder de su autopercepción Divina, reducido para nuestro bendito uso a través del *Cristo Cósmico*.

A continuación, se dan los nombres de los Siete Elohim, los rayos en los que sirven y la ubicación de sus *retiros etéricos*.

Primer rayo: Hércules y Amazonia, Half Dome, Sierra Nevada, parque nacional Yosemite, California (EE. UU.).

Segundo rayo: Apolo y Lúmina, Baja Sajonia occidental (Alemania).

Tercer rayo: Heros y Amora, lago Winnipeg (Canadá).

Cuarto rayo: Pureza y Astrea, cerca del Golfo de Arcángel, brazo sureste del mar Blanco (Rusia).

Quinto rayo: Ciclopea y Virginia, cordillera Altái, donde convergen China, Siberia y Mongolia, cerca de Talbun Bogdo.

Sexto rayo: Paz y Aloha, islas Hawái.

Séptimo rayo: Arcturus y Victoria, cerca de Luanda, Angola (África).

(Apocalipsis 1:4; 3:1; 4:5; 5:6; Job 38:7).

Entidades. Conglomerados de energía mal cualificada o individuos desencarnados que han elegido encarnar el mal. Las entidades que son focos de fuerzas siniestras pueden atacar a individuos desencarnados, así como a personas encarnadas. Existen muchos tipos distintos de entidades desencarnadas, como las entidades del licor, la marihuana, el tabaco, la muerte, el sexo y el encaprichamiento con uno mismo, la sensualidad, el egoísmo y el amor hacia uno mismo, el suicidio, la ira, los chismes, el temor, la locura, la depresión, la avaricia de dinero, los juegos de azar, el llorar, varios agentes químicos (como el flúor y el azúcar), el terror, la condenación y el sentimentalismo.

Entidades desencarnadas. Véase *Entidades.*

Espíritu. La polaridad masculina de la Deidad; la coordenada de la *Materia;* Dios como Padre, que por necesidad incluye en la polaridad de sí mismo a Dios como *Madre* y, por tanto, es conocido como el Dios Padre-Madre. El plano de la *Presencia YO SOY,* de la perfección; la morada de los *Maestros Ascendidos* en el reino de Dios. (Cuando lleva minúscula, como en «espíritus», es sinónimo de desencarnados o *entidades* astrales. Cuando es singular y lleva minúscula, «espíritu» se utiliza igual que «alma»).

Falsa jerarquía. Seres que se han rebelado contra Dios y su Cristo, incluyendo a ángeles caídos, demonios y poderes y principados de la Oscuridad que personifican el *Mal* (el velo de energía). Quienes deifican al Mal Absoluto y lo encarnan son denominados de forma genérica como «demonio». En las escrituras se hace referencia a los miembros de la falsa jerarquía como Lucifer, Satanás, el Anticristo, Serpiente y el acusador de los hermanos.

Fraternidad de Guardianes de la Llama. Una organización de *Maestros Ascendidos* y sus *chelas* que prometen guardar la llama de la vida en la Tierra y apoyar las actividades de la *Gran Hermanda Blanca* en el establecimiento de su comunidad y escuela de misterios, así como en la diseminación de sus enseñanzas. Fundada en 1961 por Saint Germain. Los Guardianes de la Llama reciben lecciones graduadas sobre la *Ley Cósmica* dictadas por los Maestros Ascendidos a sus *Mensajeros* Mark y Elizabeth Prophet.

Fuego sagrado. El fuego Kundalini que yace como una serpiente enroscada en el chakra de la base del alma y se eleva mediante la pureza espiritual y la maestría sobre uno mismo hasta el chakra de la coronilla, vivificando los centros espirituales a su paso. Dios, luz, vida, energía, el YO SOY EL QUE YO SOY. «Nuestro Dios es un fuego consumidor». El fuego sagrado es la precipitación del Espíritu Santo para el bautismo de las almas, para la purificación, para la alquimia y la transmutación y para la realización de la ascensión, el ritual sagrado por el cual el alma regresa al Uno, la *Presencia YO SOY.* (Hebreos 12:29).

Gráfica de tu Yo Divino. (Véase ilustración de la pág. 205). En la gráfica hay representadas tres figuras, a las que nos referiremos como figura superior, figura media y figura inferior. La figura superior es la *Presencia YO SOY,* el YO SOY EL QUE YO SOY, Dios individualizado para cada uno de sus hijos e hijas. La Mónada Divina se compone de la Presencia YO SOY, rodeada de esferas (anillos de color, de luz) que forman el *Cuerpo Causal.* Este es el cuerpo de Primera Causa, el cual contiene el «tesoro en el cielo» del hombre (obras perfectas, pensamientos y sentimientos perfectos, palabras perfectas), energías que han ascendido desde el plano de la acción en el tiempo y el espacio como resultado del correcto ejercicio del libre albedrío por parte del hombre y su correcta cualificación de la corriente de vida que surge del corazón de la Presencia y desciende hasta el nivel del *Ser Crístico.*

La figura media de la gráfica es el mediador entre Dios y el hombre, llamado Ser Crístico, Yo Real o conciencia Crística. También se denomina Cuerpo Mental Superior o Conciencia Superior. El Ser Crístico acompaña al yo inferior, que se compone del alma en evolución a través de los cuatro planos de la *Materia* en los *cuatro cuerpos inferiores,* correspondientes a los planos de fuego, aire, agua y tierra; es decir, el cuerpo etérico, el cuerpo mental, el cuerpo emocional y el cuerpo físico.

Las tres figuras de la gráfica se corresponden con la Trinidad: Padre (figura superior), Hijo (figura media) y Espíritu Santo (figura inferior). La figura inferior tiene como finalidad convertirse en el templo del Espíritu Santo, que está indicado en la acción envolvente de la llama violeta del fuego sagrado. La figura inferior se corresponde contigo como discípulo o discípula en el *Sendero.* Tu alma es el aspecto no permanente del ser que se vuelve permanente mediante el ritual de la *ascensión.* La ascensión es el proceso por el cual el alma, habiendo saldado su karma y cumplido su plan divino, se une, primero, a la conciencia Crística y, después, a la Presencia viva del YO SOY EL QUE YO SOY. Una vez que la ascensión ha tenido lugar, el alma —el aspecto corruptible del ser— se convierte en lo incorruptible, un átomo permanente del cuerpo de Dios. La Gráfica de tu Yo Divino es, por tanto, un diagrama de ti mismo, en el pasado, el presente y el futuro.

La figura inferior representa a la humanidad evolucionando en los planos de la Materia. Así es como debes visualizarte, de pie, en la llama violeta, que has de invocar en el nombre de la Presencia YO SOY y en el nombre de tu Ser Crístico con el fin de purificar tus cuatro cuerpos inferiores como preparación para el ritual del matrimonio alquímico: la unión de tu alma con el Cordero como novia de Cristo.

La figura inferior está rodeada de un tubo de luz, que se proyecta desde el corazón de la Presencia YO SOY en respuesta a tu llamado. El tubo de luz es un campo de protección sustentado en el *Espíritu* y en la Materia para sellar la individualidad del discípulo. La *llama trina* dentro del corazón es la chispa de la vida proyectada desde la Presencia YO SOY a través del Ser Crístico y afianzada en los planos etéricos, en la cámara secreta del corazón, con el fin de que el alma evolucione en la Materia. También llamada Llama Crística, la llama trina es la chispa de la divinidad del hombre, su potencial para alcanzar la Divinidad.

El *cordón cristalino* es la corriente de luz que desciende desde el corazón de la Presencia YO SOY a través del Ser Crístico y, de ahí, a los cuatro cuerpos inferiores para sustentar a los vehículos de expresión del alma en el tiempo y el espacio. Por este cordón fluye la energía de la Presencia, entrando en el ser del hombre por la parte superior de la cabeza y proporcionando la energía para el latido de la llama trina y del corazón físico. Cuando se termina una ronda de encarnación del alma en la forma-Materia, la Presencia YO SOY retira el cordón cristalino, la llama trina regresa al nivel del Cristo y las energías de los cuatro cuerpos inferiores vuelven a sus planos respectivos.

La paloma del Espíritu Santo que desciende desde el corazón del Padre se muestra justo por encima de la cabeza del Cristo. Cuando el hombre individual, como la figura inferior, se viste con la conciencia Crística y se convierte en ella, como hizo Jesús, se produce el descenso del Espíritu Santo y las palabras del Padre (la Presencia YO SOY) son pronunciadas: «Este es mi Hijo amado, en quien [YO SOY complacido] tengo complacencia». Véase también ilustración de la pág. 205. (Mateo 3:17).

Gran Eje. Véase *Gran Sol Central.*

Gran Hermandad Blanca. Una orden espiritual de santos occidentales y adeptos orientales que se han reunido con el *Espíritu* del Dios vivo y que componen las huestes celestiales. Ellos han transcendido los ciclos de karma y renacimiento y han ascendido (acelerado) hacia una realidad superior, que es la morada eterna del alma. Los *Maestros Ascendidos* de la Gran Hermandad Blanca, unidos por los fines más altos de hermandad de los hombres bajo la Paternidad de Dios, han surgido en todas las épocas, de todas las culturas y religiones, para inspirar el logro creativo en la educación, las artes y ciencias, el gobierno Divino y la vida abundante a través de la economía de las naciones.

«Blanca» no se refiere a la raza, sino al aura (halo) de luz blanca que rodea la forma de los que forman la Hermandad. La Hermandad también incluye en sus filas a ciertos *chelas* de los Maestros Ascendidos. Jesucristo reveló esta orden de santos «vestidos de blanco» a su siervo Juan de Patmos. Véase también *Jerarquía.* (Apocalipsis 3:4-5; 6:9, 13-14; 19:14).

Gran Sol Central. También denominado Gran Eje. El centro del cosmos; el punto de integración del cosmos *Espíritu/Materia;* el punto de origen de la creación física/espiritual; el núcleo de fuego blanco del huevo cósmico. (Sirio, la Estrella Divina, es el foco del Gran Sol Central en nuestro sector de la galaxia).

El sol detrás del sol es la Causa espiritual tras el efecto físico que vemos como nuestro sol físico y las demás estrellas y sistemas estelares, visibles o invisibles, incluyendo al Gran Sol Central. El Sol detrás del sol del cosmos se percibe como el *Cristo Cósmico:* la Palabra por la cual lo informe fue dotado de forma y los mundos espirituales fueron cubiertos con la característica física.

De igual modo, el Sol detrás del sol es el Hijo de Dios individualizado en el *Ser Crístico,* brillando en todo su esplendor detrás del alma y sus fundas de conciencia que se penetran mutuamente, llamadas *cuatro cuerpos inferiores.* Es el Hijo del hombre, el «Sol» de cada manifestación de Dios. El Sol detrás del sol se denomina «Sol de justicia», que cura la mente, ilumina el alma y da luz a toda su casa. Como «gloria de Dios», es la luz de la *Ciudad Cuadrangular.* (Malaquías 4:2; Apocalipsis 21:23).

Guardián de la Llama. 1) El título otorgado al Señor Maha Chohán, «el Gran Señor», en el orden jerárquico de la Gran Hermandad Blanca. También conocido como representante del Espíritu Santo, el Maha Chohán presta servicio a la humanidad alimentando la *llama trina* de la vida que está afianzada en el corazón. Él está presente en todos los nacimientos, para encender la llama trina correspondiente a esa encarnación en particular, y en todas las muertes, para retirar la llama trina del cuerpo físico. 2) Un miembro de la *Fraternidad de Guardianes de la Llama.*

Jerarquía. La cadena de seres individualizados y libres en Dios que cumplen los atributos y aspectos de la infinita Individualidad de Dios.

Parte del esquema cósmico jerárquico son los *Logos Solares,* los *Elohim,* los Hijos y las Hijas de Dios, los Maestros ascendidos y no ascendidos con sus círculos de *chelas,* los *Seres Cósmicos,* las doce *jerarquías del sol,* los Arcángeles y ángeles del fuego sagrado, los niños de la luz, los espíritus de la naturaleza (llamados *elementales*) y las *llamas gemelas* de la polaridad *Alfa/Omega* que patrocinan los sistemas planetarios y galácticos.

Este orden universal de la autoexpresión del Padre es el medio por el cual Dios, en el *Gran Sol Central,* reduce la Presencia y el poder de su ser/conciencia universal para que las evoluciones sucesivas en el tiempo y el espacio, desde el menor hasta el mayor, puedan llegar a conocer la maravilla de su amor. El nivel del logro espiritual/físico que se posea —medido por la propia autopercepción equilibrada, «escondida con Cristo en Dios», y demostrando su *Ley,* por su amor, en el cosmos Espíritu/Materia— es el criterio que establecerá el posicionamiento que uno tenga en la escalera de la vida llamada jerarquía.

En el siglo III, Orígenes de Alejandría estableció su concepción de una jerarquía de seres, desde ángeles a seres humanos pasando por demonios y bestias. Este erudito y teólogo de renombre de la Iglesia primitiva, que estableció la piedra angular de la doctrina de Cristo y sobre cuyas obras posteriores los Padres, doctores y teólogos de la Iglesia edificaron sus tradiciones, enseñó que las almas están asignadas a sus respectivos cargos y deberes en base a acción y méritos anteriores, y que cada cual tiene la oportunidad de ascender o descender de rango.

En el libro del Apocalipsis se nombra a muchos seres de la jerarquía celestial. Aparte de la *falsa jerarquía* anti-Cristo, incluyendo a los ángeles réprobos, algunos de los miembros de la *Gran Hermandad Blanca* que Jesús mencionó son *Alfa y Omega,* los siete Espíritus, los ángeles de las siete iglesias, los Veinticuatro Ancianos, las cuatro criaturas vivientes, los santos vestidos de blanco, los dos testigos, el Dios de la Tierra, la mujer vestida del sol y su hijo varón, el Arcángel Miguel y sus ángeles, el Cordero y su esposa, los 144.000 que tienen escrito el nombre del Padre en la frente, el ángel del Evangelio Eterno, los siete ángeles (es decir, los Arcángeles de los *siete rayos*) que estuvieron ante Dios, el ángel vestido con una nube y un arco iris sobre su cabeza, los siete truenos, el Fiel y Verdadero y sus ejércitos, y el que se sienta en el gran trono blanco. Véase también *Elohim.* (Apocalipsis 1:4, 8, 11, 20; 2:1, 8, 12, 18; 3:1, 4-5, 7, 14; 4:2-10; 5:2, 6, 11; 6:9-11; 7:1-2, 9, 13-14; 8:2; 10:1, 3, 7; 11:3-4; 12:1, 5, 7; 14:1, 3-6, 14-19; 15:1; 16:1-4, 8, 10, 12, 17; 17:1; 18:1, 21; 19:4, 7, 11-17, 20:1; 21:6, 9; 22:13).

Jerarquías del sol. *Seres cósmicos* que forman un anillo de conciencia cósmica alrededor del *Gran Sol Central.* Cada una de las doce jerarquías, una por cada línea del *Reloj Cósmico,* se compone de millones de Seres Cósmicos que animan la virtud de la línea del Reloj. Por ejemplo, la jerarquía de Capricornio concentra la virtud del poder Divino; la jerarquía de Acuario concentra la virtud del amor Divino; y así sucesivamente.

Todos los meses recibes la antorcha y la llama de una jerarquía del sol según tus ciclos del Reloj Cósmico. Tú llevarás esa llama a través de una serie de iniciaciones bajo esa jerarquía. Así, por ejemplo, durante el mes correspondiente a la línea de las doce, pasarás por las iniciaciones del poder Divino y se te pondrá a prueba en relación con la capacidad que tengas de evitar caer en la crítica, la condenación o el juicio.

K-17. Jefe del Servicio Secreto Cósmico. Mencionado como «Amigo», asume cuerpo físico cuando debe ayudar a miembros de los varios servicios secretos de las naciones del mundo. Su campo energético protector es un «anillo impenetrable», un anillo de fuego blanco que puede estar teñido de los colores de los rayos de acuerdo con la necesidad del momento. K-17 traza el círculo de llama viva alrededor de personas y lugares para proteger y sellar la identidad y el campo energético de quienes están dedicados al servicio a la luz.

Tanto K-17 como su hermana fueron capaces de mantener su cuerpo físico con vida durante más de 300 años antes de ascender en la década de 1930. Continuando con su evolución y servicio a la humanidad, ahora tienen una villa en París y focos en otras partes del mundo para la preparación de maestros no ascendidos. K-17 y las legiones que tiene a su mando deben ser invocadas para desenmascarar, gracias al poder del Ojo Omnividente de Dios, a las fuerzas y los complots que quieren socavar el plan de Saint Germain para el gobierno Divino en la era de oro. La llama de K-17 es verde azulado y blanco.

Kali Yuga. Término sánscrito de la filosofía mística hindú que se refiere al último y el peor de los cuatro yugas (eras del mundo), caracterizado por la lucha, la discordia y el deterioro moral.

Ley. En este libro se hace una distinción entre 'Ley' y 'ley'. Cuando va con mayúscula, se refiere al diseño original del ser de Dios, activado a través de la *corriente de vida* (la corriente de luz) que fluye por el corazón del Santo *Ser Crístico,* quien atiende al alma en evolución. Cuando va con minúscula se refiere a los preceptos de la Ley de Dios tal como se aplican a un tiempo y lugar determinados.

Ley del Uno. La propiedad que tiene la plenitud de Dios que permite que el cuerpo de Dios sea partido (como demostró Jesús en la Última Cena) y que siga siendo Uno. De la misma forma, el Hijo de Dios puede ser personificado en cada niño de Dios en la persona del Santo *Ser Crístico*. A través de esta luz, cada alma puede aceptar la opción de convertirse en el hijo de Dios, unirse a Cristo y ascender de vuelta al corazón de Dios, el corazón de su poderosa *Presencia YO SOY.*

Llama gemela. El equivalente del alma, masculino o femenino, concebido a partir del mismo cuerpo de fuego blanco, el ovoide ígneo de la *Presencia YO SOY.*

Llama trina. La llama del Cristo que es la chispa de la vida que arde dentro de la *cámara secreta del corazón* (un chakra secundario dentro del corazón). La sagrada trinidad —poder, sabiduría y amor— que es la manifestación del *fuego sagrado*.

Llama violeta. Aspecto del séptimo rayo del Espíritu Santo. El *fuego sagrado* que transmuta la causa, el efecto, el registro y la memoria del pecado o karma negativo. También denominada llama de la transmutación, de la libertad y del perdón. Se invoca con la Palabra hablada, con visualizaciones para la transmutación del karma negativo personal y planetario. Véase también *Decreto*.

Logos. (Griego, 'palabra', 'habla', 'razón'; la divina sabiduría manifiesta en la creación). Según la antigua filosofía griega, es el principio que controla el universo. El libro de Juan identifica la Palabra o Logos con Jesucristo: «Y la Palabra fue hecha carne, y habitó entre nosotros». Por consiguiente, Jesucristo se considera como la encarnación de la razón divina, la Palabra Encarnada.

Del vocablo Logos se deriva la palabra 'lógica', definida como «la ciencia de los principios formales del razonamiento». De la lógica tenemos la geometría y el desarrollo y la articulación de la original Palabra de Dios al descomponerse esta en lenguaje y materia para la comunicación clara del conocimiento. Así, todo el conocimiento se basa en la Palabra original (con 'P' mayúscula). Los comunicadores del conocimiento original, el Logos, son los comunicadores de la Palabra.

La Palabra también significa 'Shakti', que en es un vocablo sánscrito que significa 'energía', 'poder', 'fuerza'. Shakti es la fuerza dinámica y creativa del universo, el principio femenino de la Deidad, que emite el potencial de Dios desde el *Espíritu* a la *Materia*. Jesucristo, la Palabra Encarnada, también es la Shakti de Dios. Por tanto, vemos que «comunicar la Palabra» es comunicar el conocimiento original de Dios transmitido al hombre a través de su aspecto femenino. También es comunicar autoconocimiento. Al comunicar este conocimiento, nos convertimos en transmisores de la Palabra y en instrumentos de la Palabra.

Logos Solares. *Seres Cósmicos* que transmiten las emanaciones de luz de la Deidad que fluyen desde *Alfa y Omega* en el *Gran Sol Central* hacia los sistemas planetarios. En esta capacidad, ellos determinan qué cociente de luz puede confiarse a las evoluciones de la Tierra.

Macrocosmos. (Griego, 'gran mundo'). El cosmos más grande; toda la urdimbre de la creación, a la que llamamos huevo cósmico. También se utiliza como contraste entre el hombre como *microcosmos,* 'mundo pequeño', y el telón de fondo del mundo más grande en el que vive.

Madre. La polaridad femenina de la Deidad, la manifestación de Dios como Madre. Términos alternativos: «Madre Divina», «Madre Universal» y «Virgen Cósmica». La *Materia* es la polaridad femenina del *Espíritu,* y el término se utiliza igual que Mater (latín, 'madre'). En este contexto, todo el cosmos material se convierte en el vientre de la creación en el cual el Espíritu proyecta las energías de la vida. La Materia, por tanto, es el vientre de la Virgen Cósmica, la cual, como la otra mitad de la Totalidad Divina, también existe en el Espíritu como polaridad espiritual de Dios.

El propio Jesús reconoció a *Alfa y Omega* como los representantes más altos del Dios Padre-Madre y con frecuencia se refirió a Alfa como Padre y a Omega como Madre. Quienes asumen la polaridad femenina de la conciencia después de la *ascensión* son conocidas como Maestras Ascendidas. Junto con todos los seres femeninos (polarizados femeninamente) de las octavas de luz, concentran la llama de la Madre Divina por las evoluciones de la humanidad que evolucionan en muchos sistemas de mundos. Sin embargo, siendo andróginas, todas las huestes celestiales concentran cualquiera de los atributos de la Deidad, masculinos o femeninos, a voluntad, pues han entrado en las esferas de la plenitud divina. Véase también *Materia.*

Madre de la Llama. Cargo de la *jerarquía.* Saint Germain ungió a Clara Louise Kieninger como primera Madre de la Llama cuando se fundó la *Fraternidad de Guardianes de la Llama,* en 1961. Durante años ella hizo una vigilia diaria de meditación, comenzando a las 5 de la mañana y rezando de dos a cuatro horas por los jóvenes, los niños a punto de entrar en este mundo, sus padres y los profesores. Al transferir el manto de Madre de la Llama a Elizabeth Clare Prophet, el 9 de abril de 1966, se hizo Madre de la Llama Regente. Clara Louise Kieninger ascendió a los 87 años desde Berkeley (California), el 25 de octubre de 1970.

El 1 de enero de 1973, Gautama Buda anunció que la Maestra Ascendida Clara Louise, «antes de que pasara la noche, daría a la actual Madre de la Llama una antorcha cargada con los fuegos vitales del altar celestial de Dios y le transmitiría una gran misión para iluminar a los niños del mundo y producir la bendición de la verdadera cultura para la era y para toda la gente por doquier».

Maestra Ascendida Venus. *Llama gemela* de Sanat Kumara. El foco de la Maestra Ascendida Venus y su llama de la belleza se afianzaron en el continente de Europa donde actualmente se encuentra la ciudad de Viena (Austria). A través del rayo afianzado allí es que encarnaron muchos de los venusianos, trayendo consigo su cultura. La cultura, el arte y la sensación romántica de esta ciudad de ensueño evocan el hogar planetario de su fundadora. Véase también *Sanat Kumara.*

Maestro Ascendido. Alguien que, a través de Cristo y vistiéndose con la Mente que había en Jesucristo, ha dominado el tiempo y el espacio y, durante ese proceso, ha conseguido la maestría sobre el yo en los *cuatro cuerpos inferiores* y en los cuatro cuadrantes de la *Materia,* en los chakras y en la *llama trina* equilibrada. Un Maestro Ascendido también ha transmutado al menos el 51 por ciento de su karma, ha cumplido su plan divino y ha pasado las iniciaciones del rayo rubí hasta el ritual de la *ascensión:* la aceleración mediante el *fuego sagrado* hacia la Presencia del YO SOY EL QUE YO SOY (la *Presencia YO SOY*). Los Maestros Ascendidos habitan en los planos del Espíritu —el reino de Dios (la conciencia de Dios)— y pueden enseñar a las almas no ascendidas en un *templo etérico* o en las ciudades del *plano etérico* (el reino del cielo).

Maldek. Un planeta de nuestro sistema solar que ya no existe. Las fuerzas oscuras destruyeron Maldek con las mismas tácticas que usan actualmente los manipuladores en la Tierra para degradar la conciencia de la gente. Sus oleadas de vida libraron una guerra que terminó en una aniquilación nuclear; el cinturón de asteroides entre Marte y Júpiter es lo que queda del planeta. Los rezagados son almas que vinieron a la Tierra de Maldek.

Mandala. (Sánscrito, 'círculo', 'esfera'). Grupo, compañía o asamblea; círculo de amigos; asamblea o reunión de Budas y Bodisatvas. Un diseño circular compuesto de imágenes de deidades que simbolizan el universo, la totalidad o la plenitud; utilizado en la meditación por hindús y budistas.

Manú. (Sánscrito). El progenitor y legislador de las evoluciones de Dios en la Tierra. El Manú y su complemento divino son *llamas gemelas* ascendidas asignadas por el Dios Padre-Madre a patrocinar y animar la imagen Crística de cierta evolución u oleada de vida, conocida como raza raíz: almas que encarnan como grupo y poseen un único patrón arquetípico, plan divino y misión a realizar en la Tierra.

Según la tradición esotérica, existen siete agregaciones principales de almas, desde la primera hasta la séptima raza raíz. Las primeras tres razas raíz vivieron en la pureza e inocencia sobre la Tierra en tres eras de oro, antes de la caída de Adán y Eva. Mediante la obediencia a la *Ley Cósmica* y una identificación total con el *Yo Real,* esas razas raíz consiguieron su libertad inmortal y ascendieron desde la Tierra.

Fue durante la cuarta raza raíz, en el continente de Lemuria, que tuvo lugar la alegórica Caída bajo la influencia de los ángeles caídos conocidos como Serpientes (porque utilizaron las energías serpentinas de la columna para engañar al alma o principio femenino en la humanidad, como medio para conseguir bajar el potencial masculino, emasculando así a los Hijos de Dios).

La cuarta, quinta y sexta raza raíz (este último grupo de almas aún no ha descendido completamente a encarnar físicamente) siguen encarnadas en la Tierra actualmente. El Señor Himalaya y su Amada son los Manús de la cuarta raza raíz, el Manú Vaivasvata y su consorte son los Manús de la quinta raza raíz, y el Dios y la Diosa Merú son los de la sexta. La séptima raza raíz está destinada a encarnar en el continente de Suramérica en la era de Acuario, bajo sus Manús, el Gran Director Divino y su complemento divino.

Los Manús son los amados padrinos Divinos que responden instantáneamente al llamado de sus niños. La consoladora presencia de su luz está dotada de un poder/sabiduría/amor tan grande que hace que los éteres se estremezcan y que cada uno de los pequeños se sienta como en casa en los brazos de Dios, aun en la hora más oscura.

Manvantara. (Sánscrito, de *maver* 'hombre' + *antara* 'intervalo', 'período de tiempo'). En el hinduismo, uno de los catorce intervalos que constituyen un kalpa: duración de tiempo desde el origen hasta la destrucción de un sistema de mundos (un ciclo cósmico). En la cosmología hindú, el universo evoluciona continuamente pasando por ciclos periódicos de creación y disolución. Se dice que la creación se produce durante la exhalación del Dios de la Creación, Brahman; la disolución ocurre durante su inhalación.

Materia. La polaridad femenina (negativa) del *Espíritu* masculino (positivo). La Materia actúa como cáliz del reino de Dios y es la morada de las almas en evolución que se identifican con su Señor, su Santo *Ser Crístico*. La Materia se distingue de la materia (con minúscula), que es la sustancia de la tierra, terrenal, de los reinos de *maya,* que bloquea en vez de irradiar luz divina y el Espíritu del YO SOY EL QUE YO SOY. Véase también *Madre*.

Maya. (Sánscrito, 'ilusión', 'engaño', 'apariencia'). Algo creado o inventado, que finalmente no es real; el mundo fenoménico no permanente visto como realidad; el principio de la relatividad y dualidad por el cual la realidad única aparece como el universo variado. Los *Maestros Ascendidos* enseñan que maya es el velo de energía mal cualificada que el hombre impone a la Materia con su abuso del *fuego sagrado.*

Mensajero. Evangelista; alguien que precede a los ángeles llevando a la gente de la Tierra las buenas nuevas del evangelio de Jesucristo y, en el momento designado, el Evangelio Eterno. Los Mensajeros de la *Gran Hermandad Blanca* están ungidos por la *jerarquía* como apóstoles suyos («alguien enviado en misión»). Ellos dan a través de sus *dictados* (profecías) de los *Maestros Ascendidos* el testimonio y las enseñanzas perdidas de Jesucristo con el poder del Espíritu Santo a la progenie de Cristo, las ovejas perdidas de la casa de Israel y a todas las naciones. Un Mensajero ha recibido la preparación de un Maestro Ascendido para poder recibir, mediante varios métodos, las palabras, los conceptos, las enseñanzas y los mensajes de la Gran Hermandad Blanca. Alguien que transmite la *Ley,* las profecías y las dispensaciones de Dios para un pueblo y una época. (Apocalipsis 14:6; Mateo 10:6; 15:24).

Microcosmos. (Griego, 'mundo pequeño'). 1) El mundo del individuo, sus *cuatro cuerpos inferiores,* su aura y el campo energético de su karma. 2) El planeta. Véase también *Macrocosmos.*

Mónada divina. Véase *Presencia YO SOY.*

Mónada humana. Todo el campo energético del yo, las esferas de influencia conectadas entre sí (hereditarias, del entorno, kármicas) que componen esa autopercepción que se identifica a sí misma como humana. El punto de referencia de percepción inferior o percepción nula a partir del cual ha de evolucionar toda la humanidad hacia la realización del Yo Real como el *Ser Crístico.*

Morador del umbral. El anti-yo, el yo irreal, el yo sintético, antítesis del *Yo Real,* el conglomerado del ego creado a sí mismo, al concebido con el uso indebido del don del libre albedrío. Se compone de la mente carnal y una constelación de energías mal cualificadas, campos energéticos, focos y magnetismo animal que forman la mente subconsciente. El contacto del hombre con este yo reptiliano y antimagnético —que es enemigo de Dios y su Cristo y contrario a la reunión del alma con ese Cristo— se produce a través del cuerpo emocional (el cuerpo emocional o astral) y a través del chakra del plexo solar.

El morador del umbral es el núcleo del vórtice de energía que forma el *cinturón electrónico.* A veces se ve la cabeza serpentina del morador emergiendo del estanque negro del inconsciente. Cuando la serpiente dormida del morador se despierta debido a la presencia del Cristo, el alma debe de usar su libre albedrío para tomar la decisión de matar lo anticristo que tiene voluntad propia, mediante el poder de la *Presencia YO SOY,* y convertirse en la defensora del Yo Real hasta que el alma esté totalmente reunida con ese Yo Real.

El morador se aparece al alma en el umbral de la percepción consciente, donde llama a la puerta para conseguir entrada al reino «legítimo» de la individualidad autoreconocida. El morador quiere entrar para convertirse en el dueño de la casa. Pero tú debes responder solo a la llamada a la puerta de Cristo y solo Cristo; solo a él has de dar entrada.

La iniciación más seria del sendero del discípulo de Cristo es la confrontación con el yo irreal. Porque si el alma no lo mata (unida a la Mente Crística), aquel emergerá para devorar al alma con toda la ira de su odio a la luz. La necesidad de tener al instructor en el *Sendero* y al Gurú *Sanat Kumara* con nosotros, manifestado físicamente en la *Mensajera* de Maitreya, es para que mantenga el equilibrio en la octava física por cada persona a medida que esta se acerca a la iniciación del encuentro, cara a cara, con el morado del umbral.

Omega. Véase *Alfa y Omega.*

Oleada de vida. Véase *Manú.*

Palabra. Véase *Logos.*

Plano astral. Frecuencia del tiempo y el espacio más allá del plano físico, pero por debajo del mental, correspondiente al cuerpo emocional del hombre y al inconsciente colectivo de la raza. Es el depósito de los patrones colectivos de pensamiento/sentimiento, conscientes e inconscientes, de la humanidad. El propósito prístino de este plano es la amplificación de los pensamientos y sentimientos puros de Dios en el hombre. En cambio, ha sido contaminado con registros y vibraciones impuras de la memoria de la raza. Véase también *Cuatro cuerpos inferiores.*

Plano etérico. El plano más alto en la dimensión de la *Materia;* un plano que es tan concreto y real como el físico (y aún más) pero que se experimenta a través de los sentidos del alma en una dimensión y conciencia más allá de la percepción física. El plano en el que los *registros akáshicos* de toda la evolución de la humanidad constan individual y colectivamente. Es el mundo de los *Maestros Ascendidos* y de sus *retiros,* de las ciudades etéricas de luz donde las almas de un orden superior evolutivo residen entre encarnaciones. Es el plano de la realidad.

Ahí es donde está en progreso la era de oro, donde el amor es la plenitud de la presencia de Dios por doquier y los ángeles y elementales, junto con los niños de Dios, sirven en armonía para manifestar el reino de Cristo en la era universal, por los siglos de los siglos. Como tal, es el plano de transición entre los reinos tierra/cielo y el reino de Dios, *Espíritu,* o lo Absoluto. El plano etérico inferior se traslapa con los cinturones astral/mental/físico. Está contaminado por esos mundos inferiores, ocupados por la *falsa jerarquía* y la conciencia de las masas a la que controlan, incluyendo sus matrices y emociones.

Presencia electrónica. Véase *Presencia YO SOY.*

Presencia YO SOY. El YO SOY EL QUE YO SOY; la Presencia individualizada de Dios focalizada para cada alma individualizada. La identidad Divina del individuo; la Mónada Divina; la Fuente individual. El origen del alma focalizado en los planos del *Espíritu* justamente por encima de la forma física; la personificación de la Llama Divina para el individuo. Véase también *Gráfica de tu Yo Divino;* véase ilustración de la pág. 205. (Éxodo 3:13-15).

Rayo femenino. La emanación luminosa que sale del aspecto de Dios *Madre.*

Rayo masculino. La emanación luminosa que sale del aspecto de Dios *Padre.*

Raza raíz. Véase *Manú.*

Reencarnación. La acción de reencarnar; el estado de estar reencarnado. Renacimiento en nuevos cuerpos o formas de vida, especialmente el renacimiento de un alma en un cuerpo humano nuevo. El alma continúa regresando al plano físico en un nuevo templo corporal hasta que ha saldado su karma, ha logrado maestría sobre sí misma, ha vencido los ciclos del tiempo y el espacio y, finalmente, se reúne con la *Presencia YO SOY* mediante el ritual de la ascensión.

Registros akáshicos. Todo lo que acontece en el mundo de un individuo se registra en una sustancia y dimensión conocida como *akasha* (sánscrito, de la raíz *kās* 'ser visible, aparecer', 'alumbrar brillantemente', 'ver claramente'). Akasha es la sustancia primordial, la esencia más sutil y etérea, que llena todo el espacio; energía «etérica» que vibra en cierta frecuencia como para absorber o registrar todas las impresiones de la vida. Estos registros pueden ser leídos por los adeptos o por quienes poseen unas facultades del alma (psíquicas) desarrolladas.

Reloj Cósmico. La ciencia de delinear los ciclos del karma y las iniciaciones del alma bajo las doce *jerarquías del sol.* Enseñanza impartida por la Virgen María a Mark y Elizabeth Prophet para los hijos y las hijas de Dios que están regresando a la *Ley del Uno* y a su punto de origen más allá de los mundos de la forma y la causación inferior. También el diagrama que representa los ciclos de karma bajo las doce jerarquías solares. Véase también pág. 146.

Retiros. Véase *Templos etéricos.*

Retiros etéricos. Véase *Templos etéricos.*

Rezagados. Véase *Maldek.*

Sanat Kumara. El Anciano de Días, que se ofreció a venir a la Tierra hace miles de años procedente de su hogar en Venus. En aquel momento, los consejos cósmicos habían decretado la disolución de la Tierra, tanto se había desviado la humanidad de la *Ley Cósmica.* Los Señores Solares habían decidido que no se le concediera más oportunidad a los hombres, que habían ignorado conscientemente y olvidado la Llama Divina dentro de su corazón. El requisito de la *Ley* para salvar a Terra era que alguien que estuviera cualificado para ser el Cordero encarnado estuviera presente en la octava física para mantener el equilibrio y guardar la *llama trina* de la vida por todas las almas vivientes. Sanat Kumara se ofreció a ser ese ser.

En su dictado d l 8 de abril de 1979, *Perla de Sabiduría,* Sanat Kumara contó la historia de cómo los devotos venusianos se ofrecieron a acompañarlo y encarnar entre la humanidad para ayudarlo a guardar la llama:

> La alegría de la oportunidad se mezcló con la tristeza que trae el sentimiento de separación. Había elegido un exilio voluntario en una estrella oscura, y aunque estaba destinada a ser la Estrella de la Libertad, todos sabían que sería para mí una larga noche oscura del alma.
>
> Entonces, súbitamente, de los valles y las montañas apareció una gran reunión de mis hijos. Eran las almas de los ciento cuarenta y cuatro mil acercándose a nuestro palacio de luz. Se acercaron más y más en espirales, como doce compañías, cantando la canción de libertad, de amor y de victoria. Su potente canto coral resonó en toda la vida elemental, y los coros angélicos rondaron cerca. Venus y yo, al mirar por el balcón, vimos la decimotercera compañía vestida de blanco. Era el real sacerdocio de la Orden de Melquisedec...
>
> Cuando todos sus efectivos se hubieron reunido, anillo tras anillo tras anillo, rodeando nuestra casa, y su himno de alabanza y adoración hacia mí hubo concluido, su portavoz se puso ante el balcón para dirigirse a nosotros en nombre de la gran multitud. Era el alma de aquel a quien hoy conocéis y amáis como el Señor del Mundo, Gautama Buda.
>
> Y se dirigió a nosotros, diciendo: «¡Oh, Anciano de Días, hemos sabido de la alianza que Dios ha hecho contigo hoy y de tu compromiso para guardar la llama de la vida hasta que algunos de entre las evoluciones de la Tierra sean acelerados y renueven una vez más su voto de ser portadores de la llama! Oh, Anciano de Días, para

nosotros eres nuestro Gurú, nuestra vida, nuestro Dios. No te dejaremos sin consuelo. Iremos contigo».

Así, vinieron a la Tierra con Sanat Kumara y legiones de ángeles, precedidos de otra comitiva de portadores de luz que prepararon el camino y establecieron el retiro de Shamballa —«Ciudad de Blanco»— en una isla del mar de Gobi (ahora del desierto de Gobi).

Allí Sanat Kumara afianzó el foco de la llama trina, estableciendo el hilo de contacto inicial con todo el mundo en la Tierra extendiendo rayos de luz desde su corazón al de ellos. Y ahí encarnaron los voluntarios de Venus en densos velos de carne para ayudar a las evoluciones de la Tierra hasta la victoria de su promesa.

De entre estos portadores de luz no ascendidos, el primero en responder desde la octava física a la llamada de Sanat Kumara fue Gautama, y con él estaba Maitreya. Ambos siguieron el sendero del Bodisatva hasta la Budeidad, con Gautama terminando el curso primero y Maitreya segundo. Así, los dos se convirtieron en los discípulos principales de Sanat Kumara. El primero terminó sucediéndolo en el cargo de Señor del Mundo, el segundo como *Cristo Cósmico* y Buda Planetario. Véase también *Maestra Ascendida Venus.*

Segunda muerte. La total anulación de la identidad, que tiene lugar en la Corte del Fuego Sagrado en la Estrella Divina Sirio. Esta es la suerte de las almas que han convertido totalmente en oscuridad la luz que Dios ha invertido en ellas. En la segunda muerte, todo lo que era del individuo (causa, efecto, registro y memoria tanto del alma como de sus creaciones, incluyendo el *morador del umbral*) se disuelve en el fuego blanco de *Alfa y Omega*. El alma se autoanula debido a su negación del ser en Dios. (Apocalipsis 2:11; 20:6, 11-15; 21:7-8).

El Sendero. La angosta entrada y la estrecha senda que conduce a la vida. El sendero de iniciación por el cual el discípulo que busca la conciencia Crística supera, paso a paso, las limitaciones de la individualidad en el tiempo y el espacio, y logra la reunión con la realidad mediante el ritual de la ascensión. (Mateo 7:14).

Señores del Karma. Los Seres Ascendidos que componen el Consejo Kármico. Sus nombres y los rayos que representan en el consejo son así: primer rayo, el Gran Director Divino; segundo rayo, la Diosa de la Libertad; tercer rayo, la Maestra Ascendida Nada; cuarto rayo, el Elohim Ciclopea; quinto rayo, Palas Atenea, Diosa de la Verdad; sexto rayo, Porcia, Diosa de la Justicia; séptimo rayo, Kuan Yin, Diosa de la Misericordia. Vairóchana también tiene un asiento en el Consejo Kármico.

Los Señores del Karma dispensan justicia en este sistema de mundos, adjudicando karma, misericordia y juicio para cada *corriente de vida.* Todas las almas deben pasar ante el Consejo Kármico antes y después de cada encarnación en la Tierra, para recibir su tarea y asignación kármica correspondiente a cada vida antes y para hacer una revisión de su rendimiento a su término.

Mediante el Guardián de los Pergaminos y los ángeles registradores, los Señores del Karma tienen acceso a los registros completos de todas las encarnaciones de las corrientes de vida de la Tierra. Ellos deciden quién encarnará, así como cuándo y dónde; y asignan a las almas a familias y comunidades, midiendo los pesos kármicos que han de ser equilibrados como la «jota y tilde» de la *Ley.* El Consejo Kármico, actuando en consonancia con la *Presencia YO SOY* y el *Ser Crístico* individual, decide cuándo el alma se ha ganado el derecho a ser libre de la rueda del karma y la ronda de renacimientos. Los Señores del Karma se reúnen en el Retiro Royal Teton dos veces al año, en el solsticio de invierno y de verano, para revisar las peticiones de los hombres no ascendidos y para conceder dispensaciones por su ayuda.

Ser Cósmico. 1) *Maestro Ascendido* que ha logrado la conciencia cósmica y que anima la luz/energía/conciencia de muchos mundos y sistemas de mundos por las galaxias hasta el Sol detrás del *Gran Sol Central.* 2) Ser de Dios que nunca ha descendido más bajo que el nivel del Cristo, que nunca ha encarnado físicamente, incurrido en karma humano ni en pecado, sino que ha permanecido como parte de la Virgen Cósmica y mantiene un equilibrio cósmico para el regreso de las almas del valle (velo) de las aflicciones al Corazón Inmaculado de la Bendita Madre.

Ser Crístico. El foco individualizado del «unigénito del Padre, lleno de gracia y verdad». El *Cristo Universal* individualizado como la verdadera identidad del alma; el Yo Real de todo hombre, mujer y niño al cual ellos han de elevarse. El Ser Crístico es el mediador entre el hombre y su Dios. Es el instructor personal del hombre, Maestro y profeta, que oficia como sumo sacerdote ante el altar del Sanctasanctórum *(Presencia YO SOY)* del templo del hombre hecho sin manos.

Los profetas predijeron el advenimiento de la conciencia universal del Ser Crístico en el pueblo de Dios en la Tierra como el descenso de El SEÑOR, Justicia Nuestra, también denominado La Rama, en la era universal que está cerca. Cuando alcanza la plenitud de la identificación del alma con el Ser Crístico, tal persona es llamada un ser Crístico (ungido), y el Hijo de Dios se ve brillando a través del Hijo del hombre. Véase también *Gráfica de tu Yo Divino;* ilustración de la pág. 205. (Juan 1:14; Isaías 11:1; Jeremías 23:5-6; 33:15-16; Zacarías 3:8; 6:12).

Servicio Secreto Cósmico. Véase *K-17*.

Siete rayos. Las emanaciones luminosas de la Deidad. Los siete rayos de luz blanca que emergen del prisma de la conciencia Crística y que concentran particulares dones, gracias y principios de autopercepción en el *Logos* que pueden desarrollarse a través de la vocación en la vida. Cada rayo concentra una frecuencia o color, y cualidades específicas: 1) azul: fe, voluntad, poder, perfección y protección; 2) amarillo: sabiduría, entendimiento, iluminación, inteligencia e iluminación; 3) rosa: compasión, amabilidad, caridad, amor y belleza; 4) blanco: pureza, disciplina, orden y alegría; 5) verde: verdad, ciencia, curación, música, abundancia y visión; 6) morado y oro: asistencia, servicio, paz y hermandad; 7) violeta: libertad, misericordia, justicia, transmutación y perdón.

Los *maestros ascendidos* enseñan que cada uno de los siete rayos de Dios se engrandece un día de la semana: lunes, rayo rosa; martes: rayo azul; miércoles: rayo verde; jueves: rayo morado y oro; viernes: rayo blanco; sábado: rayo violeta; domingo: rayo amarillo.

Los siete rayos de los Elohim, constructores de la forma, están enclaustrados en el Retiro Royal Teton, un antiguo foco de luz congruente con la montaña Gran Teton, en el estado de Wyoming de los Estados Unidos. Los rayos están concentrados y afianzados en una gran imagen del Ojo Omnividente de Dios que se encuentra en una sala de consejos del retiro.

Templos etéricos. Retiros de los *Maestros Ascendidos* focalizados en el *plano etérico* o en el plano de la tierra; puntos de anclaje de las energías cósmicas y las llamas de Dios; sitios donde los Maestros Ascendidos preparan a sus *chelas* y a los cuales viajan los hombres cuando están fuera de su cuerpo físico.

Vestidura sin costuras. Sustancia de luz del Hijo (sol) de Dios tejida como túnica de conciencia y vestida por un ser Crístico. El Espíritu Santo, como un gran coordinador unificador, teje la vestidura sin costuras a partir de hilos de la luz y el amor de Dios. El Maha Chohán enseña: «La atención de Dios sobre el hombre, como una lanzadera, impulsa radiantes haces de luz descendente, centelleantes fragmentos de pureza y felicidad, hacia la Tierra y el corazón de sus hijos, mientras esperanzas, aspiraciones, invocaciones y llamados de ayuda de los hombres se elevan tiernamente buscando a la Deidad en su gran refugio de pureza cósmica».

Jesús compara el tejer de la vestidura sin costuras con la preparación para el matrimonio: «A cada hombre y cada mujer se ofrece la oportunidad de que se prepare para la *ascensión*. Y a nadie se le priva del privilegio de prepararse. Tal como una novia se prepara para el día de la boda, llenando el baúl de esperanza con los más preciados linos y bordados, el alma se prepara para su reunión acumulando virtudes florales, cualidades flamígeras con las que hace apliques sobre la vestidura sin costuras. Y nadie puede participar en la fiesta de bodas sin la vestidura sin costuras».

De esta vestidura, Serapis Bey dice: «Cuando el hombre opera bajo dirección y actividad divinas ya sea dentro como fuera del cuerpo, toma la energía que se le dispensó y que, en ignorancia, pudiera haber usado mal y crea, en su lugar, un gran cuerpo de luz llamado la inmaculada vestidura sin costuras del Cristo vivo, que algún día se convertirá en el gran esférico cuerpo solar imperecedero».

Yo Real. Véase *Ser Crístico.*

Yod. Véase *Yod llameante.*

Yod llameante. Un centro solar, un foco de perfección, de conciencia Divina. La Yod llameante es la capacidad de la divinidad dentro de ti de transformar tu ser en una avanzada de tu Poderosa *Presencia YO SOY.*

The Summit Lighthouse®
63 Summit Way
Gardiner, Montana 59030 USA
1-800-245-5445 / 406-848-9500
Se habla español.
TSLinfo@TSL.org
SummitLighthouse.org

MARK L. PROPHET y ELIZABETH CLARE PROPHET son escritores reconocidos mundialmente, instructores espirituales y pioneros en la espiritualidad práctica. Entre sus libros más vendidos se encuentran los siguientes títulos: *Las enseñanzas perdidas de Jesús, El aura humana, Saint Germain sobre alquimia, Los ángeles caídos y los orígenes del mal;* y la serie de libros de bolsillo para la espiritualidad práctica, que incluye *Cómo trabajar con los ángeles, Tus siete centros de energía* y *Almas compañeras y llamas gemelas.* Sus libros se han publicado en más de treinta idiomas y están disponibles en más de treinta países.

www.ingramcontent.com/pod-product-compliance
Lightning Source LLC
Chambersburg PA
CBHW060259100426
42742CB00011B/1809
* 9 7 8 1 6 0 9 8 8 4 0 8 6 *